“双碳”背景下

中国煤炭企业高质量发展之路

主　编　牛克洪　李润平
副主编　牛天燕　冯丽萍
刘　瑾　李　爽

U1005811

中国矿业大学出版社
·徐州·

图书在版编目(CIP)数据

“双碳”背景下中国煤炭企业高质量发展之路 / 牛克洪，李润平主编. —徐州 ：中国矿业大学出版社，2021.12

ISBN 978 - 7 - 5646 - 4557 - 1

Ⅰ. ①双… Ⅱ. ①牛… ②李… Ⅲ. ①煤炭企业一企业发展一研究一中国 Ⅳ. ①F426.21

中国版本图书馆 CIP 数据核字(2021)第 274480 号

书　　名 “双碳”背景下中国煤炭企业高质量发展之路
主　　编 牛克洪　李润平
责任编辑 徐　玮　张　岩
出版发行 中国矿业大学出版社有限责任公司
(江苏省徐州市解放南路　邮编 221008)
营销热线 (0516)83884103　83885105
出版服务 (0516)83995789　83884920
网　　址 http://www.cumtp.com　**E-mail**:cumtpvip@cumtp.com
印　　刷 苏州市古得堡数码印刷有限公司
开　　本 787 mm×1092 mm　1/16　**印张** 14.75　**字数** 322 千字
版次印次 2022 年 1 月第 1 版　2022 年 1 月第 1 次印刷
定　　价 76.00 元
(图书出现印装质量问题,本社负责调换)

前　言

推动煤炭企业绿色低碳高质量发展是贯彻落实习近平总书记“四个革命、一个合作”能源安全新战略的关键举措。2020年煤炭占一次能源消费总量的56.8%，煤炭作为我国能源安全供应的压舱石，积极推进煤炭“双碳”治理和绿色低碳发展，对于中国能源转型和高质量可持续发展具有重大的战略意义和引领作用。

推动绿色低碳高质量发展不是权宜之计，而是当前和今后我国一项长期的重要战略任务。为此，要认真践行“创新、协调、绿色、开放、共享”五大发展理念，牢牢把握新时代煤炭企业绿色低碳高质量发展的新特点、新挑战、新机遇和新抓手。全力推进“四全”，即推进煤炭企业全体系、全要素、全流程和全方位的动能转变和创新升级；创立“六新”，即创立高质量发展的新理念、新战略、新产业、新技术、新业态、新模式；实现“三优”，即实现优良资产质量、优良治理机制、优良运营效益。

何为全体系？企业管理体系是企业组织制度和企业管理制度的总称。从煤炭企业立世行为的主要体系基本架构来讲，大体可分为八大体系，即安全管理体系、生产管理体系、质量管理体系、成本管理体系、供应管理体系、销售管理体系、文化管理体系、生态管理体系。

何为全要素？要素是构成企业存在并维持其运动的必要的最小单位和系统的基本单元。从煤炭企业存在及维护运营创效的动能要素结构上来讲，大体可分为八项动能要素，即人员的动能要素、物资的动能要素、财产的动能要素、科技的动能要素、信息的动能要素、时间的动能要素、空间的动能要素、能耗的动能要素。

何为全流程？流程是做事情的顺序，有进入和流出，是一个优化增值的过程。从煤炭企业主体活动运行流程来讲，主导性流程模块可分为四大流程，即决策流程、管理流程、业务流程和生产流程。

何为全方位？全方位是指企业发展的全面性、完整性、系统性和一体化等。从煤炭企业全面发展涉及的各方面情况来讲，主要为六个方面的新内容，即新理念、新战略、新产业、新技术、新业态、新模式。

绿色低碳高质量发展既是新时代一个重大战略性的命题，又是涉及和包含着多方面的现实实践内容。本书从能源革命、高质量发展、产业及产品结构优化、低碳发展、煤矿智能化建设、商业模式创新、精益化管理、市场营销、企业改革、核心竞争力培育及管理人员素质提升等十一个方面进行论述，力图用务实与创新的思维解答当今煤炭企业绿色低碳高质量发展所涉及的热点、难点和困惑点问题。希望为有志关注煤炭企业绿色低碳高质量发展的企业管理人员及研究人员提供借鉴参考。

由于作者水平所限，书中难免存在表述不够精准、不够完善甚至偏差之处，敬请包涵和指正！

作　者

2021 年 12 月

目 录

第一章　推进煤炭企业“双碳”转型发展

第一节　了解“双碳”治理的新要求、新使命

一、了解中央政治局“减碳”问题的新要求

2021年7月30日，习近平总书记主持中共中央政治局会议，会议要求，要统筹有序做好碳达峰、碳中和工作，尽快出台《2030年前碳达峰行动方案》，坚持全国一盘棋，纠正运动式“减碳”，先立后破，坚决遏制“两高”项目盲目发展。

这里面有几个新概念和新提法值得我们去高度关注，认真学习和领会。

（一）统筹有序做好碳达峰、碳中和工作

统筹有序，这是一个完整意思，既要统筹又要有序。现在不少行业、企业纷纷抢先“表态”，抢先“起跑”，这种没有具体方案就表态的做法，政治“站位”是对的，但不能成为一种“风气”。这是政治局会议希望纠正的内容之一。

（二）坚持全国一盘棋，纠正运动式“减碳”

坚持全国一盘棋是对统领句中“统筹”的进一步解释，要全国统筹协调、综合平衡，因为每个地方的资源禀赋不同，不能脱离中国的实际。运动式“减碳”是指为了减碳而专门发起的运动。

（三）先立后破

何为“先立后破”？先立后破就是先把减碳的基础设施做好，在保证经济平稳运行的基础上，开始去煤减碳。

党中央国务院已经成立了碳达峰、碳中和工作领导小组，正在制定碳达峰、碳中和时间表、路线图、“1+N”政策体系，将陆续发布指导意见。这是顶层设计，涉及碳达峰、碳中和全国各个地方、各个领域、各个行业的政策措施。

（四）坚决遏制"两高"项目

中共中央政治局会议重申：坚决遏制"两高"项目盲目发展。严控"两高"项目上马一直是环保督察的重点。任由"两高"项目盲目发展，将影响碳达峰、碳中和目标实现和环境空气质量改善。因此，限制"两高"项目势在必行。

二、习近平主席重要指示

2021年10月12日，习近平主席出席在昆明举行的《生物多样性公约》第十五次缔约方大会领导人峰会并发表主旨讲话指出：以绿色转型为驱动，助力全球可持续发展。我们要建立绿色低碳循环经济体系，把生态优势转化为发展优势，使绿水青山产生巨大效益。我们要加强绿色国际合作，共享绿色发展成果。

为推动实现碳达峰、碳中和目标，中国将陆续发布重点领域和行业碳达峰实施方案及一系列支撑保障措施，构建起碳达峰、碳中和"1＋N"政策体系。中国将持续推进产业结构和能源结构调整，大力发展可再生能源，在沙漠、戈壁、荒漠地区加快规划建设大型风电光伏基地项目，第一期装机容量约1亿千瓦的项目已于近期有序开工。

2021年9月13日，习近平主席在陕西榆林考察时指出：煤炭作为我国主体能源，要按照绿色低碳的发展方向，对标实现碳达峰、碳中和目标任务，立足国情、控制总量、兜住底线，有序减量替代，推进煤炭消费转型升级。

习近平主席于2021年5月21日主持召开中央全面深化改革委员会第十九次会议，他强调，要围绕生态文明建设总体目标，加强同碳达峰、碳中和目标任务衔接，进一步推进生态保护补偿制度建设，发挥生态保护补偿的政策导向作用。会议还指出，要统筹运用好法律、行政、市场等手段，把生态保护补偿、生态损害赔偿、生态产品市场交易机制等有机结合起来，协同发力，有奖有惩，决不能边拿补偿边污染。

习近平主席于2020年9月在第七十五届联合国大会上提出，要提高国家自主贡献力度，采取更有力的政策和措施，二氧化碳排放力争于2030年前达到峰值，努力争取2060年前实现碳中和。

党的十九大报告明确将"推进能源生产和消费革命，构建清洁低碳、安全高效的能源体系"作为生态文明建设的重要内容。

三、李克强总理要求

2021年"两会"期间，李克强总理在政府工作报告中强调："十四五"时期单位GDP能耗降低13.5%，单位二氧化碳排放降低18%。对能源结构优化升级提出了更高要求。要加快发展非化石能源，逐步降低煤炭比重，构建清洁低碳、安全高效的多元化能源供给体系。能耗双控管理将会更加严格。到2025年、2035年非化石能源占一次能源消费比重分别达到25%、30%左右。“十四五”期间，煤炭消费总量保持零增长，之后逐步下降，2025年、2030年煤炭占一次能源消费比重分别下降到51%、40%以内。

四、韩正副总理要求

中共中央政治局常委、国务院副总理韩正在碳达峰碳中和工作领导小组第一次全体会议上表示，要全面贯彻落实习近平主席生态文明思想，立足新发展阶段、贯彻新发展理念、构建新发展格局，扎实推进生态文明建设，确保如期实现碳达峰、碳中和目标。要紧扣目标分解任务，加强顶层设计，指导和督促地方及重点领域、行业、企业科学设置目标、制定行动方案。要发挥好国有企业特别是中央企业的引领作用，中央企业要根据自身情况制定碳达峰实施方案，明确目标任务，带头压减落后产能、推广低碳零碳负碳技术。

五、国家能源局发文部署

2021年4月22日，国家能源局发布《2021年能源工作指导意见》。意见提出，2021年煤炭消费比重下降到56%以下。新增电能替代电量2 000亿千瓦时左右，电能占终端能源消费比重力争达到28%左右。全国能源生产总量达到42亿吨标准煤左右，石油产量1.96亿吨左右，天然气产量2 025亿立方米左右，非化石能源发电装机力争达到11亿千瓦左右。单位国内生产总值能耗降低3%左右。风电、光伏发电等可再生能源利用率保持较高水平，跨区输电通道平均利用小时数提升至4 100小时左右。

国家能源局党组书记、局长章建华指出，重点采取四方面举措，加快推动碳达峰、碳中和工作。一是加快清洁能源开发利用。制定更加积极的新能源发展目标，推进陆上风电和光伏发电全面实现平价无补贴上网；因地制宜开发水电；在安全的前提下，积极有序发展核电；加快推进抽水蓄能、新型储能等调节性电源建设，进一步优化完善电网建设，推动电网智慧化升级，大力提升新能源消纳能力，提高电力系统灵活调节水平。二是着力升级能源消费方式。坚持和完善能耗“双控”制度；强化全社会节能，加快推进低碳技术应用，提高重点行业和领域能源利用效率；推进工业、建筑、交通等重点部门和行业电能替代，提升全社会电气化水平。三是出台推动能源领域碳达峰相关政策。围绕能源领域碳达峰和碳中和目标的实现路径，研究制定能源领域落实举措，围绕促进能源低碳智慧转型、新能源高质量发展、新一代电力系统建设、新型储能发展等重点任务出台配套政策。四是指导地方开展碳减排工作。按照“十四五”规划工作部署，指导地方编制好能源规划，推动地方可再生能源电力消纳责任权重、能源消费总量等指标与国家目标衔接一致，压实地方碳减排责任，支持有条件的地方率先碳达峰。

六、生态环境部发布碳交易文件

进一步规范全国碳排放权登记、交易、结算活动,保护全国碳排放权交易市场各参与方合法权益,生态环境部根据《碳排放权交易管理办法(试行)》,组织制定了《碳排放权登记管理规则(试行)》《碳排放权交易管理规则(试行)》《碳排放权结算管理规则(试行)》。公告事项如下:

(1) 全国碳排放权注册登记机构成立前,由湖北碳排放权交易中心有限公司承担全国碳排放权注册登记系统账户开立和运行维护等具体工作。

(2) 全国碳排放权交易机构成立前,由上海环境能源交易所股份有限公司承担全国碳排放权交易系统账户开立和运行维护等具体工作。

(3)《碳排放权登记管理规则(试行)》《碳排放权交易管理规则(试行)》《碳排放权结算管理规则(试行)》自公告发布之日起施行。

全国碳排放权交易市场于 2021 年 7 月 16 日启动上线交易,发电行业成为首个纳入全国碳市场的行业,纳入的发电行业重点排放单位超过 2 000 家。根据生态环境部测算,纳入首批碳市场覆盖的企业碳排放量超过 40 亿吨二氧化碳。这意味着我国碳市场将成为全球覆盖温室气体排放量规模最大的市场。这将成为全球气候行动的重要一步。

七、中国两院院士指出

(一) 中国科学院院士丁仲礼

2021 年 5 月 30 日,中国科学院院士丁仲礼在中国科学院学部第七届学术年会上指出:碳中和是指人为排放量(化石燃料利用和土地利用)被人为作用(木材蓄积量、土壤有机碳、工程封存等)和自然过程(海洋吸收、侵蚀-沉积过程的碳埋藏、碱性土壤的固碳等)所吸收,即净零排放。2019 年,全球碳排放量为 401 亿吨二氧化碳,其中 86%源自化石燃料利用,14%由土地利用变化产生。这些排放量最终被陆地碳汇吸收 31%,被海洋碳汇吸收 23%,剩余的 46%滞留于大气中。碳中和就是要想办法把原本将会滞留在大气中的二氧化碳减下来或吸收掉。

(二) 中国工程院院士王国法

中国工程院院士王国法指出,碳减排目标彰显了我国走绿色低碳发展道路的决心,战略方向毋庸置疑。但目前不乏一些脱离实际的观点,未能深刻认识我国能源资源禀赋及现实需求。在相当长时期内,煤炭仍是保障能源安全稳定供应的压舱石、支撑能源结构调整和转型发展的稳定器。行业自身要积极转型，融入减排大势。煤电、钢铁、建材、化工等行业，以及工业锅炉和民用炉具等设备，通过改造提升和优化工艺达到最优水平，能够大幅度减少煤炭使用量和碳排放量。提高利用效率和推行系统节能等措施，对2030年温室气体减排量的贡献将达到50%以上。

第二节　“双碳”提出的背景及治理达标的动能

从我国能源领域碳排放发展情况分析，我国碳排放主要集中在电力、交通和工业三大行业，碳排放占比分别约为41%、28%和31%。据相关报告数据测算，我国由化石能源消费产生的碳排放总量为100亿吨左右。其中，煤炭消费产生的二氧化碳排放量占75%左右；其次为石油和天然气，占比分别为14%和7%。“十四五”时期，采取控制煤炭消费总量、降低煤炭消费强度、推动煤炭清洁高效利用、提高煤炭替代能力，以及支持碳捕获、封存技术、森林碳汇和碳交易等碳减排行动，为力争实现2030年碳排放达峰、2060年碳中和提供有力支撑。

一、“双碳”治理提出的背景及可行性

“双碳”问题本质上是能源问题，因为能源几乎占到全部碳排放的90%。能源行业要大力落实“双碳”目标，同时也要满足经济社会的基础需求。

（一）了解国内外碳治理不同阶段的特征

中外碳达峰方面没有太多可比性，这其中既有发展阶段差异，也有产业结构差异。欧美实现碳达峰实际是自然达峰过程，主要还是跨过了特定发展阶段，通过产业转移来实现的，大量高耗能产业转移到了发展中国家，但是如今却面临产业空心化的难题，比如，美国已经意识到产业空心化问题，提出了制造业回流。欧美国家在一次能源消费、能源碳排放达峰后，积极发展可再生能源，进行能源市场化改革，推进碳市场建设，制定长期去碳转型战略等，这些都值得中国借鉴，尤其是碳定价为低碳技术与绿色投资提供了稳定的预期。

欧美国家在实施低碳发展战略时，有中国不能比拟的条件，尤其是能源安全保障方面。最典型的是美国，因为它是一个油气资源非常丰富的国家。此外，欧美国家通过技术创新维持产业链处于高端，保持了低能源足迹、低碳足迹的优势。然而就能源不可能三角（即“能源可及、绿色低碳、成本低廉”）而言，在一定阶段的低碳会带来能源成本上升。以能源转型最具代表性的国家德国为例，德国电价随着转型持续提升，2000年以来德国居民电价翻了一番，比欧洲平均水平高出45%，生态税和附加费占

了家庭电价的54%。据麦肯锡预测，到2030年，德国电价仍将持续上涨。实际上，能源行业推进落实“双碳”目标，本质上也是一个成本分担问题，超出发展阶段和能源技术水平的能源结构调整，必然带来能源、电力成本的抬升，进而增加实体经济成本。经济社会发展摆脱对高能耗尤其是化石能源的依赖，根本上需要经济结构、产业结构调整和能源技术升级来支撑。

要清醒地认识到，我国能源、电力消费量仍处在较快的增长阶段，可再生能源虽然高速发展，但是仍然难以满足我国能源、电力的巨大需求，甚至不能完全满足我国能源、电力消费的增量部分需求。煤炭、煤电行业担负起了能源安全的兜底保障作用，其“压舱石”的地位也就更加突出。中国工程院院士王国法表示，到2030年，非化石能源占一次能源消费比重将达到25%左右。在当前占比15%的基础上，今后10年加速发展，实现目标是可行的。但即便到2030年，煤炭占一次能源消费比重仍将在50%左右，与“去煤化”论调相去甚远。

（二）分析未来我国能源结构变化的新情况

我国能源结构变化还由我国“富煤、贫油、少气”的能源资源禀赋以及经济发展阶段而决定。“十四五”期间，我国经济依然处在中高速发展阶段，能源电力需求增量比较大。只有加速新能源降本增效、技术革新，加快推动新型电力系统建设，清洁能源才能逐步成为全社会用电量增量主体。当前，煤炭依然肩负着重要使命，毕竟我国能源行业还没有到替代存量煤炭消费的阶段，需要煤炭有一定的发展。“十四五”期间，我们需要严控新增煤电装机和煤炭消费的增长，同时更加充分地发挥好煤炭、煤电的兜底保障作用。煤电在十年之内依然是中国占比最大的能源。减煤、退煤不是一日之功，需要久久为功。简单一个“去煤化”更像是一场运动的口号，既没分清供给端和消费端，也没考虑何种节奏和后果。我国区域性、季节性、结构性的缺煤现象将长期存在，要重视煤炭需求依然处于增长阶段，煤炭产能不能过早、过快、集中退出，否则会出现能源供求关系紧张的局面。

二、能源“双碳”治理达标的动能

“双碳”战略是低碳发展战略，对国家经济社会健康可持续发展有很强的现实意义。从宏观看，“双碳”战略事关中华民族永续发展和人类命运共同体。从微观看，环境承载力和资源是有限的，高能耗、高排放的模式不可持续。绿色低碳发展是支撑经济社会健康发展的必然选择。

（一）技术创新驱动能源领域加速变革

当前，以新能源、新材料、物联网等技术为主要驱动力的第四次工业革命重塑全球能源供需格局，新能源、智能电网、储能、电动车和氢能产业的发展和落地加速实现，传统能源生产和消费方式将发生革命性变革。从供给侧看，风能驱动叶片做功产生电能，光伏通过半导体直接将光能转化为电能；从需求侧看，电动车、电制冷/热等电气化技术不断成熟推广。这是一个从量变到质变的过程，新能源替代化石能源，终端电气化水平不断提升，能源利用从“高碳”转向“无碳”、从“黑色”转向“绿色”，供需两端的能量转换都在逐步脱离“高温高压”，能源领域即将从“火药时代”迈入“冷兵器时代”，实现“碳中和”目标的蓝图已呈现在眼前。

（二）能源供给侧加速无碳化进程

我国风、光等新能源装机已突破 4 亿千瓦，相当于英、法两国电力装机的总和。青海、西藏、内蒙古等西部、北部地区风、光资源丰富。青海柴达木盆地 24 万平方公里的土地，理论上，光伏装机可达 100 亿千瓦以上，年发电量可达 20 万亿千瓦时以上，完全可以满足全国终端能源需求。目前，我国终端消费电量约 7 万亿千瓦时，若交通、建筑用能等全部由电能替代，消费总量约 10 万亿千瓦时。新能源装机年增量约为 6 000 万千瓦。若年增量按 10%增速增长，到 2030 年，新能源总装机将达到 15 亿千瓦，可以超额完成 2030 年 12 亿千瓦目标；若随后 30 年保持年增量不变，到 2060 年新能源总装机约 60 亿千瓦，每年可提供 12 万亿千瓦时清洁电量。

（三）能源消费侧加速电气化进程

电动车、氢能、储能、热泵、储热等技术快速发展，交通、供暖等用能终端电代油、代气、代煤的步伐不断加快。全面电气化进程将引起能源消费结构的巨大变革，这是一场效率革命、成本革命。电力与传统化石能源相比，能效、成本和环保优势将逐步显现。同时，大数据、物联网、5G 等信息与数字技术不断进步，可以对每个发、用电单元进行精准控制，以数字化手段构建需求侧智慧能源管控系统，实现荷随源动、源荷互动的运行机制，并提供了新能源间歇性问题的解决路径。

第三节　“双碳”目标的价值意义及企业行动情况

一、实施“双碳”目标的价值意义及主要途径

必须看到，“30·60”双碳目标（2030 年碳达峰、2060 年碳中和）倒逼中国以更快速度向高质量发展转型，既是压力和挑战，更是机遇。

（一）“双碳目标”是新增长点

2020—2050 年能源系统需要新增投资约 100 万亿元。以新能源为主体的电力系

统将发生革命性变革，有分析预计，到2060年中国的非化石能源消费比重将达到83%，新能源发电量占比将由目前的8%提高到60%以上。

预测2060年的中国在能源方面将有以下变革：第一，借助光伏、风电装机增长，电力系统将实现完全脱碳；第二，氢能源将实现全面商业化，特别是在航空等领域；第三，钢铁、建材、交通等能源消费部门，将进行大规模的电动化和氢能化改造。这意味着我国将重塑整个能源系统，新的增长点和巨大商机突显。

（二）分布式能源的重要功能

分布式能源是零碳能源中从消费侧实现清洁能源转型的重要手段。自发自用、余电上网的形式，既满足了用电主体自身清洁能源转型的需求，同时增加了行政区域和当地电网的绿色电力占比。

（三）新兴领域的发展前景

新兴领域的低碳技术、清洁能源材料、新能源汽车前景广阔。低碳技术路线和清洁能源相关材料有望获得长远发展，重点关注热塑性弹性体和太阳能背板，石墨烯电热技术应用将开创更广阔的蓝海。

在新能源汽车领域，未来10年新能源汽车和充换电设施有无限商机。此外，有分析认为，在大数据、AI智能、5G通信、无人驾驶、智慧城市、车家合一等新兴技术与模式加持下，新能源汽车将带动移动能源产业链数万亿级的市场增量。

（四）“双碳”扶持政策力度加大

双碳目标必将倒逼政府加强针对高排放行业的监管力度，同时针对新兴领域给出更多优惠及刺激政策。

实现绿色转型，实现“30·60”双碳目标，政府、企业、公众等多个层面必须共同行动，尤其是一些重点领域、重点企业应率先行动起来。每个公民也应在衣、食、住、行等方面践行低碳生活方式，积极参与义务植树活动。

为加强“双碳”治理工作，自2020年以来，国家有关部委相继发布了一系列“双碳”治理政策文件。2020年12月31日，生态环境部发布《碳排放权交易管理办法（试行）》（生态环境部令第19号）；2021年1月11日，生态环境部印发《关于统筹和加强应对气候变化与生态环境保护相关工作的指导意见》（环综合〔2021〕4号）；2021年3月26日，生态环境部印发《企业温室气体排放报告核查指南（试行）》（环办气候函〔2021〕130号）；2021年5月17日，生态环境部发布《碳排放权登记管理规则（试行）》《碳排放权交易管理规则（试行）》和《碳排放权结算管理规则（试行）》（公告〔2021〕第21号）；2021年5月30日，生态环境部发布《关于加强高耗能、高排放建设项目生态环境源头防控的指导意见》（环环评〔2021〕45号）；2021年7月1日，国家发展改革委印发《“十四五”循环经济发展规划》（发改环资〔2021〕969号）；2021年7月

27 日，生态环境部发布《关于开展重点行业建设项目碳排放环境影响评价试点的通知》（环办环评函〔2021〕346 号）；2021 年 9 月 11 日，国家发改委印发《完善能源消费强度和总量双控制度方案》（发改环资〔2021〕1310 号）；2021 年 10 月 18 日，《国家发展改革委等部门关于严格能效约束推动重点领域节能降碳的若干意见》（发改产业〔2021〕1464 号）发布；2021 年 10 月 26 日，生态环境部发布《关于做好全国碳排放权交易市场数据质量监督管理相关工作的通知》；2021 年 10 月 28 日，生态环境部发布《关于在产业园区规划环评中开展碳排放评价试点的通知》（环办环评函〔2021〕471 号）等。

二、各煤炭企业积极谋划低碳发展方略

（1）正确认知煤炭问题。煤炭是我国的主要能源和重要工业原料，煤炭产业是我国重要的基础产业。目前我国煤炭工业还存在着资源回采率低、能源消耗大、生产效率不高等突出矛盾和深层次问题，煤炭工业的粗放经营还没有发生根本改变，煤炭工业能源节约、二氧化碳减排和低碳经济发展还有很大的空间。一方面，煤炭作为一种传统化石能源，必须适应全球能源变革的浪潮，提供经济性好的能源产品，不断满足经济发展和人们生活的高品质能源需求。另一方面，煤炭作为一种高碳能源，必须适应全球气候变化挑战，提供低碳、低污染、低排放的清洁能源需求。为此，加强煤炭开发利用过程中的低碳发展及其技术研究十分关键。可通过改善煤炭开发利用工艺，加强技术和系统性管理，提高煤炭资源开发利用效率，进而减少煤炭用量，本身就是碳减排，比碳捕集和封存的减排量更大、更具经济性。

（2）碳达峰、碳中和不是“去煤化”，而应是煤炭生产和利用方式的转型。在能源转型中，必须以煤炭、煤电作为可再生能源平抑波动的稳定器，可再生能源也可助力煤炭行业低碳发展。二者耦合协同，将成为建立新能源体系的重要途径。

（3）从建新矿井开始注重低碳。在设计建设新煤矿时，应按照安全绿色开发标准进行煤矿设计、建设和改造，推广应用煤炭绿色开采技术，实现对生态环境扰动最小，减少开采过程中废弃物排放。在资源开采的同时，展开对矿区的生态环境治理。大力发展煤矿开采和煤化工废水处理、固废无害化处理等技术，开展细颗粒物、硫氧化物等多种污染物协同控制技术的研发，加强煤矸石、粉煤灰等大宗固废的综合利用。

（4）各煤炭企业纷纷行动。“双碳”目标一公布，企业积极行动起来。人无远虑，必有近忧。对于煤炭行业和企业，“双碳”目标的约束已是近忧，必须主动考虑，尽快根据形势、政策和企业自身的实际情况，作出顶层设计，规划转型线路图。部分煤炭企业已经开始研究制定应对方案。

例如，国家能源集团于 2020 年 12 月组织召开“碳中和愿景下我国能源转型战略研讨会”，启动研究率先引领能源煤炭电力行业碳达峰、碳中和的战略路径。现在他

们已提出到2025年提前实现碳达峰的目标。

又如，晋能控股集团与中国煤炭科工集团签署"碳达峰、碳中和"战略研究合作协议，并第一时间成立了"碳达峰、碳中和"战略研究工作组，积极探索能源低碳减量可行先进技术，稳步推进全产业链效率提升、节能减排。

再如，中煤集团、山东能源集团、陕西煤化集团等大型煤炭企业都在设专项计划，组织力量研究碳达峰、碳中和背景下企业低碳转型发展的路径方略。

三、了解"两个严控"要求

"十四五"是碳达峰的关键期和窗口期，虽然煤炭需求增速放缓，但煤炭是我国的优势能源资源，且依然是我国的主要能源，生态优先、绿色开采、基地化发展、清洁高效综合利用已成为煤炭行业发展的主旋律。必须认清形势，加快构建现代能源体系，适应发展需要。中国正在制定碳达峰行动计划，广泛深入开展碳达峰行动，支持有条件的地方和重点行业、重点企业率先达峰。中国将严控煤电项目，"十四五"时期严控煤炭消费增长、"十五五"时期逐步减少煤炭消费。煤炭在能源结构中的比重将逐步降低。能源转型发展任务繁重，双碳目标实现的压力非常大。

第四节　煤炭企业低碳发展架构设计

2021年5月18日，国务院副总理韩正在中国环境科学研究院主持召开座谈会时指出，生态环境保护和经济发展是辩证统一、相辅相成的。要继续大力推进重点行业去产能工作，严控高耗能、高排放项目，减少污染物排放。要加强细颗粒物和臭氧的协同控制，确保大气质量持续改善。他表示，实现碳达峰碳中和目标，态度要坚决，时间表、路线图、施工图要清晰。要推动减污降碳协同增效，促进经济社会发展全面绿色转型。要坚持系统观念，统筹发展和安全，优化能源结构，构建清洁低碳安全高效的能源体系。

碳中和目标的实现途径主要有四个，即零碳能源、零碳交通、零碳建筑和零碳生活，其中零碳能源占据着决定性的地位。

在学习习近平主席讲话精神的基础上，初步研究将煤炭企业低碳发展模式概括为"131236"，即一个总体思路、三项遵循原则、一个实施载体、两个运行环节、三条实践途径、六项支撑措施。

（一）一个总体思路

当前及今后一段时期，是全球低碳转型的重要时期，是我国优化产业结构、加快经济发展方式转变，尤其是我国煤炭工业改革发展、煤炭企业转型的关键时期。煤炭企业应从战略的高度看待低碳发展的问题，科学系统地规划设计煤炭企业低碳发展。煤炭企业低碳发展的总体思路是：以习近平新时代中国特色社会主义思想为行动指南，以不忘初心、牢记使命为宗旨，坚持勇于承担社会责任、兼顾经济和环境效益、体现可持续发展的基本原则；科学构建低碳发展目标体系；以产业为依托（载体）；在产业平台上统筹生产和消费两个基本环节（流水线），在产业结构上大力发展新能源产业；着力推进科技进步和自主创新，着力强化管理路径的低碳过程控制，着力加强以煤为基础的产业结构优化升级及新能源产业开发；从加强宣传教育，制定发展规划，构建管理体系、技术开发体系、人才开发体系和资金投入机制等方面，加大管理支撑措施；推广高效节能设备和低碳排放技术，设立低碳发展试验区和碳资产管理体系，加快实现低碳发展转型，推动煤炭企业碳排放强度不断下降，碳生产效率稳步提高，走清洁、绿色、安全、节能、循环、高效和可持续低碳发展之路。

（二）三项遵循原则

第一项社会责任的原则，包括煤炭企业必须树立高度的责任感和使命感，勇敢地承担起低碳发展重任，切实履行社会责任和环境责任。

第二项经济可行的原则，包括在发展低碳中要保持煤炭企业适度的发展速度和经济效益。企业是经济实体，如果单纯为了低碳发展而长期没有利润，那么这种低碳发展模式是不可行的，也是无法持续的。

第三项持续发展的原则，包括煤炭产业及煤基产业链的发展既要追求低碳化，又要追求高效化，更要追求发展的持续化。

总之，煤炭企业发展低碳既要负起责任，又要创造效益，还要保证持续长久的发展，从而实现三原则的有机结合与统一。

（三）一个实施载体

低碳发展的载体或“落脚点”是产业，也只能是产业。这是因为：一方面企业所赖以生存与发展的载体是产业，离开产业无法讲企业；另一方面碳产生及碳排放的源泉是产业，要解决碳的产生与排放问题也只能从产业中去寻找答案。

（四）两个运行环节

煤炭企业低碳发展载体是产业，而在产业层面上真正的体现点为两个运行环节，即生产运行环节和消费运行环节。

所谓生产运行环节，主要是指煤炭的生产开采、洗选加工、装储运输等运行环节。这个生产运行环节有三层含义：一是煤炭企业的基本主业是煤炭；二是由煤炭企业确定生产运行环节的是煤炭生产；三是在煤炭产业碳产生与排放的来源也是在煤炭生产运行环节中。

所谓消费运行环节，主要是指煤基产业链中的产业，例如电力产业、煤化工产业、电解铝产业、钢铁产业及居民生活等。在这类消费产业环节中，其消费生产过程产生"碳"的主源是消费煤炭或电力，也就是说是消费一次能源煤或二次能源电。

在这里划分生产运行环节与消费运行环节的主要依据是，以煤炭生产或消费作为基准线，以碳产生与排放作为评价值。

还要说明的是，在煤炭生产运行环节上体现出"碳"产生或排放的主要载体是煤的生产过程，而在煤炭生产过程中也必然要消费电等能源，但是这只能将其作辅助定位；而在煤炭"消费运行环节"上体现出"碳"产生或排放的主要载体是煤炭的下游产业的消费生产过程，所以，以耗煤和产生"碳"为标准划分，在煤基产业链中其本身生产只能作辅助定位。

（五）三条实践途径

第一条途径是技术破题。从煤炭生产、煤炭燃烧及煤炭转化等方面的主要技术攻关破题，包括煤炭生产开采过程中的低碳技术，煤炭洗选加工过程中的低碳技术，煤炭燃烧及转化过程中的低碳技术，煤层气及煤矿瓦斯减排技术，二氧化碳捕集与封存技术等。

第二条途径是管理控制。在低碳管理控制方面主要是将低碳发展列为企业的战略，从目标设置、组织保障、工作部署、资金投入和人员教育培训等方面作出全面系统的安排，确保低碳发展的各项措施落实到位。

第三条途径是结构优化。坚持以低碳、高效和可持续为价值取向，在产业结构调整优化取向上着力向清洁新能源转变，在产品结构调整优化取向上着力向低碳产品转变，在技术、工艺和装备结构调整升级取向上着力向低耗、高效和环保方面转变等。同时，加快发展光伏发电、风电等新能源，从消费端解决零碳能源问题。

（六）六项支撑措施

第一，加强低碳发展宣传教育。一要通过各种方式和途径加大教育引导工作，提高广大员工对低碳发展的重要性的认识，增强低碳发展的责任感和使命感。二要切实转变发展观念，让低碳发展的理念深入人心，提高宣传贯彻低碳发展的自觉性。三要广泛宣传，大造舆论，营造低碳发展的良好环境。

第二，制定低碳发展规划。规划是发展的先导，制定低碳发展规划，一方面要了解和贯彻国家关于低碳发展的政策、目标要求；另一方面要紧密结合本企业的经济发展需求、基础条件和科技水平，分步骤地实施。在可持续发展的框架下，把低碳发展作为建设资源节约型、环境友好型企业的重点内容，不断降低能源消费强度和碳排放强度，努力减少二氧化碳排放的增长率，逐步实现碳排放与经济增长脱钩。

第三，建立低碳发展管理体系。低碳发展是一项系统工程。从企业实际情况看，向低碳发展转型将是一个长期的过程，应当把低碳发展纳入中长期发展规划，并提供强有力的组织保障：一要按照企业管理层次，建立各层级低碳发展管理体制，形成各级班子第一责任人负总责、班子其他成员分工负责、环保节能等部门具体负责的工作格局，形成包括管理体制、职能划分、工作制度、运行流程在内的闭环管理体系；二要明确低碳发展管理机构职能，各负其责；三要建立低碳发展工作制度，保障发展低碳工作制度化、规范化；四要通过上下联动、左右互动、整体推动，形成低碳发展工作的运行流程。

第四，建立低碳技术开发体系。一是推广应用煤炭开采新技术。优化开拓布局，加强开采技术研究，深入研究特殊条件下煤炭资源开采技术，提高煤炭资源回收率，延长矿井开采寿命。二是煤化工产业进一步向深加工、精细加工阶段过渡。三是大力发展热-电-冷联产，对矿区的供暖、供冷系统进行改造，实现矿区集中供暖、供冷。四是推进节能新技术开发与利用。研发、引进和应用一批新技术、新工艺，为做好节能工作提供技术支持。五是开发利用新能源，通过市场调查、项目论证，择机选定开发新能源。六是围绕企业产业发展结构和管理层级职能定位，建立低碳发展技术研发与技术应用机构。实现企业内部低碳技术领域的共性技术、知识产权、品牌和产品标准的开发、创造、共享的目标，组建技术创新联盟，积极引导创新要素向企业聚集。

第五，加强低碳发展人才开发与培育。实施人才战略，完善人才评价、流动和聘任机制，以优厚政策吸引和留住人才。把握国际创新人才等科技要素流动加快、引进成本降低的有利时机，大力引进海外高层次人才和团队。积极扩大国际科技交流合作，为低碳发展、自主创新能力提升提供智力支撑。结合低碳发展重点科技项目和科技工程的实施，加大对技术专家、学科带头人、优秀专业技术人才的培养力度，建设一支高素质的低碳发展科技创新队伍。

第六，加大低碳发展资金投入。一是加大企业自有资金投入，如企业留利、折旧基金、企业闲置资产的变现等。二是构建融资平台，尤其是银行借款是企业经济发展的主要资金筹集形式，低碳发展也离不开银行业的支持，企业应抓住机遇，构建完善的融资平台，确保低碳发展的资金投入。三是争取国家优惠政策，如国家促进低碳发展的财税政策，包括鼓励市场主体进行能效投资、节能技术研发、新能源投资的财政补贴，预算拨款，税收减免，以及贷款贴息等；再如抑制高碳生产、消费行为的财税政策，包括控制温室气体排放的能源税、碳税等，企业应充分利用国家优惠政策，促进低碳发展。

第二章 中国能源(煤炭)革命取向分析

第一节 能源(煤炭)革命的意义

一、煤炭在中国经济发展中的价值作用分析

新中国成立以来,煤炭始终占能源消费的绝对比例。大庆石油会战后,20 世纪 60 至 70 年代,我国曾经经历过大规模的"油代煤"历史,煤炭在能源结构中的比重降低了约 20 个百分点。改革开放后的 40 多年里,随着能源消费总量的剧增,煤炭消费增大,占能源消费的比重一直保持较高的比例,平均在 70%左右。煤炭开发行业对国民经济总量的贡献逐年递增。以 2010 年计,每生产一吨煤的工业增加值为 300 多元,吨煤生产纳税额达到 60 多元。

煤炭为中国国民经济和社会长期平稳较快发展提供了支撑。煤炭与中国经济形成了一种特殊的依赖关系。

二、习近平总书记对中国能源、煤炭革命的指示

2014 年 6 月,在中央财经领导小组第六次会议上,习近平总书记就我国能源安全战略发表重要讲话指出,面对能源需求压力巨大、能源供给制约较多、能源生产和消费对生态环境损害严重、能源技术水平总体落后等挑战,我们必须从国家发展和安全的战略高度,审时度势、借势而为,找到顺应能源大势之道,必须推动能源生产和消费革命。

针对能源革命中煤炭的发展,习近平总书记指示,中国的基础能源还是煤炭,并要用好煤炭。重点要做好煤炭的规划、煤炭的发展、煤炭的清洁利用。立足国内多元供应保安全,大力推进煤炭清洁高效利用。

第二节　推进煤炭革命所面临的挑战与机遇

一、我国煤炭革命面临的挑战

(一) 经济发展对煤炭具有巨大的依赖惯性

资源禀赋条件决定了煤炭资源的主导地位;经济发展程度决定了煤炭的市场地位;已有能源设施对煤炭的依赖性决定了煤炭的存在意义;煤电、煤化工、钢铁、建材四大行业消耗煤炭的调整决定了煤炭消减的速度。煤炭在能源结构中的比重将逐步降低,但其主体地位将在相当长的一段时间内存在。

(二) 整体性的煤炭开发和利用技术相对落后,提升难度较大

我国煤炭科学开采能力水平低;选煤提质水平不很高、浪费严重;煤炭利用效率不高,国内煤炭发电的能量转化效率约为 40%,国外煤炭发电效率约为 50%;燃煤工业锅炉总体平均运行热效率约为 65%,只有国外的 4/5;洁净化使用程度较低,原煤入选率约为 56%,比发达国家平均水平低 10 个百分点。

我国煤炭终端消费比例过高。据统计,发达经济体将煤炭作为终端能源使用的比例大体是欧盟低于 5%、英国低于 3%、美国低于 5%、德国低于 4%;全球煤炭占终端能源消费的整体比例不到 5%,而我国煤炭占终端能源消费的比例高达 35%。

(三) 煤炭消费面临的环境压力巨大

中国煤炭消费量占全球煤炭消费量的近 50%,大部分的新增消费量在中国;煤炭消费引起大气污染和水体污染。煤炭生产引发的生态破坏、地质灾害问题社会影响强烈:煤炭开采地下水排放约 60 亿 m^3/年,仅 25%得到利用;塌陷面积平均达 4 亩/万吨原煤,破坏土地面积高达 128 万亩/年。我国煤炭消费气体排放量约占化石能源使用温室气体排放总量的 70%~80%。

(四) 我国煤炭资源回收率低

煤炭是我国最大的能源支撑,据中国工程院《能源发展战略 2030—2050》报告中预测 2050 年煤炭占一次能源比重控制在 50%以下,但仍需 25 亿~30 亿吨,煤炭将长期是我国主导能源。

中国工程院院士袁亮介绍,我国煤炭开采中普遍存在弃薄采厚、挑肥拣瘦现象,造成原设计 80~100 年服务年限缩短一半。低煤炭资源回收率大大缩短矿井服务年限,尤其是矿井资源回收率平均仅 50%,与美、澳等发达国家约 80%的回收率仍然有

较大差距。

二、我国煤炭革命面临历史新机遇

(1) 随着全球能源技术变革和清洁煤技术发展,煤炭完全可以实现自身的"革命":可以实现煤炭清洁生产;可以实现煤炭清洁高效利用;可以实现煤炭清洁燃烧;可以实现煤炭资源综合利用。

(2) 能源国际合作渠道更加广阔,煤炭国际市场潜力巨大。我国迎来前所未有的能源国际合作机遇;国家"一带一路"国际合作思想为我国的能源供应提供了新的途径,为煤炭企业安全和多元化发展提供了良好的历史机遇。

(3) 煤炭绿色低碳开发与利用的宏观政策支持力度前所未有。目标已设定,规划已明确,政府有决心,政策有优惠(碳税,硬指标)。国家能源局、环境保护部、工业和信息化部于 2014 年 12 月 26 日联合发布《关于促进煤炭安全绿色开发和清洁高效利用的意见》(国能煤炭〔2014〕571 号),提出进一步提升煤炭开发利用水平。

2021 年 9 月 22 日,中共中央、国务院下发《关于完整准确全面贯彻新发展理念做好碳达峰碳中和工作的意见》。要求到 2025 年,单位国内生产总值能耗比 2020 年下降 13.5%;单位国内生产总值二氧化碳排放比 2020 年下降 18%;非化石能源消费比重达到 20%左右;森林覆盖率达到 24.1%,森林蓄积量达到 180 亿立方米。到 2030 年,非化石能源消费比重达到 25%左右,风电、太阳能发电总装机容量达到 12 亿千瓦以上。到 2060 年,非化石能源消费比重达到 80%以上。

习近平总书记于 2021 年 3 月 15 日在中央财经委员会第九次会议上强调,"十四五"是碳达峰的关键期、窗口期,要重点做好以下几项工作。要构建清洁低碳安全高效的能源体系,控制化石能源总量,着力提高利用效能,实施可再生能源替代行动,深化电力体制改革,构建以新能源为主体的新型电力系统。

2021 年 10 月 26 日,国务院关于印发《2030 年前碳达峰行动方案的通知》(国发〔2021〕23 号),文件提出,深化可再生能源建筑应用,推广光伏发电与建筑一体化应用。到 2025 年,城镇建筑可再生能源替代率达到 8%,新建公共机构建筑、新建厂房屋顶光伏覆盖率力争达到 50%。

第三节　煤炭革命的理念、方向和目标

一、坚持煤炭革命的理念导向

理念是行动的先导,理念决定一切。思想的革命是一切变革的基础,理念创新是

企业一切创新的前提和源动力。煤炭革命也是如此,必须理念先行,理念引导。为此,在煤炭革命理念导向上必须坚持推动八个理念转变。

第一,推动煤炭企业由产业体系传统思维向建立现代煤炭工业体系理念转变。

第二,推动煤炭企业由高碳能源传统思维向低碳能源理念转变。

第三,推动煤炭企业由被动生产供应者传统思维向订单化、定制化服务商和技术方案提供商理念转变。

第四,推动煤炭企业由资源驱动、数量膨胀扩张传统思维向创新驱动、高质量发展理念转变。

第五,推动煤炭企业由生态污染、地表塌陷环境破坏传统思维向高效清洁、生态治理和绿色发展理念转变。

第六,推动煤炭企业由技术落后、经营粗放型传统思维向信息化、智能化、智慧化技术和集约精益化管理理念转变。

第七,推动煤炭企业由高危行业传统思维向安全可预、可控和本质型煤矿安全理念转变。

第八,推动煤炭企业由满足国内思维向国际化、"一带一路"融合发展理念转变。

二、认清煤炭革命发展的方向及模式

(1) 煤炭革命发展的方向主要有六个方面:一是向市场主导型转变;二是向清洁低碳生态环保型转变;三是向集约高效型转变;四是向产业延伸和循环型转变;五是向安全保障型转变;六是向国际化转变。

(2) 推动发展模式的新转变。煤炭企业要从过去的抢占煤炭资源、募资上项目、兼并收购和一味求大扩张的发展模式,根据市场供需态势、地域资源状况、国家产业政策导向和用户个性多样化需求,转向未来三种发展新模式:一是转向煤电、煤油、煤气多元化及传统能源与新能源并行发展的综合能源企业模式;二是转向清洁化、低碳化、高值化为特性和竞争力极强的绿色高端能源企业模式;三是转向实施跨国发展、跨产业融合发展,有的甚至会完全蜕变为非煤企业或轻资产运营的跨界发展模式。

三、明确煤炭革命的发展目标

煤炭革命的总目标是,建设集约、安全、高效、绿色的现代煤炭工业体系,具体有四大支目标取向。

一是实现煤炭生产与消费利用的安全、高效、生态、清洁、低碳、集约发展。

二是提升行业现代化水平,与国际和国家的智能化、信息化、现代化体系相适应。

三是支撑能源结构更加优化、更加合理。

四是能源供应的安全保障能力更加强大。

第四节　我国煤炭革命的主要任务

一、做好煤炭供给端(生产)革命的谋划

按照科学产能要求,推进供给端的安全、高效、清洁生产。

(一)明确科学产能内涵

科学产能是指在具有保证一定时期内持续开发的储量前提下,用安全、高效、环境友好方法将煤炭资源最大限度采出的生产能力。

科学产能要求资源、人力、科技与装备都必须达到相应的要求和标准,是煤炭行业和一个矿区综合能力的体现。

以实现我国科学开采的“煤炭梦”为目标,通过三个发展阶段(2013—2020 年、2020—2030 年、2030—2050 年)科学开采实践和努力,全面实行科学化开采,最终形成科学产能 45 亿吨的目标,使煤炭行业成为高技术聚集、优秀人才聚集、技术先进、绿色开发、安全生产、受全社会尊重的现代化行业。

(二)明确科学产能标准

一是明确生产安全度:百万吨死亡率,安全事故发生程度,职业健康保障程度,职业教育培训程度。

二是明确生产绿色度:矿山生态保护程度,生态恢复度,矿山资源综合利用率,回采率。

三是明确生产机械化程度:采掘机械化程度,原煤工效,矿井综合单产,生产管理信息化程度。

二、做好煤炭消费端革命的谋划

中央要求树立绿色消费理念,倡导绿色低碳生活方式。在消费端要按照“清洁、低碳、高效、集中”的原则,加强商品煤质量管理,推进重点耗煤行业节能减排,推进煤炭深加工产业示范,加强散煤综合治理,推动煤炭消费革命。严控消费总量,提高能源消费质量和消费效率,深入推进节能减排工作,降低能源单耗,打造清洁节约型消费端群。为此,煤炭企业要配合协助政府和耗煤终端用户加强四项工作。

(一)加强商品煤质量管理

在煤炭生产、加工、经营、使用环节制定更严格的商品煤质量企业标准,限制劣质

煤炭销售和使用。开展煤炭分质利用工程，严把煤炭作为终端能源分散直接燃烧使用的关口。

(二) 加强耗煤方的节能减排

提高电力用煤比例。大力发展清洁高效煤电，采用先进高效脱硫、脱硝、除尘技术，全面实施燃煤电厂超低排放和节能改造，加大能耗高、污染重煤电机组改造和淘汰力度，推进煤炭分质分级梯级利用，鼓励煤-化-电-热一体化发展，提升能源转换效率和资源综合利用率。提高煤炭产品质量和利用标准，严控燃煤电厂的能效水平和排放标准。

(三) 推进煤炭深加工产业示范

改造提升传统煤化工产业，淘汰落后产能。通过开展煤制油、煤制天然气、低阶煤分质利用、煤制化学品、煤炭和石油综合利用等五类模式以及通用技术装备的升级示范，加强先进技术攻关和产业化，提升煤炭转化效率、经济效益和环保水平，发挥煤炭的原料功能。同时，煤化工科学合理(全周期的能耗、排放、成本)发展主要与多联产相结合。

(四) 加强散煤综合治理

推广优质无烟煤、型煤、兰炭等洁净煤，在民用煤炭消费集中地区建设洁净煤配送中心，完善洁净煤供应网络等。

三、做好煤炭技术革命的谋划

煤炭技术革命(创新)的核心点(目标)是实现清洁生产、低碳利用、低成本运营、低能耗使用。

为此，在煤炭技术革命方面，要紧跟国际煤炭技术革命的新趋势，以绿色低碳为方向，结合煤炭企业多元产业特点，分类推动技术创新、业态创新、商业模式创新。

一是煤炭技术革命与信息化结合。促进煤炭创新技术与其他现代高新技术的融合和产业化发展，如实现与物流网、能流网互联信息化的技术与信息融合。

二是建立支撑煤炭科学开采的技术体系和开发模式。探索建立企业的自主创新体系，成立技术联盟，与专业科研机构合作，采取合力攻关、成果共享的方式，进行原始创新、集成创新、消化吸收再创新，为企业转型发展构建强有力的科技支撑。

三是明晰煤炭技术革命的重点。煤炭企业要坚持科技创新引领，瞄准煤矿绿色开采、清洁生产、重大灾害防治、资源回收、煤炭转化、低碳利用及塌陷区综合治理等关键核心技术方面，进行重点攻关。同时，以技术创新为先导，推动布局调整优化、产业创新、产品升级、业态创新和商业模式创新，实现煤炭企业的新旧动能转换高质量发展。

四、做好煤炭体制革命的谋划

推动能源体制革命，应在宏观（政府）层面和微观（企业）层面两个方面下力。

（一）在宏观（政府）层面做好五件事

一是处理好政府与市场的关系，形成主要由市场决定能源价格的机制。充分发挥市场的决定性作用，在煤炭流通领域建立公平公正的煤炭市场交易平台。

二是完善煤炭财税制度，使煤炭价格充分反映煤炭资源的完全成本。

三是提高煤炭资源的保护和利用效率，真正还原煤炭资源的商品属性。

四是完善立法，清理和更新煤炭行业的法律法规文件，建章立制，使煤炭行业的管理步入法治化管理的轨道。

五是设立统一的行业主管部门，统筹管理煤炭领域矿权、开发、利用、科技、政策、标准、资质等，统筹协调煤炭产业的规划和发展。

（二）在微观（企业）层面做好三件事

为适应新形势下能源体制改革的要求，煤炭企业要以市场为导向，坚定不移推进企业管理体制改革和经营机制创新。

一要在产权结构改革方面，积极引入战略投资者，有序推进管理层和员工持股，构建混合所有制经济模式。

二要在法人治理结构建设方面，形成科学制衡、运转高效的公司治理机制，健全现代企业制度建设。

三要在运作机制方面，坚持市场化改革的方向，形成鼓励创新创业的人才激励机制。

五、做好煤炭国际化发展的谋划

实施“走出去”战略提高国际竞争力。我国煤炭企业“走出去”深度参与国际产业竞争，是资源全球化高效配置的客观要求，也是保证国内能源稳定供应的必然选择。要找准并发挥我国煤炭企业融国际化（“一带一路”）所积累的绝对优势或相对优势，对接目标国的短板及需求。

第三章　煤炭企业高质量发展的方向及战略支撑

党的十九大指出，新时代我国经济已由高速增长阶段转向高质量发展阶段，要求必须坚持质量第一、效益优先，以供给侧结构性改革为主线，推动经济发展质量变革、效率变革、动力变革，提高全要素生产率。强调必须把发展经济的着力点放在实体经济上，把提高供给体系质量作为主攻方向，显著增强我国经济质量优势。坚持去产能、去库存、去杠杆、降成本、补短板。还提出激发和保护企业家精神，建知识型、技能型、创新型劳动者大军。解放和发展社会生产力，激发全社会创造力和发展活力，努力实现更高质量、更有效率、更加公平、更可持续的发展。

第一节　学习贯彻党和国家高质量新发展理念

世界处于百年未有之大变局，机遇与挑战并存。无论外部风云如何变幻，对中国来说，中国特色社会主义进入了新时代，我国经济发展也进入了新时代，基本特征就是我国经济已由高速增长阶段转向高质量发展阶段。最重要的就是做好自己的事情，不断深化改革，扩大开放，实现经济的高质量发展。对于高质量发展，习近平总书记和李克强总理是如何论述的？大家一起来学习贯彻。

一、深刻领会习近平总书记高质量发展的新思想

2017 年 12 月 12 日至 13 日，习近平总书记在江苏徐州市考察时的讲话中指出，国有企业是中国特色社会主义的重要物质基础和政治基础，是中国特色社会主义经济的“顶梁柱”。要按照党的十九大部署推动国有企业深化改革、提高经营管理水平，使国有企业成为贯彻新发展理念、全面深化改革的骨干力量，成为我们党执政兴国的重要支柱和依靠力量。

2018 年 4 月 13 日，习近平总书记在庆祝海南建省办经济特区 30 周年大会上的讲话中指出，我国经济已由高速增长阶段转向高质量发展阶段，这是党中央对新时代

我国经济发展特征的重大判断。

2018 年 5 月 26 日,习近平总书记在致中国国际大数据产业博览会的贺信中指出,中国高度重视大数据发展。我们秉持创新、协调、绿色、开放、共享的发展理念,围绕建设网络强国、数字中国、智慧社会,全面实施国家大数据战略,助力中国经济从高速增长转向高质量发展。

2018 年 9 月 27 日,习近平总书记在东北三省考察时的讲话中指出,国有企业地位重要、作用关键、不可替代,是党和国家的重要依靠力量。同时,国有企业要改革创新,不断自我完善和发展。要一以贯之坚持党对国有企业的领导,一以贯之深化国有企业改革,努力实现质量更高、效益更好、结构更优的发展。

2018 年 11 月 7 日,习近平总书记在上海考察时的讲话中指出,要把高质量发展着力点放在实体经济上,加快建设实体经济、科技创新、现代金融、人力资源协同发展的产业体系,全面提升上海在全球城市体系中的影响力和竞争力。

2018 年 12 月 18 日,习近平总书记在庆祝改革开放 40 周年大会上的讲话中指出,前进道路上,我们必须围绕解决好人民日益增长的美好生活需要和不平衡不充分的发展之间的矛盾这个社会主要矛盾,坚决贯彻创新、协调、绿色、开放、共享的发展理念,统筹推进"五位一体"总体布局、协调推进"四个全面"战略布局,推动高质量发展,推动新型工业化、信息化、城镇化、农业现代化同步发展,加快建设现代化经济体系,努力实现更高质量、更有效率、更加公平、更可持续的发展。

2019 年 5 月 22 日,习近平总书记在听取江西省委和省政府工作汇报时的讲话中指出,要推动经济高质量发展,牢牢把握供给侧结构性改革这条主线,不断改善供给结构,提高经济发展质量和效益。要加快推进新旧动能转换,巩固"三去一降一补"成果,加快腾笼换鸟、凤凰涅槃。要聚焦主导产业,加快培育新兴产业,改造提升传统产业,发展现代服务业,抢抓数字经济发展机遇。

2019 年 6 月 28 日,习近平总书记在二十国集团领导人峰会上关于世界经济形势和贸易问题的讲话中指出,坚持改革创新,挖掘增长动力。世界经济已经进入新旧动能转换期。我们要找准切入点,大力推进结构性改革,通过发展数字经济、促进互联互通、完善社会保障措施等,建设适应未来发展趋势的产业结构、政策框架、管理体系,提升经济运行效率和韧性,努力实现高质量发展。我们要抓住新技术、新产业、新业态不断涌现的历史机遇,营造有利市场环境,尊重、保护、鼓励创新。我们要提倡国际创新合作,超越疆域局限和人为藩篱,集全球之智,克共性难题,让创新成果得以广泛应用,惠及更多国家和人民。

二、贯彻李克强总理高质量发展的要求

李克强总理要求,新旧动能转换必须坚持"增量崛起"与"存量变革"并举,既要培

育发展前景广阔的新兴产业，也要化解淘汰过剩落后产能，运用新技术改造提升传统产业，实现“老树发新枝”，促进社会生产力整体跃升。旧的产业或业务板块通过技术改造、管理创新、业态创新、模式创新可培育生出新的动能，实现更高质量的发展；同时选择适合企业自身可控发展的新产业、新技术、新业态和新模式。高质量发展是全要素、全体系、全流程转型升级，包括思想观念、战略布局、市场管理、商业模式等。

第二节　树立企业高质量发展的十大新理念

党的十九大明确要求，加快推进供给侧结构性改革和能源革命，着力解决人民日益增长的美好生活需要和不平衡不充分的发展之间的矛盾，全面建成小康社会，实现中华民族伟大复兴的中国梦。每个企业都应充分认识新时代，热情拥抱新时代，牢固树立适应新时代发展要求的五大新理念。

煤炭企业应直面企业自身发展的现实问题，要联系实际，创造性理解和贯彻五大发展理念，牢固确立企业高质量发展新理念。面对新时代的发展新环境、新挑战、新机遇和新要求，煤炭企业怎样去做呢？答案就是：在了解“外情”、领会“上情”基础上，对企业“内情”要全面诊断，运用新时代“五大发展理念”和互联网思维、大数据思维，寻找确立支撑煤炭企业高质量发展的十个新理念。

一、树立创新发展的新理念

企业现在所处内外部环境及要素条件已经发生了新的变化，“老路”走不通了，老经验不灵了。新时代第一个需要树立的理念是创新驱动发展的理念，把创新作为引领企业发展的第一动力。加快技术创新、体制机制创新、商业模式创新，因为只有创新，企业才能与时俱进跟上新时代发展的步伐。

二、树立市场导向的新理念

要以用户为中心去考虑问题，煤炭企业应牢牢树立以市场需求为导向的发展理念，并在研制和实施企业未来发展战略规划过程中，把研究市场、开拓市场和经营市场摆到首要位置，做到以市场为中心，精准市场定位，一切围绕市场转，全力服务市场。同时，要超前预判和把握煤炭市场供需变化的周期性和规律性，及早做好应对准备工作。

三、树立问题导向的新理念

树立问题意识、坚持问题导向，是新的时代条件下创新发展的内在必然要求。只有树立强烈的问题意识，才能实事求是地对待问题，才能找到引领企业前进的路标。要以查找制约企业发展问题和短板为契入点和总抓手，通过发现问题和破解问题、发现短板和弥补短板，来促进煤炭企业转型升级与发展。

四、树立价值导向的理念

企业作为经济实体，必须始终牢记和执着追求价值创造，包括不断创造企业经济效益、创造用户价值、股东价值、社会价值和员工价值等。同时，把价值作为评判“问题”的尺度，即凡是没有价值的事和活动就是问题，解决问题与否的衡量标准也是价值。因此，价值创造是煤炭企业的主体使命。

五、树立极致产品的新理念

树立极致产品的新理念就是把产品、服务和用户体验做到极致，超越用户预期。极致产品至上，只有第一，没有第二，把复杂做到简单，把简单做到极致，打造让用户满意的产品。用极限思维打造极致的产品要做到三点：一是“需求要抓得准”（痛点、痒点或兴奋点）；二是“自己要逼得狠”（做到自己能力的极限）；三是“管理要盯得紧”（对产品质量紧抓不放）。

六、树立以奋斗者为本的新理念

企业发展最大、最根本、最持久的动力是员工，只有员工的奋斗才能创造企业的价值，才能赢得企业的未来。《华为基本法》中清晰、明确地规定：员工在企业中应该先于和优于股东进行价值分配。人才是企业最大的竞争资源，坚持以奋斗者为本，才是真正抓住了企业不忘初心和以人为本的核心价值理念。

七、树立合作共赢的新理念

互联网、物联网、大数据时代有一个鲜明特征就是开放、共享和多主体共赢，其中有两条最主要的互利共赢关联线：第一条关联线是企业与用户，其标志是“人单合一”，“单”即用户需求，让企业中的每名员工都要与市场相联系、与用户相融合，让员工在为用户创造价值的同时也体现出自身的价值；第二条关联线是企业与员工，其标志是“利益共同体”，互联网时代，企业不是如何管控员工，而是为每名员工创造施展其才华的平台沃土，让每个人尽情发挥能量，创造价值，实现自己的“梦想”。而这两条关联线之间又是相互交织、相互融合、相互影响和相互促进的。这种合作互利共赢特征也是推进企业组织变革的强大动因，坚持企业管理层级尽量扁平化，缩短管理链条，压缩管理层级，从而达到对外为用户建立对接沟通服务的新平台，对内为员工搭建施展才华与释放能量的大舞台和创造宽松融合发展的生态环境。

八、树立大数据分析的新理念

在大数据、云计算的时代，企业管理者要改变传统因果关系线式分析思考问题的方式，运用相关性网络分析方式来研判煤炭市场供需关系变化的走势，从网络中找线式，网与线结合，综合分析煤炭、石油、天然气等化石能源以及核能、风能、太阳能、水能、生物质能、可燃冰等新兴能源结构动态变化的信息（数据），研判各类能源此长彼消的近期及远期变量走势，并以此来判断煤炭增长或下降的市场需求信息变化，准确及时制定应对市场变化的战略及策略。

九、树立绿色发展的新理念

把握能源供给侧结构性革命的新趋势，坚持煤炭生产与消费利用清洁化、低碳化和绿色化，这是新时代国家与社会强力推行节能减排、低碳经济和绿色发展的新要求，也就是煤炭企业自身的社会责任担当和实现高端发展和持续发展的必由之路。

十、树立安全发展的新理念

摒弃煤炭行业是高危行业和多年在较低管理及技术状态下形成的“干煤矿必死人”旧观念，重新认识到在当今高科技水平和科学管理条件下煤矿安全是可预、可控和可防的，牢固树立本质安全型煤矿和风险可控的安全生产新理念。

案 例

陕煤集团——新理念助力走进新时代

10 年前，煤炭、化工等行业经历了一场断崖式下滑，陕西煤业化工集团有限责任公司（简称“陕煤集团”）陷入系统性亏损。2014 年以来，陕煤集团实施了一系列改革举措，力挽狂澜、强势突围，按照绿色陕煤、创新陕煤、高效陕煤、诚信陕煤、和谐陕煤的企业五大发展理念，用新理念助力陕煤集团走进新时代。2019 年，陕煤集团全年煤炭产量 1.78 亿吨，化工产品产量 1 782.2 万吨，粗钢产量 1 245.3 万吨，累计发电 421.9 亿千瓦时，水泥产量 725 万吨。当年实现营业收入 3 025 亿元，同比增长 7.8%；利润总额 155 亿元，同比增长 11.5%。

(1) 绿色陕煤。陕煤集团决定必须走绿色发展道路，紧紧围绕煤、配套煤，向超越煤、错位煤转型，从清洁高效转化和清洁高效利用两条路径做文章，加快形成资源节约、环境友好的生产方式，不断优化产业产品结构。陕煤集团成立新型能源公司，发展煤炭清洁利用产业,按照城市集中供热、清洁煤加工、高效环保锅炉改造、煤炭洗选四个业务板块四轮驱动模式,推动陕煤集团发展方式转变。

(2)创新陕煤。一号煤矿智能化无人综采工作面运行一年后,生产原煤190万吨,开机率97.3%,能够满足矿井正常生产需要;成本比国外同类设备降低一半以上的同时,每年可节约人工成本500万~600万元。这仅仅是陕煤集团创新工作的一个缩影。该集团还通过引进吸收再创新、集成创新、协同创新和自主创新等方式,依靠创新引领企业转型升级。据统计,近年来陕煤集团在技术创新方面累计争取政府科技支持资金3.2亿元,取得省部级以上奖项119个,申请专利1 437件,获权专利1 156件。陕煤集团以重要领域和关键环节的突破带动全局,为产业发展开辟新途径。就煤炭主业而言,已在生产、交易和消费等方面,取得了不同程度的创新技术突破。

(3)高效陕煤。结构决定质量,也决定发展速度。实施以煤为基,能材并进,技融双驱,蜕变转型的发展战略,做大做强煤炭主业,实现高效发展必须进行结构调整,培育壮大战略性新兴产业,为此,陕煤集团实施了"三步走"战略。第一步,产能置换打造高产高效矿井集群。第二步,优化产业链绘浓墨重彩新华章。第三步,瞄准市场打造新的经济增长极。

铁路运输是陕煤集团做大做强的一个重要支撑。陕煤集团二级板块公司陕西铁路物流集团有限公司统筹运用铁路资产,为更好地服务陕煤集团整体发展,一方面扩大集团公司甚至"三西"地区的煤炭外运能力;另一方面,利用铁路前后"一公里",在前端掌控货运资源,在后端掌控客户资源。同时,陕煤集团控股的铁路,将形成煤电化钢路一体化,发挥与煤炭、化工、电力、钢铁等产业协同作用和整体效益。到2020年,陕西铁路物流集团运输能力已达到2亿吨,并成为陕煤集团重要的战略支撑点和利润增长极。

(4)诚信陕煤。企业的诚信问题,核心是质量。陕煤集团始终坚持将项目、产品和运营服务的优质承诺,将企业诚信落到实处,用诚信擦亮陕煤品牌,依托陕煤品牌迈向更广阔的空间。

(5)和谐陕煤。近年来,陕煤集团坚持发展为了职工、发展依靠职工、发展成果与职工共享,让员工快乐工作、幸福生活,奏响和谐陕煤协奏曲。

第三节　推动企业实施新发展战略

坚持创新是引领发展的第一动力,围绕煤炭企业新旧动能转换这条主线,坚持以市场为导向,高效挖掘、集聚和配置企业内外优质创新资源,深入实施创新驱动发展战略，构建创新体系，培育创新主体，完善创新机制，集聚创新资源，打造创新平台，实现创新、创业、创投、创客“四创联动”，全面提升煤炭企业自主创新能力和创新效率。

一、研制和实施煤炭企业新的发展战略

战略是方向，战略决定着企业未来想做什么的问题，规划是解决企业未来能做什么的问题。战略研究，主要是研究企业十年及以后的发展大方向、目标、发展路径和措施；规划研究，主要是研究企业五年间的发展方向、目标、产业项目、工作重点任务及保障措施。新时代的煤炭企业战略规划，就是既研制煤炭企业五年发展规划，又谋划煤炭企业长远发展战略。“十四五”时期，中国全面进入高质量发展阶段，企业转型升级实施高质量发展战略既面临着内外部环境的诸多不确定性，又面临着企业高质量发展方向及目标定位、产业及产品结构优化升级、发展路径及重大项目选定、管理及技术创新等新课题和新挑战。

根据党和国家新时代的战略要求及可预见的发展趋势、外部环境变局，煤炭企业尤其是大型煤炭企业在“十四五”时期，乃至更长时期的战略规划应突出“安全、综合、集约、高效、绿色、智慧、可持续”要素内容。

所谓安全，即坚持生命至上原则，通过现代技术装备和本质型管理方法，消除各类不安全风险隐患，实现企业员工安全生产和职业健康。

所谓综合，即坚持传统能源与新兴能源并重发展原则，通过煤炭清洁化改造升级和选择开发适宜性新能源，实现新旧能源产业包容式综合发展。

所谓集约，即坚持价值创造和内涵式发展原则，通过问题导向式的精准化决策、精细化管理、精益化运营，实现要素资源优化配置、关键流程优化再造和质量效益型发展。

所谓高效，即坚持降本增效和“高端产品、高效生产和定制化服务”原则，通过生产布局调整、技术工艺变革、劳动组织优化、减人提效变革和多上装备少增人等措施，实现企业高效率与高效益发展。

所谓绿色，即坚持煤炭清洁化供给原则，通过科技创新和管理创新措施，推动煤炭生产环节到煤炭消费环节的变革，实现煤炭清洁化和低碳化。

所谓智慧，即坚持“两化深度融合”原则，通过物联网、大数据、云计算、移动互联等技术手段，构建以数字技术为支撑“实时感知、瞬时响应、智能决策”的智慧生产及智慧运营体系，实现企业井下开拓、采掘、运通、洗选、生产管理、经营运作、安全保障、生态保护等全过程和人、财、物、信息全要素智慧化高效运转。

所谓可持续，即坚持“丛林生存”法则和与时俱进原则，通过寻求新资源、开发新产业、拓宽新市场、挖掘新价值和适应新生态环境，培植煤炭企业延长生命周期的沃土，实现健康可持续发展。

二、着力抓好高质量发展“三大”升级工程

培育发展新动能，是企业赢得未来竞争新优势的关键所在。结合煤矿企业实际，要重点从生产、安全和产品加工三个方面实施升级工程建设。

（一）着力抓好生产方式升级改造工程

大力推广新技术、新工艺、新装备，推进煤炭生产方式机械化、自动化、智能化水平提升，达到高产高效、低生态损害低排放的“双高双低”目标。重点在以下四个方面下力。

一是在地质保障方面：应用地面与井下立体式三维地震勘探技术，隐蔽致灾因素精细技术等，为煤炭资源开发提供可靠地质保障。

二是在生产布局方面：改革矿井开拓布局，优化巷道设计，简化生产系统和环节，推行“一矿一面”生产方式，实现高效集约化生产。

三是在绿色开采技术方面：大力推广充填式开采、保水式开采等绿色开采技术，有效解放“三下”压煤储量，提高资源回收率，实现“采煤不见煤”“矸石不升井”，减少煤矿生产对生态环境和地表的破坏，达到煤炭开采与环境友好的协调发展。

四是在采掘技术装备方面：企业因地制宜采用无煤柱综采放顶煤、综合机械化充填采煤、短壁综采、薄煤层综采等成套技术和装备，提高机械化和自动化程度，研发煤炭综采成套装备智能系统，提高煤岩界面智能识别和设备信息感知能力、增加智能控制功能、提高自动执行环节的能力和可靠性。

（二）着力抓好安全科技管控升级工程

实施“科技兴安”战略，采用无线通信技术、精确定位技术、电子数据交换、智能传感器、识别技术等先进适用技术，进一步完善矿井监测监控、人员定位、紧急避险和应急救援等安全管理系统，全面对煤矿的安全监测监控系统进行改造，制定并实施“机械化换人、自动化减人”的技术工作方案，实现由高危行业向“本质安全型”行业转变。推进物联网、云计算、移动互联网、卫星遥感等新一代信息技术在煤炭安全系统应用，实现监控系统定期主动自诊断、自评估，异常数据分析，瓦斯火灾预测预警等功能，推进安全监察监管动态闭环控制效率和智能化水平的提升。

（三）着力抓好煤炭高效洗选加工升级工程

加大洗选煤和配煤技术推广力度，积极推广先进的高效煤粉、洁净型煤和水煤浆技术等煤炭清洁高效利用技术和工艺配套方案。依托冶金、焦化企业等主要客户群体，通过煤炭的洗选加工，提高精煤供应量，实现产品效益的最大化。开展炼焦煤、动力煤提质改性增效研发，提供定制化煤炭配方和产品服务，创新“从坑口到炉口”的服

务运作模式。

第四节　煤炭企业提质增效的工作思路

2016 年 3 月 25 日，国务院召开全国国有企业提质增效工作电视电话会议，李克强总理作出重要批示，要求国有企业在困难面前勇于担当，主动作为，增强责任感和紧迫感，苦练内功。当时，煤炭市场持续低迷已达四年之久，危机仍在谷底延续，大部分煤炭企业陷入亏损不断加重、资金链日趋紧张、减人降薪艰难度日的煎熬困境。出路在哪里？应对策略是什么？国务院提出国有企业开展提质增效的号召是非常及时、非常精准和有极强指导性的，煤炭企业深刻理解并认真贯彻落实。

目前，煤炭企业在亏损加重的困境中大多采取几乎同质化的措施——坚持降薪减亏、减人脱困的做法。诚然，这种做法也是不得已而为之的必要举措，但是更换一种思路，更换一个做法可能更好些。例如，不降工资或少降工资、不减人或少减人而实现提质增效。笔者认为，国务院作出开展提质增效工作的重大决策为国有企业降本减亏增效工作指明了大方向，经过对若干家煤炭企业应对煤炭危机做法的调研和深度思考，现提出新常态下煤炭企业“1214”提质增效新模式，即明确一个思想，打造两大助力，运用一个杠杆，抓好四项重点工作。

一、明确一个思想

坚定信心，保持定力，创新思路。遵循市场导向、问题导向和价值导向理念，运用精益管理思维、大数据分析方法和互联网技术，在指导思想上推动煤炭企业提质增效实现五个转向：一是实现由单纯节约材料转向既节约材料又节约工时、节约能耗的综合节约；二是实现由单纯追求降低成本转向既关注降低成本、又重视提效的“降升”并举；三是实现由重视“量”的规模扩张转向“质”的内涵提效；四是实现由固守传统管理方式转向运用新思维、新方法、新技术；五是实现由单纯靠领导抓降低成本提效转向大众节约、万众提效。

二、打造两大助力

无论是抓节约降低消费，还是提质提效和减人提效，都离不开技术创新(信息化)装备升级和管理变革创新两大推手、两大助力。

(一) 打造科技生产力

利用信息技术解决提高效率的问题。在“机械化换人、自动化减人”和减头、减面、减环节、减岗位等方面有许多文章可做。

一是打造“数据矿山”。大力完善安全管理、生产调度、技术创新、人事管理、劳动用工管理、薪酬管理、财务管理、市场销售、物资采供及OA办公自动化管理系统。各信息平台之间联通达到数据共享，提升数据传递的效率及准确性。

二是创建无人值守的生产模式。加强利用三维综合管理平台，逐步实现综采工作面监控、瓦斯监控、人员定位、通风系统、主运皮带、副井提升、矿井供电、工业视频等系统的可视化远程动态监测。通过采用智能监测、自动控制技术和远程监控信息平台，开发实施矿井智能无人值守系统。

三是推动自动化、智能化，实现减人提效。通过“安全、生产集控中心”和优化工艺流程、作业流程和管理流程，实现减人提效。一方面，实现固定岗位减人。抓好生产过程的自动化，代替人工井下现场值守，实现中央变电所、采区变电所、压风机房、水泵房、风机房等场所的无人值守，达到“有人巡视，无人值守”。另一方面，运用维修方式的改变来实现减人。利用信息化手段对设备运行情况进行设备的日常观测、维修、定期检修综合集中管理，使各系统维护人员的工种与人员数量调配科学合理，将原来的“坐岗”变成“巡岗”。

四是变革技术装备和生产工艺。在地质结构条件和煤层厚度适宜的矿井，采用与煤层厚度相匹配的支架和采煤机，变综放采煤为一次采全高采煤，可以极大提高煤炭资源回收率。

（二）打造管理创造力

推行“互联网＋精益管理”，抓住成本（费用）精益管理这一主线，以工序标准化、岗位价值化为基础，进行企业管理流程的梳理优化；以全面预算管理为手段，构建以工序定额为基础的全覆盖预算管理系统；以全员绩效考核为保障，形成目标执行的刚性约束、奖惩和激励机制；以内部市场化核算为载体平台，建立矿（厂）到区队、区队到班组的考核结算流程，达到减少浪费及提高效率、效益之目的。

一是建立标准工序管理。划分以区队为中心的各类作业工序，依据煤矿生产工艺、经营流程特点，制定工序标准化的流程，实施标准化的操作。通过工序标准化管理，使对标、作业、验收、考核形成统一的标准体系，将核算主体下移到工序班组。

二是完善岗位价值核算流程及方法。岗位价值核算是成本精益管理的落脚点，依据岗位价值核算要求，确定岗位价值主体，建立结算体系，测定结算价格、精细核算岗位经营成果，将目标落实到区队、班组和员工的日常工作上，实现员工自我管理。

三是推进全面预算管理优化。综合运用全面预算管理的方法，审视查找工作中存在的问题，优化各系统的结构、功能与效率。细化分解预算指标，依据工序定额确定预算指标、考核目标，按年、月层层分解落实到各专业、各区队与各班组。

四是运作内部运营市场化。借鉴市场规则和方法，在企业内部明确市场主体，从市场交易价格、市场交易结算、市场交易仲裁监督和市场交易运行考核等方面构建矿（厂）、区队、班组全面市场化运作模式。

五是推进全员绩效考核实施。全员绩效考核是成本精益管理的关键，建立绩效考核指标，从素质和业绩两个维度，定量与定性结合，完善区队、班组经营业绩指标。以岗位价值评估为基础，确定不同作业工序下不同岗位的绩效工资核算方法，建立考核标准和考核程序，分别规定年度考核、季度考核以及月度考核的工作流程，依据考核的结果兑现奖惩。

三、运用一个杠杆

所谓运用一个杠杆，就是通过运用工资这个杠杆，科学精准地进行绩效考核，达到多劳多得、多节约多得，充分调动和激发每个人的创造潜力和工作积极性。具体要做好以下三个重点考核工作。

（一）确定工资的“基准定额线”考核标准

改变降低工资一刀切的做法，把节约、提质、提效、安全与工资紧密挂钩，建立岗位绩效工资制度，经过科学测算并与同类企业先进消耗定额值和工效定额值对标，确定岗位绩效工资的基准定额线，分解落实到各类岗位。坚持以“基准定额线”为衡量评价标准，建立工资升降有据差异化的科学考核机制。

一是在消费节约考核标准上，凡是实际消耗值降到“基准定额线”以下的进行分成奖励加工资，实际消耗值超过“基准定额线”以上的进行分成处罚扣工资。

二是在效率考核标准上，凡是实际工作（劳动）效率高于“基准定额线”的进行奖励加工资，实际工作（劳动）效率低于“基准定额线”的进行处罚扣工资。

三是在质量考核标准上，凡是实际质量值提高到“基准定额线”以上的进行奖励加工资，实际质量值低于“基准定额线”的进行处罚扣工资。

四是在安全考核标准上，凡是实际安全值降到“基准定额线”以下的进行奖励加工资，实际安全值超过“基准定额线”以上的进行处罚扣工资。

（二）合理分类计酬

按照考核指标、考核项目、考核层级、考核周期、考核机制等考核要素，对各类员工分别制定目标薪酬、岗效工资、计件工资、工效挂钩岗位技能工资四类考核方式。

一是目标薪酬。适用范围是矿领导班子，实行月度考核兑现。

二是岗效工资。适用范围是各专业副总、调度室、综采办等，实行月度考核兑现。

三是计件工资。适用范围是采煤区队、掘进区队、机电运输等，实行月度考核兑现。

四是工效挂钩岗位技能工资。适用以上三种工资制之外的人员，实行月度考核兑现。

（三）优化完善考核方式

一是完善扁平化考核。调整和取消以往没有效益的考核做法，建立更有价值、更有激励作用的考核标准及流程，压缩考核层级，划小考核单元，实现扁平化管理。

二是明晰绩效考核内容和单价体系。对被考核的单位、部门、岗位和人员，要分别明确关键指标和激励方式，将其降耗、提效、提质、安全指标完成结果纳入计提工资收入中，指标完成好收入就高，反之就低。

四、抓好四项重点工作

围绕提质增效这个中心任务，结合煤炭企业实际情况，应着力抓好工时利用、消耗降低、质量提高和安全治理四个重点工作。

（一）节省工时，提高效率

为不断提高劳动（工作）生产率，煤炭企业必须从管理上着手，科学组织安全生产，合理提高工时利用率。具体途径如下：

一是科学测定劳动（工作）定额。按照合理先进的原则，全面系统地纪实测定井下生产、辅助和地面服务劳动（工作）定额，并结合现场条件、技术装备和生产工艺的变化进行动态调整，真正达到岗位人员和劳动定额确定科学，工效考核有据。

二是科学组织现场生产。各生产单位把月度工作计划细化分解，结合现场情况制定详细的作业计划，组织班组、个人、岗位认真查找无效工时，通过优化作业工序，充分利用工时，在安全的前提下，最大限度地提高有效工时率，保质保量地完成生产任务。

三是加强工效考核。把对工时利用和工效提高与每个人的工资收入紧密挂钩，促使每名员工注重有效劳动（工作）工时利用，努力提高劳动效率。

（二）节约消耗，提高效益

采取多种管理措施减少企业经济支出，严控经营成本。

一是发动全员进行降本降耗。开展危机形势教育，树立担当意识，主动承担严控成本的责任，让“从我做起、自主节约、节约光荣”等理念贯穿于实际工作中。大力提升员工的技能素质和操作水平，推行精益化管理，鼓励献言建策，鼓励群众性的降耗提效创新活动，利用首席技师工作室、QC攻关小组（质量控制小组）等载体，为员工搭建施展聪明才智的舞台，激发广大员工降本创新的活力。

二是健全降本降耗的工作机制。机制决定效率，创新成本管控机制，推行全面预算、定额控制和目标责任考核等方法，建立材料、电力、维修、非生产性开支等分口成本目标“倒逼”机制，自上而下，层层细化、量化预算指标，做到先预后算，先算后干。同时，建立涵盖生产经营全过程的对标指标体系，分为纵向对标及横向对标形式。不断完善考核制度，将成本管理纳入业绩考核，实施区队、科室、分管领导三层成本考核，分别与当月工资收入挂钩，激发各级人员节支降耗的积极性。

三是推行内部市场化管理。以市场手段挖掘内部降本潜力，引入市场机制，由生产性单元“生产单位、生产岗位”转变为“经营主体和创效平台”，使员工树立“人人均是经营者、岗位均是利润源”的理念，激发每个市场主体的经营活力和“挣工资”的积极性。推进内外部市场无缝对接，增强外部市场议价能力，有效降低材料采购费用。大力推广回收废旧材料，在井下建立废旧材料回收箱，定时集中升井，分类进行维修复用或出售处理。

四是运用科技创新促进降本降耗。科技创新是降本增效的关键之一。要发挥技术创新对节支降耗、挖潜增效的“乘数效应”，通过优化设计和生产布局，从源头上减少施工浪费；通过推广应用新技术、新工艺、新装备，推进辅助专业化运输，完善矿井提升、供电、排水、通风、压风等系统的自动化、远程监控集控系统；通过推行精益开采，大力提高矿井资源的利用效率和回收率。

（三）提高质量，增加效益

优良的质量是产品进入市场的前提条件，是企业的生命。遵循“清洁生产、定制生产”和“质量第一、用户至上”的宗旨，急用户所急，产用户所需，优化煤炭产品结构和质量，订单供应，最大限度地满足不同用户的个性化需要，在激烈的市场竞争中赢得用户的信赖和支持。为此，要突出抓好以下四点。

一是突出抓好质量控制系统协调。要在采、掘、运、通及生产调度、煤炭洗选加工、运输、营销服务全程、全环节的动态质量监控上加强协调一致，制定发生突发性质量问题的应急处理方案，运用先进的检测设备和手段，对煤质进行连续检测分析，发现产品质量的波动情况迅速加以调整。

二是突出质量控制的超前性和主动性。注重在煤炭产品生产过程中超前与主动控制质量，将质量问题消灭于萌芽状态。尤其是要及时收集发现用户与竞争对手所反映的质量信息，做到了解用户需要，以需定质，以销定产。

三是突出质量考核的严密性和科学性。为使煤矿质量控制达到规范有序，应制定严格的质量技术标准、管理标准、工作标准等，准确地确定工序工艺操作标准，使之达到精化、定量化和可操作化，确保产品质量，生产既满足用户需要又附加值高的产品。

四是突出煤炭质量重点因素有效控制。充分了解产生工序质量的节点原因，确定每一道工序的节点因素作为重点控制对象，将质量控制追溯到流程的源头，建立健全相应的质量控制责任制。建立健全网络化质量控制的信息系统，实现质量由事后控制转变为事前、事中控制，由结果控制转变为对影响质量的因素控制。

（四）抓好安全，促进效益

安全生产高于一切。应对当前低迷市场的严峻形势，安全已经成为影响企业参与市场竞争的重要因素。坚持综合治理、标本兼治、预防为主，抓好五个强化。

一是强化理念引领。固化“安全第一、生产第二”的理念。始终把安全放在“高于一切、重于一切、先于一切”的重要位置，做到“不安全不生产、生产必须安全”。坚守“安全工作必须100%，99%就是零”的理念。坚持“关口前移、重心下移”，以超前意识抓安全，源头控制保安全，不放过细节，不丢掉疑点，不遗漏死角，真正做到“消灭轻微伤、实现零伤亡”。

二是强化依法治安。坚守生命安全“红线”。树立“以人为本、生命至上”的理念，坚守“效益不能以牺牲生命为代价”这一“红线”。创新安全监督检查的途径，超前防范，消除隐患，着力打造本质安全型企业。把握安全法律“底线”，从生产布局、工作流程、劳动环境及安全技术措施保障等方面，查找安全隐患，注重预防，及时整改，以刚性规定和严格制度的执行，提供安全生产的有力保障。

三是强化领导责任。实行“党政同责、一岗双责、齐抓共管”，落实主体责任。制定安全规划和安全技术措施，健全完善各项规章制度和事故应急救援预案，落实领导责任。严格履行安全生产第一责任，细化完善安全责任体系，确保安全压力和安全责任层层传递到位，落实监督责任。按照“全覆盖、零容忍、严检查、重实效”的要求，在重大隐患排查、系统优化、生产布局等方面，发挥现场指导和业务保安作用。

四是强化技术责任。发挥以总工程师为核心的安全技术管理体系作用，抓好技术管理制度落实，严格重大安全技术问题审批管理。

五是强化岗位责任。划分岗位安全区域，明确安全负责人和专业联责人，实行员工安全联责联保，提高自主保安和相互保安能力。

第四章　煤炭产业及产品结构优化升级

第一节　煤炭产业结构优化调整

经过前十几年的规模快速扩张发展，我国煤炭行业已形成多产业结构、多区域分布和多产业链条融合的新格局，在新的形势下根据现实状况，应着重从以下四个方面推动产业调整、优化、融合和升级。

一、新时代煤炭企业产业结构优化调整方向

产业是实体企业赖以生存发展的支柱，也是煤炭企业战略的核心支撑。未来，煤炭企业传统产业结构优化调整升级方向要突出五个“变”，即“多变少”“长变圆”“分变集”“弱变强”“高变低”。

(1) 产业“多变少”，就是产业结构调整要收缩战线，突出主业，分类分离处置其他产业。全面分析选定企业中主业、次主业、辅业和新兴产业的分类排序，按照主业(优先配置要素资源)做强做优做大、次主业(放权经营)适度发展、辅业(改制分离)转型发展和新兴产业(广泛调研选择)适时介入的思路进行产业结构调整。

(2) 产业“长变圆”，就是对过去延伸产业链条的发展方式进行优化调整，由拉长延伸煤基产业链为主转为实施“长变圆”，推进产业链条园区化、清洁循环发展，通过向气、向电、向油、向化工、向建材等转化和循环经济方式，实现产业园区协同融合发展。

(3) 产业“分变集”，就是在产业布局上由分散型向集聚型转变。做好分区域产业功能定位，合理布局，协同支撑，实现梯式结构有序高效高质量发展。

(4) 产业“弱变强”，就是着力打造产业强大竞争能力和盈利能力，发挥科技创新和管理创新的巨大驱动力，推动主体产业内部结构优化升级，实现低附加值产业向高附加值产业转型，产业发展由粗放式扩张式向集约质量效益式发展。

(5) 产业“高变低”，就是实施清洁绿色发展方针，通过生产环节清洁化措施、洗

选加工清洁化措施和消费使用清洁化措施，使高碳性煤炭"脱胎换骨"为低碳化、清洁化和绿色化的新能源。

二、采取"四种分类"产业结构的优化调整方法

如何优化调整产业结构呢？应明确以下两种工作方法。

（1）确定标准，按照"四种类型"划分。企业进行产业结构优化调整首先应明确本企业现实和未来的主次产业定位，一般来讲应划定"做大做强发展类产业"、"维持发展类产业"、"转让或退出类产业"和"未来拟进入新产业"四个类型板块。

何为"做大做强发展类产业"？简单讲就是本企业的主体产业定位。

何为"维持发展类产业"？具体讲就是本企业已存在、并有一定经济基础和发展前景，但不被列入主业的产业定位。

何为"转让或退出类产业"？具体讲就是属本企业需要剥离转让、移交或"僵尸"处置类的产业定位。

何为"未来拟进入新产业"？具体讲就是属本企业未来发展的、有待调研比较进行战略选择的新兴主业定位。

每个大型企业都应对自身现有产业及未来拟进入产业进行全面分析诊断和合理定位，并按照能管控好、能支持好和能协调好的"三能"要求，清晰分类界定这四个类型产业板块的具体项目范围。

（2）明确着力点，分类型施策。企业要依据以上"做大做强发展类产业"、"维持发展类产业"、"转让或退出类产业"和"未来拟进入新产业"四个类型产业板块性能划分，实施不同的发展方略。

对列为"做大做强发展类产业"的实体项目，要配置投入人、财、物和工作精力等企业的要素资源，大力支持其经营与发展。

对列为"维持发展类产业"的实体项目，要给予配置投入适量要素资源，主要是给予自主经营权力和改革发展政策的支持，让其在市场中自主经营、自负盈余和自我发展。

对列为"转让或退出类产业"的实体项目和单位，要按照国家有关法律法规和政策，加大改革力度，区别进行转让、移交和处置。

对列为"未来拟进入新产业"的新兴产业，要根据研判国内外产业升级发展的大趋势和遵循国家未来新兴产业发展的政策导向，并考虑本企业的发展愿望和基本条件等相关因素，在充分调研论证的基础上，择机开发进入新兴产业项目。

三、煤炭企业产业布局优化调整方法

在"黄金十年"的快速发展中，许多煤炭企业扩张涉足诸多新产业，在产能过剩市

场持续下行形势下，所涉足的产业几乎均陷入亏损，最终面临产业多、摊子大的困局。在建产业项目需要大量资金，企业缺钱；建成产业项目不盈利还要再赔钱。沿袭过去的做法显然不可持续，现状也难以为继，唯一的办法就是要以“壮士断腕”的胆识，开展产业结构优化调整“瘦身”，按照市场导向和要素支撑原则，做到从战略上明确主体产业，对确定的主业项目全力做好做强；对无力做好的产业项目分类诊断，采取转让、改制、退出、关闭等措施，进行壮主业、分辅业、卸包袱，实现保生存稳健发展。推进产业布局优化调整重点应遵循“要素资源集中布局、产业集群链条循环、经营管理集约运作”的原则，具体从以下三大方位展开。

（1）顺应大势布局调整。按照国家“收缩东部、稳定中部、开发西部”的大战略部署进行地域布局调整。

（2）按照自身结构调整。煤炭企业自身产业结构优化调整，本着突出主业的要求，全面分析选定，主业、次主业、辅业和新兴产业排序，按照主业做强做优做大、次主业适度发展、辅业转型发展和新兴产业适时介入的思路进行产业结构调整。

（3）依照区域协同调整。企业区域产业布局调整，按照集中化、规模化、园区化、链条化和协同化的要求，划分为创利区域、开发区域和后备区域的战略定位，区别对待进行资源优化配置，分类布局与协同有序高效发展。

四、煤炭企业产业融合发展策略

着力培育企业的核心竞争能力，推动产业纵向延伸、横向嫁接、跨界融合，构建以价值协同为主题的产业价值增值线。为了保持市场竞争优势，企业战略创新应着力推进经济结构、产业结构可持续的革命性融合。煤炭企业要按照园区化和清洁循环发展的要求，着力推进经济融合、产业融合，从纵向、横向和交合向“三向”上实施融合战略。

（1）从纵向上推进经济结构、产业结构融合。按照深化、细化、转化、净化和升级“四化一升”的总体要求满足用户需要。深化——煤炭调配、洗选深加工；细化——根据用户要求细分产品；转化——向气、向电、向油、向化工等转化；净化——循环经济方式，实现高碳产业低碳发展；升级——提升产品附加值和市场适应度。

（2）从横向上推进经济结构、产业结构融合。按照两个方面实施融合战略，一方面从煤、路、港、航上进行产业嫁接融合；另一方面，推进煤与金融协同融合、煤与炼钢协同融合、煤与物流协同融合。

（3）从纵、横交合向上推进经济结构、产业结构融合。在“两为”，即为用户创造新价值（使用价值、价值）和为企业开辟盈利增长新途径上寻求融合物，选择推进组织融合、产业融合、技术融合、功能融合等。在推动产业跨界融合中，应以信息技术和资本运营为手段，配套开发服务业与国家新“四化”融合升级，同时带动员工素质提升与转型发展。

五、煤炭企业产业转型升级途径

（1）通过转变生产经营方式实现产业升级。煤炭产业发展方向是：围绕国家“构建清洁低碳、安全高效能源体系”的部署要求，做优做强煤炭产业，提升增量拓效水平。煤矿要加快“智能矿山”建设，实现生产作业的自动化、数字化、智能化，减少现场作业人员，提高生产效率；要优化原煤生产工艺，优化洗选工艺，优化商品煤品种结构，提高高附加值、适销对路的产品的比例，向市场供应更高品质的低硫、低磷、低灰、清洁煤炭产品，创造更大价值。根据各煤炭企业的不同情况，分别采取三项举措：一是低质低效矿井有序退出。抢抓煤炭产能置换和减量重组的政策机遇，主动引导安全保障低、经济效益差、资源枯竭的矿井有序退出，为大型现代化矿井建设腾出发展空间。二是积极推进产能置换。制定产能置换方案，办理核准手续，盘活存量资产，发展先进产能。三是优质生产矿井持续做精。对资源储量多、地质条件好、服务年限长的优质生产矿井，以安全生产标准化矿井建设为载体，加快机械化换人，自动化减人，持续优化生产系统，提升效率效益。

（2）通过转变煤炭用途实现产业升级。着眼扩大煤炭需求，一方面培育和扩展国内外市场需求，通过创新营销模式开拓新的市场空间。另一方面调整与转变煤炭用途，实现由燃料为主向燃料与原料并重方面转变。

（3）通过优化业务板块结构实现产业升级。加强企业内部业务板块结构优化调整，进行内部结构调整，剥离部分低效和无效业务板块，将更多的人财物要素资源优先配备在能带来长期收益、有发展前景的业务板块上。尤其要择机进入新能源等新兴产业开发，培植煤炭企业新的业态板块。

（4）通过创新实现产业升级。具体从科技创新和管理创新两方面着力：科技创新以安全高效、煤炭洁净综合利用和产业增值创新为重点；管理创新以体制创新、机制创新、业态创新和商业模式创新为重点，通过持续创新培育核心竞争力和持续发展力。

第二节　煤炭企业关联产业发展的方向

经过多年发展，如今煤炭企业涉及多种产业，在新时代其发展方向是：在产业路径优化、规模当量提升上“求突破”，在新旧动能转换、变革转型升级上“出实招”，在精益管理升级、重点工作攻坚上“见成效”，实现创新发展、持续发展、领先发展。认真贯彻落实党的十九大建设现代经济体系的部署要求，更加注重产业布局优化调整，深度融合产业体系，在提质增量拓效上持续发力。根据煤炭企业涉足相关的电力、煤化工、装备制造、物流贸易、现代服务业、新兴产业等产业，明确其发展方向及工作着力点。

一、着力推动电力产业向大规模、低排放、多元化转型发展

总的思路：电力产业要着力提升新能源电力消纳能力，寻找电力商品价值高地，提升绿色电源的市场竞争力，利用国家政策拓展电力市场，变单一的上网供电为上网、局域和直供用户的多元化供电格局，增加用户数量规模，提升发电量，最大限度提高发电机组负荷率。

（1）启动燃煤发电机组超低排放改造，实现全部机组超低排放或近零排放，提高参与多边交易的市场竞争力和发电能力。

（2）推动实现内部电力直供，降低企业内各产业用电成本。

（3）通过成立售电公司，整合从事中小型企业、商业性用电等的供电业务，发挥发电、售电一体化的价格优势，参与激烈的市场竞争。

（4）推进热电联供的营销模式，提高热电联供市场竞争能力和盈利能力，利用煤矿塌陷地建成光伏发电示范基地，包括地面光伏电站、屋顶光伏及光伏农业示范区。矸石电厂要利用空闲土地新建光伏电站。新建光伏发电站要充分利用现有水、暖、电等基础管网，尤其是送电线路，降低投资和维护费用。

二、着力推动化工产业向集群化高端精细转变

总的思路：坚持“精细化、差异化、高端化和效益化”的方针，开展煤化工产业转型升级行动，突出化工企业“转调优化”和打好关闭退出、重组整合、技改提升、发展壮大“组合拳”。控增量、优存量，通过优化重组、改造升级、机制创新等手段，推动稳量提质，实现固本培元、瘦身健体、提质增效。切实抓好生产组织、系统配置、装置运行和工艺管理，实现生产系统“安稳长满优”运行。集中力量发展高附加值产品，打造高端精细化工园区。加强化工板块专业化管理，提升协同效益和市场竞争力。按照转型升级、效益第一的要求，全面诊断化工企业的生产经营情况和财务资产状况，坚持有保有弃、区别对待的原则，具体可按照以下三项对策实施。

（1）对于效益较好的企业，关注资本收益，给予充分自主经营空间。

（2）对于经过努力可以实现扭亏脱困的企业，通过技术升级、管理提效、机制创新等手段，尽快脱困止损、扭亏增盈。

（3）对于长期扭亏无望的企业，按照“僵尸企业”对待，通过委托运营、兼并重组、股权退出、破产清算等方式进行清理处置，实现止损性退出。

三、着力推动装备制造向高端智能创造转变

总的思路：抓住国家推进实施《中国制造 2025》及建设制造强国的大机遇，以装备成套化、高端化、智能化为方向，运用“互联网＋”等手段，加快“两化”深度融合，突出“专精特新”产业特色，实施高端绿色制造，优化产品结构，健全内部质量管理体系，提升质量品牌效益。扎实推进装备制造发展提升规划，大力培育高性能、高可靠性、智能化、高端化的煤机装备、环保设备高端制造，积极推进化工设备制造、新能源装备，打造装备制造、再制造和服务一体化的综合服务商。

（一）煤机产品市场定位

一是以企业内部市场为基础，坚持同质同价保护内部市场，完善营销服务网络。

二是大力开发外部市场，提高外部市场份额，重点是大型矿业集团和内蒙古、山西、陕西、新疆等国内主要产煤区以及“一带一路”沿线国家市场。

三是创新装备再制造、融资租赁等商业模式，综合运用方案设计、技术服务、设备租赁等方式向用户推广煤机产品。

（二）非煤机装备制造方向

在非煤机装备制造方面，重点在煤机装备制造的基础上，适度多元发展煤化工、页岩气、节能环保等非煤机装备制造。

一是研发煤化工装备。与化工装备制造企业合资合作，着力开发煤化工气化炉、空分设备等核心装备，逐步发展煤化工重大装备成套制造，向产业链上下游方向延伸，提升煤化工装备系统运营服务水平。

二是研发新能源装备。依托煤机装备生产基地，开发页岩油气装备制造，同时开展页岩气开采工程技术服务。

三是研发节能环保装备。围绕煤炭企业生产废渣处理、燃煤电厂粉煤灰精细化利用、工业污水治理及循环利用（煤泥水、选矿废水）、矿山尾矿及其他工业固体废弃物污染治理及综合利用，与相关制造企业合资合作，开发节能环保装备。

四是研发其他工程装备。

四、着力推动物流贸易向质量效益优先转变

总的思路：坚持效益优先、风险可控，打造“上控资源、中联物流、下拓市场”一体化运作的高端集成物流服务商。

（1）加快物流节点、能源储配基地和电子商务平台建设。联系上下游供应商合作伙伴，加快形成集仓储、加工、配送、信息、网上交易等功能一体化的能源物流产业链。

（2）着力建设智能铁路和智慧物流。智能铁路是一种新型的铁路交通解决方案。通过智能系统的整合集成运用，在提高速度的同时保证新交通工具的安全性。智慧物流是利用集成智能化技术，使物流系统能模仿人的智能，具有思维、感知、学习、推理判断和自行解决物流中某些问题的能力。

（3）创新物流贸易制度、体系、机制的风控措施，杜绝新增逾期应收款项和发生其他风险事件。强化物流贸易产业梳理整合，清理不合规、无效益的贸易业务和贸易模式。实施层级化、差异化、个性化考核，健全多维度、立体化的考核体系。

（4）统筹铁路、公路、港口资源，整合社会汽运资源，拓展物流配送体系。编制《贸易风险防控应用指南》和《标准化合同文本》，构建物流贸易信息化平台，实现贸易管控的标准化、程序化、专业化、信息化。

（5）加强物流贸易业务培训，提高从业人员能力素质。

五、着力推动新兴产业快速发展

总的思路：依据国家政策导向，在战略性新兴产业、现代服务业、现代制造业三个新兴产业方向中寻找介入点。

（一）战略性新兴产业

这个概念有两个关键词——战略、新兴；有两个显著特点——市场巨大、短期内技术能够突破。战略性新兴产业发展在未来五年至十年将成为趋势，应密切关注，择机介入。战略性新兴产业具体涉及八个方面。

一是新能源。化石原料是传统能源，非化石原料统归为新能源，现在分为六个形态：水能、风能、地能、生物能、太阳能、核能。

二是新材料。新材料属于战略新兴产业，未来很多产业的提升是靠新材料实现的。

三是生命生物工程。当前，市场对生命生物工程需求巨大，涉及农业、医疗、健康等，技术突破也比较快。

四是信息技术及新一代信息技术。重点在信息元部件和装备、信息终端使用、大数据与安全性等三个领域。

五是节能环保。资源节约和防治污染是个大问题，解决这个问题不能只靠法律和政策，最终解决还是要靠技术，一旦技术突破了，就能成为一个产业。市场需求巨大，技术突破就会很快实现。例如，我国每年的废水处理差不多有近万亿的市场价值，但目前我们对部分高难度化工废水和医疗废水依然处理不了，存在偷排现象，一些地区土地重度污染。

六是新能源汽车。现在汽车都是传统能源汽车，无法解决污染问题。伴随科技的发展,最终将转向新能源汽车研发。目前,国家已经把新能源汽车作为未来发展的重点方向。

七是人工智能。人工智能时代很快就会到来,智能化和机器人在未来都有很大的发展空间。

八是高端装备制造。我国的高端装备制造仍然依赖进口,比如磁共振等。

以上八个要点不断地发展,逐渐使战略新兴产业成为国家的支柱型产业,这对当前的工业企业是一个极大的挑战。第一个新的增长点就是战略新兴产业,因为它带来的市场价值非常大。

(二)现代服务业

一是消费服务业。所谓消费服务,是指为人们消费生活提供的服务。消费服务包括六个部分:第一是餐饮与商贸;第二是医疗与健康;第三是养老消费服务;第四是儿童消费服务;第五是家政消费服务;第六是信息消费服务。这六个组成部分统称为消费服务。中国目前特别缺乏医养老年健康服务,这部分具有很大的投资发展空间。

二是商务服务业。商务服务就是为人们的商务活动提供服务帮助的行业。商务服务是个很宽泛的产业概念。第一类金融综合服务类。例如商业银行服务,投资银行、证券、基金、保险等均隶属于金融综合服务。第二类是会计事务所与审计事务所。第三类是投资咨询服务。第四类是园区管理类服务。园区管理类的业务也属于商务服务。中国的商务服务业具有庞大的投资空间。

三是生产服务业。生产服务是服务业的一个重要组成部分,同样也是一个非常宽泛的产业概念。例如,煤矿搬家倒面安装等辅助作业、地面生活、安保、清洁卫生等都属于生产服务。

四是精神服务业。精神服务主要指为人们精神生活提供服务。人的享受实际分两种:一是物质享受,二是精神享受。为物质享受提供服务的就是所谓的消费服务业,为精神享受提供服务的就是精神服务业。精神服务也是个很宽泛的产业概念,包括影视、旅游、文化、出版等都属于精神服务,同样具有巨大的投资空间,未来都有很大的前景,千万不要小看精神服务业。

总体来讲,现在所列的服务业是这四大类服务业即,消费服务、商务服务、生产服务、精神服务。因此,要大力发展服务业,这是未来中国支柱性产业的第二个产业。

(三)现代制造业

现代制造业未来有可能成为中国的支柱型产业。具体包括四个方面。

第一是航空器与航天器制造。航空器就是飞机,航天器就是卫星。目前我国商业飞机制造水平相比发达国家还有一定差距,如果能够实现突破性改变,可节约大量外汇成本。

第二是高铁装备制造。拥有完全自主知识产权的"复兴号"标志着中国高铁动车组技术全面实现了自主化、标准化和系列化，增强了我国高铁的国际话语权和核心竞争力。高铁装备制造未来市场需求巨大。

第三是核电装备制造。华龙一号售价高昂，技术层面取得了重大突破，而第三代核电装备和第四代核电装备制造我国都已完成，现在不仅出口到发展中国家，而且还将进入发达国家市场，未来市场需求巨大。

第四是特高压输变电装备制造。当前，我国已经计划用特高压输电技术来改造电网，该技术一旦投入使用，将形成全国统一电网。

（四）高度关注和参与"新基建"

新型基础设施建设（简称新基建），主要包括5G基站建设、特高压、城际高速铁路和城市轨道交通、新能源汽车充电桩、大数据中心、人工智能、工业互联网七大领域的基础设施建设，涉及诸多产业链。它们是以新发展理念为引领，以技术创新为驱动，以信息网络为基础，面向高质量发展需要，提供数字转型、智能升级、融合创新等服务的基础设施体系。这是中国转型升级高质量发展的重大举措，也是企业的重要商机。

第三节 推动产品结构调整升级

产品是实体企业参与市场竞争的主要载体，也是企业最终实现创收和获得盈利的重要源泉，没有适合消费者需要的产品的企业将无法生存。因此，煤炭企业必须充分认识到我国新时代转型高质量发展中产品所发挥的特殊重要作用。

一、了解产品的价值作用

产品是企业盈利的主要工具和载体。生产出的产品得不到用户认可和接受，企业是不可能获取收益的，因此，产品要适应客户最大值的目标要求。

二、明确产品的质量标准

产品的最佳质量标准是什么？国标、部标这些标准只是衡量产品质量的一般标尺，用户的质量需求才是产品真正要达到的质量标准，这是企业必须追求的最高产品质量标准。

三、着力打造产品的市场竞争力

市场竞争力最主要体现在产品特色上，煤炭企业应围绕市场需要打造清洁化产品、定制化产品、差异化产品和高价值化产品。

(1) 产品清洁化，即煤炭产品清洁化、低碳化是新时代国家与社会的新要求，是未来发展的新趋向，同时也是产品的高端化和高价值化的体现。煤炭企业应在生产环节、洗选环节、转化环节和消费环节加大技术创新，实现产品的清洁化和绿色化。

(2) 产品定制化，即采取"人单合一"经营模式，着眼于用户需求，结合煤炭产品不同品质实行产品定制化生产，着力打造适销产品价值增值线，深入挖掘客户潜在需求，超前把握客户需求，围绕产品生产、销售、服务价值线，从推销、营销向"引消"(引致消费)转变，为客户提供定制化服务和综合解决方案。

(3) 产品差异化，即包含两个基本内容：一是与市场竞争对手所提供产品对比上存在差异的产品；二是对不同客户个性需求所提供的差异化产品。具体要做到产品差异化、生产标准化和对口合作服务，从而达到使本企业产品在市场激烈竞争中占据有利地位，保持稳固的市场客户群。

(4) 产品高值化，其主要路径是对原煤进行工艺加工，增加其使用价值，提高附加价值。煤炭增值性深加工包括煤气化、煤液化(煤制汽油、柴油等)、煤变电和炼焦及炼焦化学产品回收与加工等。煤炭经过深加工，大大提高了煤炭及附属产品的价值，提高了煤炭的综合利用率和价值回报。

(5) 着力推进煤炭分级提质增效。伴随着我国经济快速发展对能源需求量的增加以及高品质能源储量的减少，我国储量巨大的低品质煤炭资源有效开发利用也将被提上重要日程。受限于低品质煤的自然缺陷和低售价，低品质煤炭开发工作进展一直比较缓慢，但近十年来经过有关科研单位关键技术的研发攻关和煤炭企业的实践探索，现在低品质煤资源开发利用及改性提质的关键技术已获得新突破，如低品质煤样微波和水热的脱水改性提质方法，可在一定程度上解决低品质煤缺陷并提高其品位价值；再如以低品质煤提质为基础的煤炭分级分质多联产系统，可利用不同煤炭中的能源价值及资源价值为电力、化工和建材等实现分质利用、污染物减排。

第五章 推进绿色、智能、智慧矿山建设

第一节 加快推进绿色矿山建设

“生态优先、绿色发展”是我国新时代发展的一项重要战略方针，煤炭企业绿色矿山建设则是实践这一战略方针的具体行动，也是煤炭企业实施转型升级高质量发展的重要内容。为此，针对煤炭企业绿色矿山建设的起因、面临的困难、政策导向、工作着力点等进行系统阐述。

一、了解我国煤炭企业绿色矿山建设的起因及意义

我国煤炭企业绿色矿山建设正在从试点探索向全面推进转变，进而人们对绿色矿山建设的思想认识也逐渐由“要我建”转变为“我要建”。在这场发展内涵变化中，首先我们要弄明白为什么要推动绿色矿山建设？绿色矿山建设具有哪些重大意义？

（一）我国绿色矿山建设的起因

世界经济粗放式的发展模式，造成人类生存环境的不断恶化。譬如，不少资源枯竭，能源危机，臭氧层空洞扩大，生态环境遭受污染。环境污染的严重性及生态环境保护的重要性逐渐被人类所认识。于是，绿色消费运动在世界各国兴起，人们关心地球环境的改善，拒绝接受不利于环境保护的产品、服务及相应的消费方式，从而促进绿色发展理念及行动的形成。

2015 年 10 月党的十八届五中全会首次正式提出绿色发展理念，本次全会创造性地提出了五大发展理念，而绿色发展理念是其中之一。党中央之所以提出“绿色发展”理念，其主要原因是基于我国资源和环境的严峻形势。新中国成立后，国内经济基础十分薄弱，为建立雄厚的工业基础需要投入大量资源，但资源开发利用率较低，造成污染物大量排放。进入 21 世纪，随着中国经济的快速发展，生态破坏的现象则日渐加重。尤其是我国矿山生态修复问题和矛盾更多，截至 2018 年底，全国矿山开

采占用、损毁土地 5 400 多万亩。其中，煤炭生产带来的土地沉陷、水资源破坏、瓦斯排放、煤矸石堆存等问题尤为突出。

（二）我国煤炭企业绿色矿山建设的内涵

首先要对绿色发展概念有一个大致认识，绿色发展寻求人与自然的和谐共存，经济发展与生态环境的协调共生。绿色发展理念的逻辑思维是：通过资源的合理利用和生态环境的有效保护，使人民过上更高质量的小康生活和经济社会的可持续发展。在此基础上进一步认识绿色矿山建设的内涵，绿色矿山建设是指在矿产资源开发全过程中，实施科学有序开采，对矿区及周边生态环境扰动控制在适宜范围内，力争实现矿区环境生态化、开采方式科学化、资源利用高效化、管理信息数字化和矿区社区和谐化。煤炭清洁、高效和可持续开发利用，应贯穿于煤炭开采、加工、利用、转化、综合循环等全产业链，实现煤炭开发利用生态环境友好、全系统安全有保障、全产业高效、全过程低碳减排的新型煤炭工业发展方式。煤炭绿色发展表现出“清洁、高效、低碳”三大特征。所谓清洁，就是改变煤炭开发利用方式，推动煤炭由“黑”变“绿”；所谓高效，就是大力提高煤炭利用效率，实现资源节约、集约发展；所谓低碳，就是减少温室气体排放强度，推动煤炭由高碳能源转为低碳能源消费。

（三）深刻理解习近平总书记关于煤炭产业发展的战略要求

习近平总书记强调，我们正在压缩煤炭比例，但国情还是以煤为主，在相当长一段时间内，甚至从长远来节，还是以煤为主的格局，只不过比例会下降，我们对煤的注意力不要分散。我国煤炭资源丰富，在发展新能源、可再生能源的同时，还要做好煤炭这篇文章。习近平总书记的上述论断明确了我国煤炭产业的战略定位及发展方向，值得我们深入思考和贯彻落实。

（四）充分把握煤炭企业绿色矿山建设的重大意义

煤炭绿色发展是煤炭工业升级的必然途径，煤炭绿色开发和清洁利用是煤炭工业升级的主动选择和必由之路。煤炭产业转型升级需求提供煤炭绿色开发和清洁利用的内在动力，推进煤炭企业绿色矿山建设具有重大意义。一是保障国家能源安全，支撑国家现代化建设可持续发展；二是促进煤基战略性新兴产业发展，实现高碳能源低碳发展的需要；三是推动大气污染防治，建设环境友好型社会的需要；四是推动煤炭生产和消费革命，助力煤炭工业文明向生态文明转变的需要。

二、了解煤炭企业绿色矿山建设面临的困难与挑战

自 2018 年 10 月 1 日九大行业“绿色矿山建设规范”正式发布实施后，自然资源部办公厅随即下发了《绿色矿山遴选工作的通知》，全国绿色矿山建设迅速启动并形

成一股热潮。但应看到由于绿色矿山建设刚刚起步，各矿山企业在思想认识、工作部署、知识素养、要素资源匹配、技术装备手段和管理运行机制等方面还存在亟待破解的一些困难与挑战。

（一）在思想认识上还存有一定的差距

当前部分煤炭企业的人员对绿色矿山建设认识仍不到位，还存在许多认知误区和认识盲区，有的认为绿色矿山建设需要大量资金的投入，担心影响企业的经济效益，经济上不合算；有的则感觉建设绿色矿山没有经验，没有人才和技术，困难大，问题多，存在畏难情绪；还有的认为绿色矿山建设是国家要求的事情，与自己关系不大，缺乏建设绿色矿山的自觉性、主动性和紧迫性。

（二）在工作部署上尚未纳入重要议程

由于认识上不到位，尚未引起足够重视，导致煤炭企业在绿色矿山建设规划和工作部署上没有真正将其列入企业工作的重要议程，仅限于一般性号召和一般性形式上的工作布置，缺乏具体的项目安排、专门的组织行动和有力的工作措施。

（三）在相关知识素养储备上比较欠缺

缺乏相关知识技术也是影响推进绿色矿山建设的一个重要原因，煤炭企业绿色矿山涉及知识技术面比较宽泛，由于大家刚刚接触绿色矿山建设这一新概念和新事物，认识不深、知识缺乏、技术不够，存在工作无从下手和心中没有底数的状况。

（四）在要素资源投入上缺乏动力支撑

绿色矿山建设需要必要的人、财、物等资源的配套支持，但由于现在不少煤炭企业经营仍比较困难，故难以投入大量人力、物力和财力开展绿色矿山建设工作。同时，受到绿色矿山建设投入难以短期内获得理想回报认知的影响，企业不愿意多投入，造成绿色矿山建设要素资源的投入动力不足。

（五）在基础设施及技术装备上存有短板

我国煤炭企业绿色矿山建设基础薄弱，许多中、小煤矿和衰老煤矿采用的生产工艺和技术设备比较落后，基础设施条件较差，生态环境治理历史欠账较多，绿色矿山建设水平短期内难以提高，在一定程度上制约着绿色矿山建设进程。

（六）在推进手段和管道方法上相对单一低效

不少煤炭企业在绿色矿山建设方面存在形式主义，绿色矿山建设工作有布置无落实，有要求缺抓手。有的企业单纯依靠行政手段定任务下指标，缺乏多措并举、多方联动和激励约束工作机制。同时，绿色矿山建设中也缺乏用地、财税、金融等配套政策的支持。

（七）在考核评价与激励机制上不尽完善

目前虽然有了《煤炭行业绿色矿山建设规范》，但其评价认定机制还不够完善，缺乏有效的跟踪考核，例如煤炭行业绿色矿山建设标准还不够细致、不够准确、不够完善，评价数据来源的真实可靠性、过程科学性、结果可信性等方面尚不完备，还存在评价指标设置不够科学、评价方式方法单一和问责机制不健全等问题。

三、正确理解和把握我国绿色发展的政策导向

社会公众要求加大了煤炭开发利用的生态环境压力，国家政策导向增强了煤炭清洁高效开发利用的推动力。近几年，党和国家对推进我国生态保护和绿色发展工作提出了的新要求，作出一系列政策安排和工作部署。

习近平总书记在2018年5月18日全国生态环境保护大会讲话中指出，绿水青山就是金山银山，贯彻创新、协调、绿色、开放、共享的发展理念，加快形成节约资源和保护环境的空间格局、产业结构、生产方式、生活方式，给自然生态留下休养生息的时间和空间。生态环境是关系党的使命宗旨的重大政治问题，也是关系民生的重大社会问题。用最严格制度最严密法治保护生态环境，加快制度创新，强化制度执行，让制度成为刚性的约束和不可触碰的高压线。

国务院于2018年6月27日发布《打赢蓝天保卫战三年行动计划》，提出打赢蓝天保卫战，是党的十九大作出的重大决策部署，事关满足人民日益增长的美好生活需要，事关全面建成小康社会，事关经济高质量发展和美丽中国建设。

国家发改委于2016年12月22日发布《煤炭工业发展“十三五”规划》，明确提出建设集约、安全、高效、绿色的现代煤炭工业体系，因地制宜推广充填开采、保水开采、煤与瓦斯共采、矸石不升井等绿色开采技术。

国家能源局、环境保护部、工业和信息化部三部委于2014年12月26日发布《促进煤炭安全绿色开发和清洁高效利用的意见》，提出按照统筹规划、科学布局，集约开发、绿色开采，高效转化、清洁利用的发展方针，坚持政府引导、企业为主、市场推进、科技支撑、法律规范、公众参与的原则，积极推进煤炭发展方式转变，提高煤炭资源综合开发利用水平，实现煤炭工业安全、绿色、集约、高效发展。

国土资源部等六部委于2017年3月22日印发《关于加快建设绿色矿山的实施意见》，要求“通过政府引导、企业主体，标准领跑、政策扶持，创新机制、强化监管，落实责任、激发活力，将绿色发展理念贯穿于矿产资源规划、勘查、开发利用与保护全过程，引领和带动传统矿业转型升级，提升矿业发展质量和效益。”

自然资源部于2018年6月22日正式发布非金属、化工、黄金、石油、砂石、煤炭、水泥灰岩、冶金、有色等九大行业的“绿色矿山建设规范”。其中《煤炭行业绿色矿山

建设规范》规定了煤炭行业绿色矿山矿区环境、资源开发方式、资源综合利用、节能减排、科技创新与数字化矿山、企业管理与企业形象方面的基本标准要求。提出煤炭的生产、运输、储存、地面实行全封闭管理，做到“采煤不见煤”。充分利用矿区自然资源，因地制宜建设“花园式”矿山，矿区绿化覆盖率达到可绿化面积的100%，基本实现矿区环境天蓝、地绿、水净。煤炭资源开采应与城乡建设、环境保护、资源保护相协调，因地制宜，选择资源节约型、环境友好型开采方式，应积极使用充填开采、保水开采和煤与瓦斯协调开采等绿色开采技术。

四、抓住绿色矿山建设的工作着力点

按照《煤炭行业绿色矿山建设规范》要求，绿色发展应贯穿于煤炭开采、加工、利用、转化、综合循环等全产业链，煤炭企业绿色矿山建设的工作着力点是：矿区环境治理、资源开发方式、资源综合利用途径、节能减排重点、科技创新与数字化矿山建设、企业管理与企业品牌塑造等六个方面的工作任务。

（一）着力做好矿区环境治理工作

矿区环境治理工作的重点包括以下两个方面内容：一是矿容矿貌治理。包括健全矿区管理机构及管理制度，使之规范有序运行；矿区各类基础设施配套齐全，使用操作规范正常；煤炭生产、运输、储存、地面实行封闭式管理；生产及生活排放的各种废弃物得到有效处置；矿区环境天蓝、地绿、水净与城乡建设、环境保护、资源保护相协调。二是矿区绿化美化治理。包括因地制宜建设“花园式”矿山，矿区可绿化面积全覆盖。

（二）着力做好资源开发方式变革

采用环境友好型资源开发利用方式，贯彻“保护中开发，开发中保护”的原则。一是选择资源节约型、环境友好型开采方式；二是因地制宜选择资源利用率高、废物产生量少、环境破坏小的保护开采技术；三是坚持“边开采、边治理、边恢复”的原则，及时治理矿山环境；四是采用充填开采、保水开采、共伴生资源共采开采等新技术；五是选择机械化、自动化、智能化和智慧化开采技术与工艺，实现少人或无人开采；六是大力提高采区回采率和工作面回采率；七是加强矿区塌陷地复垦治理及生命环境保护工作。

（三）着力做好资源综合利用工作

坚持“减量化、再利用、资源化”的原则，实现废物利用和循环发展。一是扩大煤炭洗选比例，实现资源清洁高效利用；二是开采共伴生资源利用，采用先进的处置技术工艺，合理利用资源，挖掘资源价值；三是加大对煤泥、煤矸石等固体废物的资源化利用，实现物尽其用、吃干榨尽合理利用。四是对矿井水、疏干水进行洁净化，循环利用选煤废水。

（四）着力做好煤矿节能减排工作

通过实施节能减排措施，减少单位产品能耗、物耗和水耗，减少“三废”排放。一是开发利用高效节能的新技术、新工艺、新设备、新材料，淘汰高耗能、高污染、低效率的工艺和设备；二是合理利用矿井瓦斯，坚持“先抽后掘、先抽后采”的原则，保持“抽掘采”平衡，提高瓦斯抽采利用率；三是做好矿井生产、运输、储煤各个环节的防尘洒水工作；四是做好污水排放和固体废弃物的排放工作。

（五）着力推进科技创新与数字化矿山建设

实施科技强企和创新驱动战略，大力推进“两化融合”，建设高水平的现代化煤矿。一是建立以企业为主体产学研结合的科技创新体系，持续围绕煤炭绿色开发、清洁利用和安全高效开展科技研究与应用；二是推动数字化矿山、智能化矿山和智慧化矿山建设，建立安全监测监控系统，加大“互联网＋”、大数据、云计算、物联网在煤炭企业的应用，实现机械化减人、自动化换人。

（六）着力推进企业管理创新及品牌塑造

认真贯彻新时代五大发展理念，围绕实施煤炭企业高质量发展战略，大力推进企业发展理念创新、混合产权制度改革、治理体系变革、产业结构优化、产品质量升级、经营业态变革和商业模式创新，坚持合规经营、诚信经营及和谐发展，用心塑造煤炭企业的社会形象和品牌价值，实现煤炭企业安全、绿色、高效和可持续发展。

五、正确认识和处理煤炭企业绿色矿山建设中的若干关系问题

煤炭企业绿色矿山建设是一个全新的系统工程，推进绿色矿山建设涉及与其他相关利益方的关系问题，应及早认识，统筹协调安排，妥善加以处理。

（一）正确认识和处理绿色矿山建设与绿色发展的关系问题

绿色发展是一个大的概念，绿色发展是对传统发展模式的创新与升级，是将环境保护纳入可持续发展内容，实现在资源可承载力基础上与生态环境容量相适应的一种新型发展模式。绿色发展包含绿色矿山建设的内容，两者是相辅相成、互为支撑的关系。

（二）正确认识和处理绿色矿山建设与企业经济效益的关系问题

绿色矿山建设需要一定的资金投入，短期内诚然会影响煤炭企业经济效益，但从长期发展的角度以及从企业所应承担社会责任的角度来看，做好绿色矿山建设十分必要，意义重大。为此，应正确处理绿色矿山建设投入与回报收益的关系，最大限度

实现投入与收益的均衡性。

（三）正确认识和处理企业绿色矿山建设与其他建设工作的关系问题

煤炭企业是一个整体，其职责不仅是要做好绿色矿山建设这件事，还必须把生产、安全、经营和文化建设等各项工作做好，统筹兼顾，相互促进，协调推进，实现全面发展。

（四）正确认识和处理企业绿色矿山建设中硬件建设与软实力的关系问题

在绿色矿山建设中不仅要在生产、加工、运输和井下开采充填、地面塌陷地复垦治理及矿区绿化、净化、美化等“硬件”方面做好工作，而且要着力在绿色发展的绿色理念创新、绿色制度建设、绿色机制保障、绿色要素资源配置渠道和人员绿色素质培育等软件上持续塑造，使硬件与软件协同支持与保障绿色矿山建设的持续健康发展。

（五）正确认识和处理企业绿色矿山建设中近期与远期的关系

煤炭企业绿色矿山建设是一个不断进阶的过程，近期工作是远期发展的基础，远期发展战略目标则是近期工作的方向，因此要处理好短期建设任务和长期发展战略目标的关系，既要在战略上坚持“持久战”，又要在战术上打好“歼灭战”，不断推动煤炭企业绿色矿山建设波浪式前进和螺旋式上升。

第二节　加快推进煤矿智能化建设

2020年2月25日，国家发改委、国家能源局、应急管理部等八部委以发改能源〔2020〕283号文联合发布了《关于加快煤矿智能化发展的指导意见》（以下简称《指导意见》）。该文件的发布，标志着煤炭行业的煤矿智能化发展从点上试验转向进入面上推广的历史新阶段，其意义重大，值得煤炭企业各级管理人员认真研读，并结合各煤矿实际情况制定具体的智能化发展规划，分阶段、有步骤和力求实效地贯彻实施。

一、充分认识煤矿智能化发展的重要性和方向

煤炭占我国一次性能源消费结构比例的近60%，是我国最基础、最经济和最安全的能源。构建现代煤炭工业体系、推进煤矿智能化和智慧化建设是提升煤炭生产力水平及实践新时代煤炭高质量发展的内在要求。坚持以信息化培育新动能，用新动能推动实现高质量发展是煤炭企业的迫切要求和重要举措。因此，智能化开采是未来煤炭企业升级发展的新趋势，煤矿智能化将从根本上改变煤矿工人的作业方式和工作条件，是煤矿员工的最大福祉；煤矿智能化发展也开辟了煤炭行业的新基建，是

煤矿实现转型升级发展的新机遇。这对于提升煤矿安全生产水平、提升企业效率效益和保障煤炭稳定供应具有重要的战略意义。

近几年国家先后出台一系列政策措施，大力推进煤矿自动化、智能化、智慧化发展。2015 年 5 月 8 日，国务院发布《中国制造 2025》，提出“关键工序智能化、关键岗位机器人替代、生产过程智能控制，建设重点领域智能工厂”的要求；2017 年 7 月，国务院出台《新一代人工智能发展规划》，提出“智能工业机器人、智能服务机器人大规模应用，实现生产设备网络化、生产现场无人化”的要求；2016 年 4 月，国家发改委、能源局发布《能源技术革命创新行动计划（2016—2030 年）》提出，到 2030 年，重点煤矿基本实现工作面无人化。全面建成安全绿色、高效智能矿山技术体系，实现煤炭安全绿色、高效智能生产。2020 年，国家发改委等八部委又联合发布《指导意见》，要求深入贯彻落实习近平总书记“四个革命、一个合作”能源安全新战略，加快推进煤炭行业供给侧结构性改革，推动智能化技术与煤炭产业融合发展，提升煤矿智能化水平。国家出台的一系列政策与规划为煤矿智能化升级发展指明了新的方向。

二、准确把握煤矿智能化发展的内涵及主要任务

《指导意见》所明确的煤矿智能化发展内涵是：煤矿智能化是煤炭工业高质量发展的核心技术支撑，将人工智能、工业物联网、云计算、大数据、机器人、智能装备等与现代煤炭开发利用深度融合，形成全面感知、实时互联、分析决策、自主学习、动态预测、协同控制的智能系统，实现煤矿开拓、采掘（剥）、运输、通风、洗选、安全保障、经营管理等过程的智能化运行。

《指导意见》所确定的煤矿智能化发展的十项主要任务是：加强顶层设计，科学谋划煤矿智能化建设；强化标准引领，提升煤矿智能化基础能力；推进科技创新，提高智能化技术与装备水平；加快生产煤矿智能化改造，提升新建煤矿智能化水平；发挥示范带动作用，建设智能化示范煤矿；实施绿色矿山建设，促进生态环境协调发展；推广新一代信息技术应用，分级建设智能化平台；探索服务新模式，持续延伸产业链；加快人才培养，提高人才队伍保障能力；加强国际合作，积极参与“一带一路”建设。

《指导意见》所确定的煤矿智能化发展要达到的目标是：通过完成实施煤矿智能化发展的十项任务，要分别实现 2021 年、2025 年、2035 年三个时段的主要目标，第一时段要建成多种类型、不同模式的智能化示范煤矿，煤矿智能化基本实现掘进工作面减人提效、综采工作面内少人或无人操作、井下和露天煤矿固定岗位的无人值守与远程监控；第二时段要求大型煤矿和灾害严重煤矿基本实现智能化；第三时段要求各类煤矿基本实现智能化。

三、采取有效的煤矿智能化发展的工作举措

为了顺利推进煤矿智能化发展工作，必须从宏观和微观两个层面加大煤矿智能化建设的工作举措。

从宏观层面上，要认真贯彻《指导意见》所提出的五项保障措施，即强化法律法规保障，深化标准化工作改革；加大政策支持力度，建立智能化发展长效机制；加强知识产权保护，增强核心技术可控能力；凝聚各方共识，促进智能化跨界合作；加强组织领导，形成智能化发展整体合力。

从微观即企业层面上，要统一思想认识，遵循《指导意见》要求，学习借鉴先进企业煤矿智能化发展的经验做法，紧密结合本企业煤矿实际地质条件、开采方式、技术装备及员工素质情况，编制煤矿智能化建设方案和工作计划，列出专项资金，加强组织领导，建立装备升级、信息技术、环保节能、项目施工、核心指标、督导验收等专业小组，制定激励政策，加强进度及质量的监督考核。坚持自主创新，开放合作。

通过提升装备机械化水平、完成集控自动化改造、建设集成信息化平台，对冲击地压、煤与瓦斯突出等灾害严重的矿井，优先开展智能化采掘（剥）和危险岗位的机器人替代，做到无人采矿、远程控制。坚持典型示范，分类推进，因地制宜选择建设培养试点煤矿，发挥示范带动作用，点面结合，形成多种煤矿智能化产业发展模式。实现装备优、用人少、效率高、效益好、安全稳、绿色环保的智能化煤矿目标。

第三节　积极探索煤矿智慧化建设

坚持以信息化培育新动能，用新动能推动实现高质量发展是未来的迫切要求和重要举措。《中国制造 2025》提出“关键工序智能化、关键岗位机器人替代、生产过程智能控制，建设重点领域智能工厂”的要求。近几年国家先后出台《新一代人工智能发展规划（2017）》，提出“智能工业机器人、智能服务机器人大规模应用，实现生产设备网络化、生产现场无人化”的要求；2016 年，国家发改委、能源局发布《能源技术革命创新行动计划（2016—2030 年）》提出，到 2030 年，重点煤矿基本实现工作面无人化。全面建成安全绿色、高效智能矿山技术体系，实现煤炭安全绿色、高效智能生产。

就全国煤炭企业来看，目前，我国大型现代化煤矿建设进展迅速，煤矿智能化建设不断加快，采煤工作面机器人群、钻锚机器人、选矿机器人和巡检机器人已在煤矿井下应用。截至 2019 年末，全国建成 200 余个智能化采煤工作面。当前我国煤矿采煤机械化程度达到 78.5％。下一步要推进煤矿智能化建设全面铺开，特别是山东、河南、安徽、山西等灾害重、人员多的地区，要率先建成一批 100 人以下无人（少人）智能

化矿井。总体来看,我国煤矿建设将沿着“机械化、自动化、智能化、智慧化”方向的升级轨道发展。尤其是现在已有煤矿创建了智慧云控矿山综合管理样式,采用每人一部手机 App 移动智能管理,取得了煤矿管理模式的新变革和效率、效益的大提升。实践证明,这种智慧云控矿山综合管理样式非常实用高效,具有国际先进、中国领先的价值意义,并具备极强的示范性、可复制性,值得学习和推广。

一、智慧矿山建设的主要内涵

智慧是在知识的基础之上,通过经验、阅历、见识的累积而形成的对事物的深刻认识、远见,体现为一种卓越的判断力。智慧管理则是一种新型管理模式,包括战略决策、生产组织、安全管控、经营组织、智能控制等。

智慧矿山是当前我国矿山行业提到的最频繁、最时髦的一个词语,自 2008 年国际商业机器公司(International Business Machines Corporation,IBM)提出“智慧地球”的概念后,煤矿行业许多学者都从自己的观点出发进行定义。由中国智慧矿山联盟于 2012 年提出的定义被多数人认可:对生产、职业健康与安全、技术和后勤保障等进行主动感知、自动分析、快速处理的无人矿山;智慧矿山的本质是安全矿山、高效矿山、清洁矿山;矿山的数字化、信息化是智慧矿山建设的前提和基础;智慧矿山的建设是逐步实现的,具有明显的阶段性。智慧矿山是基于现代智慧理念,将物联网、云计算、大数据、人工智能、自动控制、移动互联网、机器人化装备等与现代矿山开发技术融合,形成矿山感知、互联、分析、自学习、预测、决策、控制的完整智能系统,实现矿井开拓、采掘、运通、洗选、安全保障、生态保护、生产管理等全过程智能化运行。

二、智慧云控煤矿的思路、原则和目标

(一)智慧云控矿山管理的思路

认真贯彻国家关于煤炭工业现代化建设的规划布局及要求,大力推进“两化”深度融合,利用移动互联网、云存储云计算、大数据、AI 智能等现代信息化技术来改造提升煤矿信息化管理,对相关信息进行深度融合与分析,按照移动性、精准性、及时性、全面性和智能性要求,达到全员随时随地动态精准地掌握煤矿安全生产及运营状况,实现矿山的高效智能可靠管理。

(二)智慧云控矿山建设的原则

一是自主性与理念性。依托自己的科研团队根据国际市场发展趋势进行研发。

二是经济性与实用性。利用原有的子系统进行整合,切实提高工作效率,降低各环节费用的投入。

三是开放性与扩展性。利用国际统一数据接口，易于系统平台的接入与扩展。

四是先进性与可靠性。利用成熟、稳定的互联网技术、手机 App 技术，保证数据的传输稳定、准确。

五是易操作与维护性。绘制人性化操作界面，操作流程化，便于数据的调用、分析和系统维护。

六是安全稳定性。利用防火墙、先进的杀毒软件、严格的权限管理保证系统的安全稳定运行。

（三）智慧云控矿山管理的目标

按照“移动互联网＋煤矿管理”系统分步建设的总要求，一是在“六大系统”的基础上，开发应用“移动互联网＋煤矿管理”平台和手机 App 系统，建立起全员参与、高效快捷、实时动态、准确直观的移动安全生产管理网络。二是构建和完善“移动互联网＋云平台”管理系统，形成大数据储存分析预测预报功能。三是利用物联网、云系统、大数据中心、人工智能机器人等对矿井进行移动智能化管理，建立智慧云控矿山。四是全面实施 AI 智能化管理煤矿，实现矿井局部无人、整体少人，打造高可靠性新型现代化智慧云控矿山。

三、把握智慧云控煤矿管理模式建设的着力点

智慧云控煤矿管理模式是未来煤矿管理变革的新方向，推进“智慧云控煤矿管理模式”建设，应把握以下六个着力点。

（一）把握智慧云控煤矿生产管理的着力点

通过“移动互联网＋煤矿云平台”，集成煤矿生产各个系统数据，运用互联网及云控手段，实现生产指挥智能化，劳动组织扁平化，生产管理全员化，生产信息集成化，生产操作集控化。

（二）把握智慧云控煤矿安全管理的着力点

通过“移动互联网＋煤矿云平台”，集成煤矿各个监控系统数据，运用互联网及云控手段，采用大数据分析矿压预测预报系统、井下智能机器人巡检系统、全息电子矿工系统、人员精准定位动态管控系统、安全自主培训系统及异常情况自动报警系统等，实现安全管理全员化，安全监控动态化，管控风险精准化，消除隐患实时化。

（三）把握智慧云控煤矿开采工艺的着力点

运用矿井地质勘查数据、矿井各系统设计数据、矿井开采积累数据，通过“移动互联网＋煤矿云平台”，优化布置矿井开采布局，创新回采工艺，提高煤炭资源回收率。实现开采工艺云控化，矿压数据实时化，采场布局最优化，资源回收最大化。

（四）把握智慧云控煤矿经营管理的着力点

采用云计算和智能控制手段，通过对用工、资金、耗材、设备、质量全过程动态管控，实现生产成本可控化，员工收入透明化，产量数据实时化，降本提效精益化，产品质量最优化。

（五）把握智慧云控煤矿员工素质提升的着力点

运用互联网云控及大数据技术，结合矿井安全生产实际需要制定员工培训教育题库，并根据矿井安全生产新变化及时更新题库内容，模拟网络学校，模拟教学，自主模拟考试，通过员工每日手机列出必答题，实行答题结果与员工当班收入挂钩，提高员工的安全生产理论和实操素质，实现员工培训学习由被动学变为主动学，由“要我学”变为“我要学”，由传统老师教学变为员工网上自主学，由过去教室学变为随时随地学。

（六）把握智慧云控煤矿综合管理的着力点

利用煤矿云平台和每名员工手机 App 系统移动智能化管理，实时显示和无线连接，使井下作业现场与井上下人员直接实时动态对接。推进煤矿综合管理方式变革和提升，实现五大新转变，即变煤矿传统的少数人单一管理为全员全面参与管理，变煤矿传统的传递滞后式管理为直通即时式管理，变煤矿传统的现场直面管理为随时随地远程云控管理，变煤矿传统的人工管理为智能管理，变煤矿传统分散的、各自独立的管理系统为高度融合到一个管理平台上互融互通管理。

案　例

兖矿集团智能化、智慧化发展的做法

从 2001 年兖州煤业 ERP 一期上线，在煤炭行业最早使用 SAPERP，到 2019 年完成总体规划，ERP 全覆盖一期上线，初步建成两个“三化”示范矿井。20 年来，兖矿集团在数字化建设的道路上走出一条颇具特色的“兖矿之路”。

一、数字转型变革

2017 年，兖矿集团数字化变革总体工作方针：启动“三化”建设三年攻坚行动，加强与 IBM、SAP 合作，加快实施大数据工程总体规划及 ERP 全覆盖项目，打造一批样板工程、示范工程，建成数字兖矿、共享兖矿、智慧兖矿；深入实施“互联网＋”战略，加快自动化、信息化、智能化建设，构建集中统一的智慧运营管控、数据增值服务、人工智能创新平台，建成一批智能矿山、智能化工园区和智能制造工厂。

兖矿集团大数据工程先期启动“总体规划”和“ERP 全覆盖”两个子项目，总体规划明确了大数据工程战略的建设蓝图和实施路径，把信息化建设定位为兖矿集团践

行实施国家大数据战略，实现新旧动能转换的新引擎。

兖矿集团通过大数据工程、三化建设等一系列重点项目和信息产业的布局，不断推进全集团“管控与服务的平台化”“产业与生态的协同发展”“业务流程认知化”“生产三化融合”“各级运营在线监控与辅助决策”。

自动化、信息化、智能化“三化”能力提升是数字化建设的核心。

“自动化”包括自动化的生产线、自动化的安全监控、自动化的物流、自动化的人员培训。

“信息化”包括端到端业务流程、产业整合、客商联动、生态协同。

“智能化”包括监测和感知、相互联系、预测、智能决策和优化。

“三化”能力提升，是智慧矿山建设的必由之路。兖矿智慧矿山建设的总体思路是“1131”，即1张IT基础设施网，1个设备智能运行的动能中心，3类数据赋能的工作人员，1种合作模式的转型。

二、大数据工程提升集团管控能力

兖矿集团数字化建设主要做法包括五项内容：一是提升IT战略定位，优化IT管控体系，保障数字化转型；二是聚力大数据工程，推进ERP全覆盖，运营决策能力提升；三是构建共享中心，实施兖矿中台，管控协同能力优化加强；四是加快三化建设，赋能实体产业，实现高效精益生产；五是培育信息产业，延伸产业生态，推动高质量集群发展。

在整体管控模式的基础上，兖矿集团搭建九条纵向管控条线，扩展管理领域和管理范畴，实现大信息化管理。“大”信息化范畴，不仅有传统的信息化基础设施与信息化应用，同时也将自动化、智能化纳入信息化管理范畴。

同时，兖矿构建了“四统一、两集中”的信息化管控体系，即统一规划、统一标准、统一建设、统一管理、集中服务、集中数据；成立集团信息化管理委员会，通过完善兖矿信息化高层组织设计，支撑信息化新定位的实现。现在，IT科技引领业务创新已成为兖矿创新模式的新常态。

2015年10月，兖矿共享中心正式启动，2016年7月系统上线，构建财务共享、资金管理、税务管理、物资共享、设备共享、营销共享等十大资源共享平台，推动了资源配置方式变革，打破了行政化业务分工模式，加强了集团层面的统一调配，内外部平台协同作用增强，有限的资源发挥了最大的效益。兖矿集团通过建立“数据中台”和“业务中台”，结合集团级混合云架构和厂矿级多云架构，重构了IT架构，打造成为支撑兖矿数字化转型的核心基础。

三、“三化”建设成就“四型”矿井

兖矿集团把矿井智能化建设作为厚植煤炭产业发展优势、应对变革挑战、赢得发展先机的主攻方向，“三化”建设高起点规划、高标准设计、高效率推进。目前，兖矿集团“三化”建设取得显著成就，为“安全、绿色、智能、高效”四型矿井建设提供了强力支撑。

目前，兴隆庄煤矿、东滩煤矿、天池煤矿、万福煤矿、发耳煤矿已建成骨干万兆环网。

南屯煤矿、新疆煤化工、东华重工等14家单位建成工业云中心。

鲍店煤矿成功打造国内首个常态化智能综放工作面。

贵州能化发耳煤业通过智能化矿井建设成为西南地区唯一一个建成省级智能化采煤工作面的矿井。

济三煤矿以综掘机“遥控截割”+液压锚杆钻车+破碎机+皮带机“无人值守”配套模式建成国内领先的智能化掘进工作面。

鲍店煤矿实现采煤机智能控制、三机一键启停、液压支架自动跟机、采煤机记忆截割、时间频次自动放煤以及可视化远程监控等功能，全力打造了“自动控制为主，人工干预为辅”的智能化生产新模式。通常一个工作面需要16个工人才能维持其正常运行，但智能综采工作面仅仅需要7个人就可以保证工作面的运行。

兖矿集团积极推进以智能型MES系统（制造企业生产过程执行管理软件）为核心的精益化矿井建设，系统以安全为核心，将日常工作涉及的人、机、料、法、环全面结合，系统实施后现场管理持续优化提升，降本增效效果显著。

兖矿集团与山东联通、中兴通讯签署战略合作框架协议，依托三方技术、资金、人才等优势，加快5G矿业应用进程，打造强强联合、协同发展的典范，力争成为全球矿业5G应用的开拓者和引领者。5G大带宽、低时延、海量连接等重要特性，为万物互联的智能矿山带来了全新的场景应用，兖矿智能矿山建设已驶入5G高速路。

四、信息产业支撑转型发展

兖矿集团推进信息产业发展，已形成以信息技术为核心能力的兖矿新兴产业。目前，兖矿信息产业以北斗天地、大数据公司、兖矿云谷、联合创新中心为主要载体，加快做大做强信息产业，在重视“内涵式增长”的前提下，沿“产品、市场、区域”三大方向进行外延式扩张。

北斗天地股份有限公司成立于2010年8月，注册地在陕西西安高新区，是兖矿新一代信息技术产业重要支柱。集团高层领导高度重视、坚定不移的变革信心、政策资金技术强力保障、信息产业强力支撑是数字化变革成功的关键。

五、兖矿集团下一步重点工作将在五个方面布局

（1）持续推进大数据工程建设，实现ERP系统集团全覆盖，继续优化完善外围系统。

（2）持续推进煤炭、化工、制造板块三化建设，打造一批国内领先的智能化示范。

（3）推进各级运营的在线监控和辅助决策，建设报表统计、经营分析、资源视图、

动能支持、决策引擎等5大能力中心。

(4) 加快产业延伸和生态建设，推进信息产业集群发展。

(5) 3年打造数字兖矿、5年打造智能兖矿、10年打造智慧兖矿。

第六章　推进煤炭企业商业模式创新

第一节　企业商业模式内涵、缘由和特征

一、了解企业商业模式的主要内涵

商业模式最早出现在20世纪50年代，但直到90年代才被广泛使用和传播。商业模式是企业经营赚钱的方式，每个企业只要在经营，就一定存在符合其自身企业需要的商业模式。在现代企业经营实践中，企业会对考察有价值的商业机会进行投资、开发、生产产品销售给客户，并提供服务，以赚取利润，这种有利可图的过程就是商业模式原始作用机制，这也是商业模式存在的本质。

根据国内外对商业模式的通行理解，笔者把商业模式通俗地定义为：在企业战略目标指导下，追求客户价值主张最大化、关键要素资源配置最优化、关键流程再造最优化和获利渠道更宽化，这“四化”是商业模式创新的最基础、最本质、最核心的问题。

(1) 客户价值主张最大化，就是客户的需求满意度最高化。满足客户需求就是实现客户的价值主张，为客户创造价值。成功的企业都有某种为客户创造价值的独特方法，即能用某种独特的方法创造某种产品和服务来满足客户的价值需求。这个创造价值的方法和过程，叫作“为客户设计解决方案以及实施方案”，这项工作也称客户工作。企业把客户工作的重要性放得越高，其解决方案比其他可选方案越好，该企业客户价值主张就会越卓越。

(2) 关键要素资源配置最优化，就是企业内部关键要素资源向增值环节集聚配置。关键要素资源是指能为目标客户群体创造价值和实现价值所需的人才、技术、资金、主要原料、厂房、设备和品牌等。最优化就是对这些关键要素资源根据消耗最低、产出最多的要求，进行科学设计和优化要素资源配置。

(3) 关键流程再造最优化，就是企业内部关键流程更优化顺畅。关键流程是指企业为客户创造价值所必须经过的一系列决策流程、生产流程、洗选加工流程、采购供

应流程、市场销售服务流程、信息传递流程和业务(人财物)流程等,以保证其流程价值创造方式具备可重复性和扩展性。最优化就是对这些关键流程要根据运行最快、安全最好、消耗最低、效率最高和效益最佳的要求,科学设计,优化流程再造。

(4)获利渠道更宽化,就是企业盈利方式多样式。企业在满足客户价值主张最大化及内部关键资源配置最优化、关键流程再造最优化的基础上,创新并拓宽企业获得利润的渠道、方式,包括定价方式、收费渠道以及企业成本结构优化控制等方面。

二、了解煤炭企业推行商业模式创新的缘由

我国进入高质量发展的新时代,在这一大背景下,一方面,煤炭企业产业结构调整进一步优化,煤炭产能长期过剩,煤炭等传统化石能源消费强度逐渐下降,新兴能源替代的速度加快,煤炭企业经营步履艰难;另一方面,煤电融合、煤化融合、煤钢融合发展的趋势越发突出,煤炭企业亟须通过商业模式创新,顺应市场发展趋势,激发企业内在活力,整合内外部资源,建立企业新的市场竞争优势。

煤炭企业商业模式创新,需要煤炭企业颠覆过去的一些发展思路,不局限于过往的规模扩张式发展思维,走出一条新的变革质量效益型发展之路。

(一)煤炭企业商业模式创新取向

新时代,国家进一步明确了市场在经济发展中基础性和决定性作用的定位,企业作为独立法人经济实体,其主要功能就是担当市场竞争主体。因此,企业由计划经济时代的生产供应者转为生产供应商和服务商,这是必然发展趋势和企业转型变革的新取向。

一是煤炭企业要从传统的单一产业专业化经营,走向适度多元化产业、多系列产品的综合性经营。

二是煤炭企业要以煤炭产品为中心,向煤电、煤化工等深加工领域延伸,产品体系越来越完善,技术工艺越来越精细。

三是煤炭企业要寻求新资源合作,构建行业及区域资源平台的愿望愈发迫切,行业资源整合的趋势愈发凸显。

四是随着煤炭行业及延伸行业竞争的日益激烈,煤炭企业要向非关联领域探索发展,如新兴能源、物流业、电子商务、金融等。

(二)煤炭企业商业模式创新的重要意义

管理大师德鲁克指出,当今企业之间的竞争,不是产品之间的竞争,而是商业模式之间的竞争。煤炭企业商业模式创新有四点的重要意义。

一是创新商业模式是增强企业市场竞争力的需要。商业模式的竞争是企业竞争的最高形态,商业模式创新决定着企业的竞争能力和发展潜力。当前和今后一段时

间，企业改革发展面临的内外部环境更加复杂，经济运行的不确定因素增多，企业要更高层次参与国内外市场竞争，必须进行商业模式创新，提升企业市场综合竞争力。

二是创新商业模式是适应高质量发展形势的需要。我国煤炭产业出现产能过剩，煤炭企业已经从过去找资源上项目规模扩张发展阶段转向高质量发展的新时期，再完全依赖于资源、外延性扩张发展的方式将难以持续，必须转到依赖创新驱动、新旧动能转换和市场导向发展的道路上来，最有效的途径就是进行商业模式创新，加快发展方式转变，增强高质量发展能力。

三是创新商业模式是倒逼煤炭产品升级的需要。新时代煤炭清洁化、差异化、和绿色化发展是既定战略方向，煤炭资源高效利用是广大客户和社会的要求，在尽可能减小对环境的影响下，实现煤炭的高效清洁燃烧，高效转化利用，即向客户提供整套煤炭利用的综合解决方案。这使得煤炭企业不仅仅满足于从地下采出大量的煤炭，还要让其灰分、硫分等杂质尽量减少，帮助客户高效清洁使用以减少污染排放，商业模式创新就对煤炭企业提出了产品升级、服务创新、安全环保、节本降耗等多项新要求。

四是创新商业模式是保障企业中长期发展战略有效落地的需要。商业模式创新与企业战略密切相关，企业商业模式的核心内容，是以企业发展战略为基础，结合阶段性战略目标，将企业资源在各产业单元进行优化配置，实现资源效率的最大化。通过实施商业模式创新，能够明确不同产业板块的功能定位和协同关系，有效推动战略落地，使战略目标得以顺利实现。

三、了解现代商业模式的典型特征

商业模式可分为传统型和创新型两种。

（一）传统商业模式型

煤炭企业生产、销售的完善更多是传统管理要做的事，传统管理是要将内部生产资源、销售资源充分调动，单纯以提高单位生产率、扩张销售渠道为重点，缺少对资源的整合，没有对每一环节价值创造的深入研究，不具备建立独特竞争优势的增长点。比如：

第一类为生产型。存在于计划经济时代，煤炭企业经营以生产为主，产品销售由政府统一定向分配，企业不存在销售管理等问题，经营管理呈现产品导向、资源导向的特点。这种类型煤炭企业构建商业模式的条件并不成熟。

第二类为销售型。随着市场竞争日益激烈，煤炭企业面临煤炭产品利润下滑、产品滞销等问题。煤炭产品推广、销售成为煤炭企业的重要工作，企业经营在生产管理之外，更加注重品牌效应、销售渠道扩张。这种类型煤炭企业商业模式表现为不成熟的营销模式，特点比较单一。在当前市场上，较大部分中小煤炭生产企业均采用此类模式。

（二）商业模式创新型

煤炭企业在引入物流合作、探索深加工产品开发、参与资本运营等方面，构建了不同企业独特的竞争格局，对不同的企业，基于不同的资源优势，其商业模式创新的切入点和优势具有不可替代性。比如：

第一类为生产销售物流型。随着铁路网、公路网及水路通道形成，煤炭外运能力大幅提升，以新疆维吾尔自治区、内蒙古自治区为代表的原边远地区煤炭资源开采、煤炭产品销售盈利能力得以显著提高，煤炭企业资源储备布局向边远地区扩张，煤炭企业生产销售与物流产业结合越发紧密。这种类型煤炭企业商业模式具有典型的产业融合发展的特点，煤炭产业与物流产业的融合促进企业大幅度提升配送效率，实现企业价值和客户价值的共赢，典型企业如原神华集团。

第二类为产业延伸型(生产深加工型)。煤炭产品生产向煤炭产业链下游延伸，产业布局扩张到煤电、煤化工等多个产业，煤炭企业就地进行产业转移，经营管理表现为煤炭产业升级、煤炭产品附加值提升，技术工艺成为企业发展的重要支撑。这种类型煤炭企业商业模式表现出追求资源深度开发、价值增值最大化的典型特点，以技术工艺的进步带动煤炭产业的升级，在煤炭产品深加工领域获得更大利润，并消化企业自身煤炭产能。

第三类为混合型。煤炭企业涉足煤炭生产、煤电、煤化工、物流等，大多数企业为进一步增强盈利能力，企业推动资本的参与价值链各个环节，促进煤炭产品与金融服务的融合，发挥资本效应，向社会热点产业延伸发展，这些企业的商业模式是一种混合型的商业模式。这种类型煤炭企业商业模式从生产性服务向多元化服务升级，进行跨界资源的整合。

当今煤炭企业典型商业模式：一是原神华集团产运储销一体化模式。原神华集团是我国规模最大、现代化程度最高的煤炭企业，依托物流资源和自营铁路优势，建立了全国性的生产营销、铁路、港口物流和贸易网络，构建了以“矿、路、港、航、电、油、化一体化”和“产、运、销、储一条龙”为特点的经营模式。通过煤炭生产、煤电、煤化工、物流等各产业板块价值链环节相互关联，促进实体产业与物流产业的融合，实现集团公司内部不同产业间协同作战，极大提高了市场竞争力和企业盈利能力。二是原山东能源集团综合解决方案供应商模式。原山东能源集团下辖六个矿业集团、两个区域公司、两个物流公司。其商业模式重点表现为以客户价值为核心的生产深加工型，并有向资本型经营发展的趋势。山东能源集团既抢占传统产品消费市场，又依靠技术、人才开拓生产服务市场，以能源、煤化工、装备制造、现代服务业四大板块协同发展为重心,以转型"绿色能源综合解决方案供应商"为核心,打造绿色能源供应方案服务商、生产技术解决方案服务商、城市清洁能源服务商和能源金融服务商集合体的商业模式。通过充分服务市场和满足客户需求,聚焦工作重心,集团明确了价值增长的关键所在,打造了未来发展的源动力。

第二节 把握商业模式创新的关系、思路、原则和目标

一、商业模式创新需要把握和处理的关系

中国煤炭企业目前及今后较长时间都将处于买方市场环境下,这将促使煤炭企业必须摒弃原来的"以资源为王",转而坚持"以市场为天""以客户为天"的发展新理念,牢牢遵循和把握安全、高效、清洁、智慧、低碳、绿色、可持续的发展战略方向,不断改进产品和服务,持续满足客户不断变化的价值需求,追求客户价值最大化,在市场竞争中获得持续的竞争优势。煤炭企业创建新的商业模式是一项系统工程,涉及许多方面的关系,认识并正确处理好商业模式创新中的相关问题十分必要。

(一)正确处理商业模式创新理论指导与实践操作之间的关系

大型煤炭企业下属产业、企业众多,且不同产业、企业的运营方式有较大的差距,在这种情况下进行商业模式的创新设计,需要有一种系统、完善能够指导多产业大型煤炭企业的商业模式理论。商业模式理论的指导意义主要表现在思维理念和商业模式创新设计两个方面:思维理念方面,大型煤炭企业应深入贯彻"价值思维",从企业整体、长远发展和综合价值创造的角度进行商业模式创新;商业模式创新实践方面,商业模式需要与企业各层级功能定位及各产业板块的实际情况紧密相连,以系统、全面的方法进行设计,提高所设计商业模式的科学性、合理性和可操作性。

(二)正确处理商业模式创新中集权与分权之间的关系

要实现整个企业的高效运营,必须改变企业分散式管理的状况,加强资源整合产业板块间资源的优化配置。整体管理理念缺少与市场经济相适应的竞争意识、忧患意识、发展意识和创新意识。企业总部与专业公司之间管理层级多,管理机构臃肿,与专业公司之间功能定位不清晰,商业模式管理效率低下。要充分体现价值追求的思想,着力在企业各层级及产业链上培植和创造整体价值和经济收益。

(三)正确处理煤炭供应服务商与煤炭技术方案解决商之间的关系

煤炭供应服务商与煤炭技术方案解决商之间是相互依托和支持、密不可分的关

系。做好供应服务商是煤炭企业的最基础和本质性的使命要求，也是新时代煤炭企业从供应者到供应服务商转型升级的主导方向；做好技术方案解决商是物流企业实施创新驱动和价值链升级的动能变革之举，也是从推销、营销到“引消”发展轨迹的必由之路。

（四）正确处理煤炭企业新商业模式与发展战略之间的关系

商业模式创新与发展战略之间是相互影响与支持的关系。商业模式创新工作要与煤炭企业总体战略、子战略的实施工作相结合，煤炭企业商业模式创新，要在战略引领指导下，构建符合企业发展战略方向和目标要求的资源模式、业务模式与盈利模式，形成细化操作方案，并通过商业模式创新实施来保障战略目标的实现。

（五）正确处理煤炭企业新商业模式与企业体制机制变革之间的关系

商业模式创新与企业体制机制变革是相互影响和支持的关系。两者相结合将产生倍增效应，要结合国家正在推行的国有资本投资、运营公司改建工作，深化煤炭企业管理体制、管理制度、管控方式和运营机制的变革创新，为创建煤炭企业好的商业模式奠定良好的体制机制保障基础。

（六）正确处理煤炭企业新商业模式与管理创新之间的关系

新商业模式与管理创新之间是相互影响和相互支持的关系。深化企业内部市场化、对标管理、精益化管理，将其作为评价带来综合价值提升、带动成本控制、促进节能减排的标准，增强市场感应度，提升企业管理绩效，实现资源有效配置，达到商业模式创新的目标要求。

（七）正确处理煤炭企业新商业模式与技术创新之间的关系

煤炭企业新商业模式与技术创新之间是相互促进、相互支持的关系。以商业模式的创新带动企业技术创新体系的完善，形成以市场为导向的技术研发体系，提升研发成果的转化收益，促进企业产业结构和产品结构优化升级。结合大数据、物联网、云计算，对信息资源进行系统集成和优化，实现资源共享和数据集成，提高信息化管控能力，为商业模式创新的有效实施创造良好条件。

（八）正确处理煤炭企业新商业模式与盈利模式之间的关系

商业模式中包括盈利模式，两者之间为包括和反向支持的关系。企业盈利模式是商业模式四项核心要素之一，是企业价值的具体实现方法和最终盈利的决定因素。一个好的商业模式必然能提升企业的盈利潜力，好的盈利模式则能把这种盈利潜力转变为现实，不好的盈利模式则可能降低盈利潜力转变的效率或者程度。

二、明确商业模式创新的总体思路

目前我国主力煤炭企业多为大型企业，且具有经济规模大、产业（业务）板块多、管理层级多等特点，尤其企业管理层级功能定位（我国煤炭大集团公司一般分为集团公司、专业公司或区域公司、矿厂三个管理层级，而这三个管理层级的功能定位分别为战略决策中心、运营利润中心、生产及成本中心）已大致明确。为此，创新商业模式应着力于按照一点、一线、多层面、“互联网＋”定位架构的思路设计。

（1）“一点”是什么？它表示煤炭企业总体功能的定位点，即综合价值创造者。企业是社会微观经济实体，它存在的根本要义就是创造价值。而创造的这个价值应是综合价值，或称“价值堆”，它是由企业价值、用户价值和员工价值、社会价值、环境价值、股东价值等诸多价值组成的，当然，这个“价值堆”中的诸项价值不是平行关系，它的轴心或核心价值是企业价值和用户价值，在突出这两项核心价值的同时也应兼顾其他相关价值。基于此，企业就必须承担并履行其“综合价值创造者”的使命。

（2）“一线”是什么？它表示煤炭企业创造价值的运作载体的定位线，即依托产业（业务）线，运作价值链，在这条产业线或业务线上去寻找、培育和创造价值增长源。因为，如离开产业线、业务线去谈创造价值就会成为一句空话，价值创造必须也只能在现有或再搭建的产业线、业务线平台上去实现。为此，要顺应行业发展趋势和市场需求变化取向，进行企业产业链延伸优化，完善产业布局，建立与市场良好的对接。致力于研发、生产、物供、营销、服务等价值链环节的提升，推进产业融合、产业协调、产业延伸，推动现有价值增长点的快速增长。

（3）“多层面”是什么？它表示煤炭企业不同管理层面具有不同价值创造运营功能定位，即上层为跨界运营、中层为产业（业务）线运营、下层为生产操作运营，形成三个层面有效衔接、协同运作的格局。

上层面——集团公司公司（总部）：通过跨界运营，以培植综合竞争力和持续发展力为目标，推动大资本、大资源、大系统、大数据、大市场运作融合，推进产业协同、产业延伸和产业融合，构建综合金融服务平台，实现企业产业升级，打造煤-电-化及煤-机-物流等多条产业生态链，形成企业内部资源最优化流动、各板块协同融合的良性发展的生态圈。

中层面——企业专业公司或区域公司：通过转型创新，以市场需求为导向，以满足客户价值最大化为目标，推动产业（业务）延伸、产业（业务）协同、产业（业务）融合、产业（业务）升级，打造产业（业务）生态链（点）。对企业煤炭、煤电、煤化工、装备制造、物流、建筑房地产、现代服务业、战略性新兴产业等产业板块进行价值链分析，着力构建各产业板块的业务模式、资源模式、盈利模式，推动产业板块价值链的不断升级，形成中观层次不同产业板块的商业模式。

下层面——企业基层生产主体：通过精益化管理、绩效管理和内部市场化管理等，以激发内部活力和降耗提效为目标，依据产业产品布局实际状况，对各基层业务单元进行价值点分析，优化微组织、微环境、微循环，发现培植创造不同类型产业单元中的价值增长点，实现多点盈利，形成微观层次的商业模式创新。

(4)“互联网+”是什么？它表示运用互联网思维、互联网技术与企业商业模式嫁接融合，移动互联网、云计算、大数据、物联网等新技术正以其无孔不入的穿透力和渗透性改变着世界，也在改变着人类商业活动的开展方式、形态和面貌。在互联网、云计算、大数据的强大支撑下，客户与企业、企业之间信息传递的及时性和便捷性空前提高，企业的运营成本大幅降低，企业内部的信息存储、处理能力迅速增长。互联网、云计算、大数据为企业提供了强大的技术能力，打破了企业生产经营的时空限制，为其在全国乃至全球范围内整合配置各种资源、突破传统的市场关系和交易方式，从而在整个供应链和价值链上创新商业模式。互联网、云计算、大数据建立关于客户和供应商的庞大数据库，实现对相关信息的快速处理和筛选。通过电子商务、电子支付系统、信用机制保证实现各个交易环节的网络化、电子化，极大地提高交易速度，完全颠覆传统的商业活动与交易模式。从而通过商业模式创新打破企业与客户、企业与供应商以及不同行业之间的边界，重塑企业与客户、企业与供应商以及行业之间的商业关系和交易方式、交易流程，大大缩短流通时间、降低交易成本，提高流通效率、同时也创造更高的客户价值，实现企业与客户同行并进的双赢。

以上点、线、面、网代表大型煤炭企业商业模式创新的基本内涵架构，“点”为运营方向，“线”为运作平台，“面”为功能操作，“网”为运作技术工具。而多层面和互联网之间的关系，则又是相互支持、相互影响、相互渗透和互为一体，“上层”为战略决策功能，“中层”为市场运营功能，“下层”为降本提效功能，而“互联网+”则为支撑工具。

三、确立企业商业模式创新的基本原则和目标

新时代大型煤炭企业商业模式创新，坚持以企业战略为指导、以价值思维为基础，在集团公司总部层面重点研究产业跨界运营，在专业化公司层面重点研究产业板块价值链，在煤矿层面重点研究价值增长点。为此，应坚持以下八项基本原则和实现三层目标。

(一) 遵照八项基本原则

一是坚持颠覆性原则。当前产能过剩的市场形势下，煤炭相关行业面临洗牌期。企业要实现大的发展，必须进行颠覆性创新，不能被原有管理理念束缚。单纯通过对原有商业模式的微调不能使企业情况发生根本性好转，也很难建立同行业内其他企业难以复制的竞争优势。

二是坚持持续性原则。企业商业模式创新是一个持续性的过程，对市场情况要进行长期观察。在创新过程中，要不断总结过去，不断挖掘现有问题根本原因、可优化的关键环节和未被开发或可继续开发的重要资源，并结合实际情况设计出可操作

性高、竞争力强的新商业模式。

三是坚持盈利性原则。企业商业模式创新的最终目的是盈利能力的提升。商业模式通过提高各产业板块资源的利用效率，增强对各产业板块资源及延伸资源的识别、开发能力，从而最大化提升企业的盈利能力。

四是坚持协同性原则。大型煤炭企业主导产业一般为：煤炭、煤电、煤化工、煤机装备制造、煤炭物流、新兴能源、现代服务业、金融投资业等。在商业模式创新过程中，要充分考虑各产业的发展定位，合理协调主导产业与辅助产业间的资源，处理好主导产业与辅助产业之间的资源关系，从而形成各业互为支持、协同发展的增长格局。

五是坚持顶层设计原则。坚持分类指导、突出重点，遵循分层、分类、分阶段、分重点的原则，逐步建立起适应新时代高质量发展和市场竞争要求煤炭企业的商业模式运作体系。

六是坚持分层推进原则。煤炭企业商业模式创新是个上下联动的体系，涉及企业各个层面，要分层次推进。企业上层面即集团公司总部要着力打造企业跨界运营的生态圈，中层面即专业公司或区域公司要着力打造产业（业务）线市场运营的生态链，下层面即矿、厂要着力打造安全、低耗、高效运营的生态环。

七是坚持阶段规划原则。商业模式创新是个持续优化过程，要分阶段规划，从专业跨界运营的战略决策、市场运营的产业（业务）线、生产运营的矿厂点等，分期列出目标任务，循环式推进，波浪式上升。

八是坚持重点带动原则。商业模式创新是一项系统工程，要兼顾整体，突出重点，着力抓好重点单位，培育典型，以点带面，扎实推动商业模式综合创新。尤其价值创新点的选择上，要以产品创新为重点，根据市场需求的新变化，应对不同层次、不同需求的客户，开发相应的差异化产品，实现产品的高端化、定制化。

（二）实现商业模式创新的三大目标

以“综合价值创造者”为总体定位，以煤炭企业发展战略为依据，以主导产业经营为基础，以产品市场引消为载体，以“两商”形态为模式，以发现培育创造价值点、资源点和盈利点为核心，分层次系统化推动商业模式创新实施，打造煤炭企业的产业（业务）价值创造线。

目标之一，通过商业模式创新，推进企业战略和规划实施落地，建立企业现代治理体系、高效运营机制和风险防控体系，实现企业综合、安全、高效、绿色、低碳、智慧和可持续高质量发展。

目标之二，通过商业模式创新，优化各产业结构，促进企业各产业板块协同发展，改变过于单纯依赖煤炭产业的状况，实现由单一主导产业向多元主导产业发展的产业升级，实现由工业产品向市场商品的转变，由燃料向燃料和原料转变，增强企业市场核心竞争力。

目标之三，通过商业模式创新，依靠各层级功能定位，挖掘各种要素资源价值，充分提升闲置资源的利用效率；运作产业链、价值链和创新链，开发价值增长点，提升产品附加值，达到资源利用效率高、管理效率高、盈利能力强、员工幸福指数高。

第三节　商业模式跨界运营生态链、资源配置机制、产业结构调整的运作

一、集团公司层面商业模式的跨界运营生态链运作方式

集团公司商业模式的构建，需要通过跨界经营，不断推动大市场、大系统、大资本和大资源融合，最终打造企业跨界运营发展的生态链。

企业这个跨界运营发展的生态链是在一定地域范围内形成的，以煤炭、煤电、煤化工等多种主导产业为核心，具有较强市场竞争力和产业可持续发展特征的多层次立体产业体系。跨界运营发展大格局的构建，在本质上是一种生态大系统的构建。它需要树立符合当今经济发展特征的大资源、大市场的观念，并构建出与之相适应的大资本运作系统、大数据收集分享系统。

跨界经营是其构建企业生态圈的重要方式之一。通过中观层次产业协同、产业延伸和产业融合，实现企业的产业升级，打造煤-电-化工等多条产业生态链，形成企业内部资源最优化流动、各产业板块协同融合良性发展的生态链。

在集团公司内部，产业生态链的构建应从产业布局和产业间关系两个方面展开。产业布局涉及产业选择问题，产业间关系则需要从资源配置、产业结构调整两方面进行。此外，科学高效的信息管理系统也对产业生态链的构建有着重要作用。

打造跨界运营生态链应把握四条原则，即兼顾效率与效益原则、需求主导型原则、整体协调性原则和创建特色模式原则。

（一）坚持兼顾效率与效益原则

资源配置是目的性很强的活动，集团公司资源配置必须围绕提高企业竞争力、增加企业效益为目的，有计划、有步骤地实现资源配置优化。集团公司要充分考虑资源的实用性，对当前各产业板块生产经营和管理有较大实用价值的资源要重点提升；同时兼顾资源的经济性，以较少的配置成本获取最大化的效益增长。

（二）坚持需求主导型原则

实现各产业板块资源配置的结构优化，要依据各产业板块的定位及资源需求，以及各产业板块在集团公司战略中的产业布局，确定各产业板块同类条件下的资源配置顺序。根据各产业板块资源需求的一般规律和特点，确定各产业板块正常经营应配置的资源数量、内容、质量和形式。在明确产业板块资源配置顺序及配置资源数量、内容的基础上，确定合理的资金结构、物资结构、人才结构和技术结构等，并制定出集团公司资源配置的规划、方案和标准，然后付诸实施，并在实施过程中不断对集团公司资源结构进行优化调整。

（三）坚持整体协调性原则

集团公司各产业板块资源配置是一项较为复杂的系统工程，系统各要素之间、系统与外界之间等都有着一定的联系。因此，集团公司资源配置需要充分考虑各产业板块的整体协调性。一要加强各类资源的相互协调，包括资金结构、物资结构、人力资源结构、技术结构、信息资源结构等的协调；二要加强各产业板块之间资源配置的协调，根据各产业板块的定位、相互依存关系和制约关系，统一规划各产业板块资源的配置；三要加强集团公司各产业板块资源微观配置与资源宏观配置之间的协调，充分考虑一个地区和全国范围内资源配置对集团公司及各产业板块资源配置的影响；四要加强集团公司资源配置与资源开发的协调，做好资源的充分开发利用。

（四）坚持创建特色模式原则

坚持因企制宜、因地制宜，引导不同产业板块、不同区域、不同经营领域的权属单位，结合单位实际，把握业务发展规律，自主建立各具特色、行之有效的商业模式，并根据时代发展变化动态调整、持续创新，形成与国有企业功能定位相适应的运营模式与盈利模式，构建多种模式并行发展、多形式增值创效的商业模式创新格局，实现持续健康发展。

二、集团公司层面商业模式产业生态链的资源配置机制

集团公司产业板块资源优化配置机制，应从产业结构、资源结构、人才结构、技术结构等方面来考虑，建立各产业板块之间的资源管理层次和秩序，是构建资源优化配置机制的标准。

（一）推动产业链条整合，降本提效

在企业商业模式创新实施过程中，各产业板块部分业务关联部分资源要进行充分整合，以便降低成本、提高整体运作效率。上游产业业务放弃部分收益，使得下游产业业务成本降低；下游产业业务规模扩大，进而反哺上游产业业务发展，集团公司

总体效益即达到较之前更高程度的水平。以煤炭、煤电、煤化工三大板块为例，煤电和煤化工板块长期存在内部煤炭原料供应价格高于外部煤炭采购价格的反差，生产成本较高；煤炭板块内部供煤原则上可放弃部分利润空间，从而既能促使煤电、煤化工等板块成本降低、经营效益提升、生产规模扩大，并进而形成导致煤炭需求增加的良性循环。此外，在各大产业板块运营过程中，对成本高、利润率低的业务采取抛弃或外包的方式，减少低效率资源利用，将优质资源投放到为集团公司带来更多效益的产业及产品上。

（二）推动构建多产业、多平台经营体系

多产业分散发展不利于集团公司产业协作和融合发展，需要构建多产业运营的集团公司管控体系，有利于实现资源的有效配置；基于大多数煤炭集团公司现在为综合能源集团公司的发展状况，煤炭集团公司在未来发展过程中，要充分连接、整合集团公司内外部资源，构建多平台运营的资源管理体系。推进对所从事业务领域进行系统梳理，确定本单位重点投向的价值创造环节，实施内外部资源整合，优化业务链，提升价值链，创新业务经营方式，推动资源向价值创造能力强、市场竞争能力优、持续发展能力足的项目聚集，促进企业转型升级高效发展。

（三）推动实业与金融产业融合发展

产融结合既是集团公司资源优化配置的客观要求，也是集团公司做大做强的必然趋势。集团公司实业与金融的资源需要实现充分互动，在实业采购、销售等涉及资金的环节中都可以利用金融产品的特殊性，构造出实业除了销售外的利润环节，从而实现集团公司实业由单一利润点向多利润点的升级。

（四）着力增加战略新兴产业投资比例

新时代高质量发展形势下，集团公司虽然在战略新兴产业发展方向上达成共识，但实际上对其资源配置的倾斜程度还不够。战略新兴产业是国家重点扶持的下一个支柱型产业，集团公司必须逐渐减少在煤炭等传统的、污染较严重的能源产业投资，增加战略新兴产业投资比例，加速实现集团公司产业产品结构升级，抢占发展的先机与盈利高地。

（五）深化改革推进机制转换

坚持市场导向，结合集团公司发展战略规划的实施，建立科学的经营管理机制。根据企业发展实际，构建全面市场化管理的运行机制、内外部合作的协同发展机制、“分配靠效益、收入靠贡献”的薪酬激励机制、鼓励创新容忍失败的容错机制、科学公正的考核监督机制、灵活高效的选人用人机制，形成市场化运营的制度体系。

三、集团公司层面商业模式的产业结构调整方式

坚持以市场为导向、以服务为核心、以合作为路径，自主创新，形成符合企业实际的商业模式。在企业产业结构调整方面，主要采用三种方式，即各产业协同发展、产业延伸与融合发展、产业升级发展。

（一）各产业板块协同发展

产业协同的效果是企业整体创造的价值大于企业各独立组成部分创造价值的简单总和。产业组合能够出现产业协同效应，需要企业战略资产与业务之间存在战略性资产上的相关性，以比竞争对手更低的成本、更快的速度形成核心竞争力。集团公司要达到产业协同发展，需要关注产业组合设计、绩效与利益分配机制和协同策划决策机制。

依据产业选择原则、市场发展趋势和集团公司发展现状进行产业组合选择和设计，为集团公司各产业间协同发展提供必要载体；而各产业板块间的绩效考核机制、利益分配机制，则是协作双方获得双赢、实现长期协作、稳定发展的必要条件；共同策划和决策机制，则是减少和规避风险的重要手段。例如，煤炭-煤电-煤化工板块可通过联合运作等方式，解决煤炭、煤电及煤化工板块市场及（燃料）原料等问题，实现三个产业板块的协同共赢发展。

（二）产业延伸与融合发展

产业融合是指不同产业或同一产业不同行业相互渗透、相互交叉，最终融合为一体，逐步形成新产业的动态发展过程。产业融合路径大致分为三类，分别为高新技术渗透融合、产业重组融合和产业延伸融合。

一是高新技术渗透融合，即高新技术及其相关产业向其他产业渗透、融合，并形成新的产业。如集团公司战略新兴产业板块中的电子信息技术产业可向物流贸易板块渗透而形成电子商务与物流业等新兴产业。高新技术向传统产业不断渗透，成为提升和引领高新技术产业发展的关键性因素；同时，也有利于提升传统产业的发展水平，加速了传统产业的高技术化。

二是产业重组融合。重组融合主要发生在具有紧密联系的产业或同一产业不同行业之间，是指原本各自独立的产品或服务在同一标准元素或集合下，通过重组完全结为一体的整合过程。对于集团公司而言，则是各产业板块内部资源与组织架构的整合，将同一板块下的多个部门和相关部门进行统一管理与经营。

三是产业延伸融合，即通过产业间的互补和延伸，实现产业间的融合，这类融合赋予原有产业新的附加功能和更强的竞争力，形成融合型的产业新体系。一般表现在第三产业向第一产业和第二产业的延伸和渗透，对集团公司而言，以产融结合为发

展方向，发挥金融产业对煤炭、电力及煤化工等板块的作用，构成集团公司新型产业体系。

（三）产业升级发展

产业升级要着力从三个方面推进。

一是通过转变生产经营方式实现产业升级。更加注重内涵式发展和提高运营的质量与效益，实现由粗放式投资型向效益型转变。煤矿由劳动密集型向自动化、智能化、智慧化的技术密集型转变，为了实现提高劳动生产效率、降低成本、采煤清洁化、稳定安全、可持续发展的目标，大力推进数字矿山、智能矿山、智慧矿山建设，推进煤矿生产经营管理集约化，分离煤矿生产辅助、生活服务，实行模块化、专业化和市场化管理。

二是通过转变煤炭用途实现产业升级。着眼扩大煤炭需求，一方面，培育和扩展国内外市场需求，通过创新营销模式开拓新的市场空间；另一方面，调整与转变煤炭用途，实现由燃料为主向燃料与原料并重方面转变。

三是通过优化业务板块结构实现产业升级。加强企业内部业务板块结构优化调整，进行业务结构调整，剥离部分低效和无效业务板块，将更多的人财物要素资源优先配备在能够带来效益和发展潜力的业务板块上。通过科技创新、管理创新实现产业升级。企业创新要以集约、安全、高效、清洁化和可持续发展为主要方向目标。

第四节 集团商业模式的产融结合，中观层面功能及煤炭板块的运作

一、集团公司层面商业模式实施产融结合的运作方式

集团公司通过构建综合金融服务平台，打造以各条产业生态链为核心内容的企业产业体系，以更广阔的视野去发现并利用各类资源，依托资本运作，为集团公司转型高质量发展提供强有力的支撑。

（一）明确综合性金融服务平台的基本原则

大资本模式主要是指集团公司吸纳产业发展资金及利用集团公司闲置资金进行产业规模扩张、外部行业投资等的管理机制，核心是对集团公司资金资源的整合利用，提高资金利用率。集团公司构建综合性金融服务平台应坚持以下的四项原则：

一是坚持金融产业与实体产业融合发展的原则。积极运用金融工具和资本运作的方式发展实体产业，切实增强金融对实体产业的支持力度，实现金融产业与实体产

业的深层次融合。

二是坚持金融资本与产业结构调整相结合的原则。大力发展产业金融，发挥金融资本在产业结构调整中的主动性。充分利用金融资本，引导集团公司产业结构趋于合理和科学。

三是坚持短期与长期经济效益相结合的原则。产业与项目投资注重获得稳定的、持续的、长期的收益，为了平衡融资成本、健康发展，关注企业短期的投资收益也必不可少。

四是坚持加快发展与防范风险相统一的原则。保持集团公司投融资平台净资产与负债、投入与产出、现金流相对平衡，防止因过度投资或融资带来的风险。

（二）构建集团公综合性金融服务平台

着力从机制、平台、能力、方式和国际化几个方面推动金融服务建设。

一是构建统一投融资管理机制，强化金融服务功能。整合集团公司金融板块资源，有序整合集团公司和产业板块参控股金融企业，提高管理效率，强化金融服务功能。发挥金融板块的重要作用，促进集团公司健康有序发展。

二是完善投融资平台，推进融资渠道多样化。积极拓展上市平台，坚持"资产资本化、资本证券化"方向，加大培育力度，形成集团公司多层级、多类型上市公司并存的发展格局，推动上市公司再融资。建立真实准确、及时完整披露信息体系，提升上市公司的管理素质和经营业绩，维护上市公司品牌和市场形象。创新多种样式的融资题材，积极开展多种方式的再融资活动，持续提升上市公司价值，实现与资本市场的良性互动。

三是强化资本运营能力，推进产业购并整合。创新运用资本运营策略，稳健推进产业购并整合。充分利用国内外两个市场、两种资源，实施产业重组并购，优化资本要素配置，推动传统产业转型升级和新兴产业高效发展。推进集团公司内部产业重组整合，坚持专业化管理、模块化运营，持续推进集团公司的产业整合，发挥产业协同效应，增强市场竞争优势。重点在推动内部产业重组及进入战略性新兴产业方面发挥主导作用，上市公司及区域公司重点推动本产业、本区域的购并整合。

四是引入战略投资者，推进传统产业转型升级，加快战略性新兴产业发展步伐。按照技术、管理、市场、资金等需求定位，优选战略合作对象，灵活选择兼并收购、增资扩股、合资合作等方式，有序推进集团公司战略合作和混合产权制度改革。

五是借助"一带一路"，优化国际化区域发展布局。全面诊断分析意向投资国的政治、经济、资源、市场、法律、人文等情况，按照风险程度情况比较选择优先顺序投资国，积极开发和利用"两个市场""两种资源"，着力优化资源配置，积极推进合作开发海外市场。

（三）基于多产业协调融合发展的跨界经营

企业跨界经营是集团公司实现发展模式转型升级的重要途径。跨界经营是企业通过进入与原有主体业务体系无紧密联系的行业，使企业涉及行业突破原有产业体系的范围。通过产业协同、延伸和融合的方式进行跨界运营，主要是对集团公司内部现有各产业板块进行跨界经营，并以此创新产品和服务，包括实业产业之间和金融与实业产业之间的融合经营，跨界经营的构建是集团公司商业模式创新的核心内容。跨界经营的实现方式有以下两类。

一是通过对煤基产业链等现有产业链的协同、延伸和融合，实现领域内的上下游融会贯通，形成行业内互为依托的生态系统，不断创新产品和服务来填补市场空白，扩大市场份额；

二是依托集团公司多年积累的品牌与实力加以跨行业延伸，为新业务领域保驾护航，快速创造新产业的商业价值。

二、集团公司中观层面商业模式的基本功能表现形式

中观层面企业商业模式创新设计的目标是，通过变革创新，以市场为导向，以持续满足客户价值需求为目标，采用市场倒逼机制，推动产业板块价值链的不断升级，打造集团公司产业价值链体系。集团公司中观层面主要是以各产业板块为实施主体，进行商业模式构建与实施。价值链依托产业链价值创造的原理，各产业板块与实业单位是集团公司的价值创造和价值实现中心，是商业模式设计和实施的主体。产业板块商业模式的设计与实施对提升企业综合竞争力、提高运营效率和效益具有重要意义。

应合理认识煤炭集团公司各产业板块关系，商业模式中观层次的构建，需要以集团公司现有产业体系为出发点，通过明确产业选择和资源配置的原则，为集团公司产业价值链的构建奠定基础。

（一）煤基产业链内容

现在中国大型煤炭集团公司煤基产业链内容大多包括煤炭产业、煤电产业、煤化工产业、煤炭物流贸易产业和煤机制造产业等，煤炭产业是龙头和基础，煤电产业、煤化工产业、煤炭物流贸易产业和煤机制造产业围绕煤炭产业而发展，是煤炭产业链延伸发展的结果。煤电产业、煤化工产业板块是进行煤炭产品附加值提升的选择结果；煤炭物流贸易板块、煤机制造板块和金融板块则是为煤炭产业、煤电产业、煤化工产业提供支撑和保障服务的。

（二）非煤产业内容

现在中国大型煤炭集团公司非煤产业内容主要包括新兴能源板块（光伏发电、风

力发电等)、房地产板块、服务业板块、新材料板块和现代信息技术板块等,其中,新兴能源板块(光伏发电、风力发电等)是同质类能源产业,对促进企业综合能源发展具有重要作用;房地产板块、服务业板块、新材料板块和现代信息技术板块同煤基产业链板块关联性较少。

(三)集团公司各产业板块商业模式的设计要求

基于分层、分类、分阶段设计的指导思想,商业模式的设计流程包括确定战略依据、构建业务模式、在资源地识别与开发的基础上构建资源模式、设计盈利模式,最后对商业模式进行描述。商业模式具体设计流程为以下五个步骤。

第一步,确定战略依据。通过进行战略梳理设计或产业链分析,确定商业模式设计的战略依据。对于已有基本战略的企业,对其战略进行梳理,获得商业模式创新的战略依据;对于没有完整战略的企业,获得商业模式创新的战略依据,需要通过产业链分析进行企业战略设计。

第二步,构建业务模式。以战略为基础,基于价值链分析方法,进行业务活动分析。构建业务模式是商业模式设计的起点。在业务模式的构建过程中,依托商业模式创新的思想,从理论上进行价值链分析;实践中构造业务链,形成业务系统,最终构建业务模式。

第三步,构建资源模式。依托业务不同环节活动的资源的识别与开发,进行资源模式分析,构建新的业务价值系统。

第四步,设计盈利模式。根据不同环节的资源变现分析,进行盈利模式的设计。设计盈利模式主要是在寻找价值点在业务活动中的盈利点,探索多样化的资源变现方式。

第五步,商业模式描述,依托不同的描述方式,对商业模式的侧重点进行概述。商业模式描述是对新商业模式的核心内容的集中呈现,是对商业模式内容的简要介绍。

根据上述产业(业务)板块商业模式的设计步骤,通过价值链分析,建立不同产业(业务)板块独特的、具备竞争力的企业商业模式体系。

三、集团公司中观层面煤炭产业板块的商业模式运作方式

集团公司中观层面煤炭板块商业模式设计是,坚持以煤炭板块价值链为基础,通过对煤炭板块价值链分析,构建煤炭板块的业务模式、资源模式、盈利模式。

(一)煤炭板块商业模式设计的总体思路

煤炭产业是集团公司的主体基础产业,也是支撑集团公司发展的主要利润来源。坚持以集团公司战略为基础,结合业务模式、资源模式、盈利模式分析,集团公司煤业产业板块的商业模式是:构建和完善从坑口到炉口的全价值链业务模式,提供从采

购、生产、销售、物流、客户消费等五个环节的综合解决方案，推动资本与煤业价值链各个环节的融合，构筑产业平台，打造产业价值链。

具体讲，坚持以增加煤炭产业板块收益、提升市场占有率为目标，完善煤炭以整体价值链为基础的业务体系，从单一提供产品向提供一揽子的解决方案的服务转变，推动煤炭产业与其他产业的融合，以打造区域性的煤炭销售网作为平台，推动煤炭、物流、金融多产业融合发展的区域性综合运营平台。

（二）煤炭产业板块发展战略

以建设安全、高效、智慧、绿色矿井为目标，依靠科技进步，强化基础管理，实现系统简单化、布局最优化、生产集约化、采掘机械化、设备大型化、管理智慧化的科学生产。确立清洁化、资本化、价值化的发展思路。抓住能源革命的新趋势，以科技创新为先导，实现煤炭主业与新兴产业跨越式融合发展。

（三）煤炭业务模式分析

业务（产业）模式提升要围绕价值链创新而展开，通过煤炭板块价值链描述及分析，推动煤炭板块价值链创新围绕价值链环节资源优化配置、关键能力提升和信息交易平台建设。

鉴于我国煤炭企业在煤炭生产工艺方面基本达到国内外先进水平，同时价值链也在逆向延伸收购省外、海外矿产资源，煤炭板块已具备发展成为一个跨国煤业生产商的条件。但同时也要看到，我国中东部煤炭资源不足，“三下”压煤严重，搬迁难度越来越大，严重影响和制约本部煤炭生产。而外部资源已基本抢占完毕，购买矿权价款高、投资大。同时，企业自身体制机制创新力度不够，与现代企业制度和市场经济适应的机制还需进一步完善。

因此，煤炭产业板块为了适应市场竞争，必须双向延伸、重构价值链，通过价值链的双向延伸，降低成本或增加价值增值环节；通过重构价值链进行业务模式创新，优化煤炭产品结构，推进煤炭产品清洁化升级，满足市场多层次客户的不同需求。

根据市场需求导向，寻找明确煤炭板块价值链创新的核心能力，按照清洁、适销和高价的原则，实施精煤战略。业务（产业）模式提升——推广优质煤炭洗练技术，实现采煤智能化，提高生产效率和保障安全。建立煤炭产业与物流产业、金融产业等协同发展的模式，选择设立煤炭储运中心，提供煤炭金融服务，加强煤炭经营与资本运作的结合，提高多产业运作能力。构建采购、生产、销售等不同环节的内外部平台，例如：可订立采购联盟，运用互联网技术，共同采购或合作推广，建立采购平台或电商平台；销售上将煤炭销售和配煤方案服务结合，降低客户成本，提高产品质量，或在煤炭物流中开展社会物流运输服务，提高市场控制能力，打造销售平台；集成企业及行业资源，推动技术工艺进步和环保节能治理。

（四）煤炭资源模式分析

在对煤炭板块价值链描述后，对标同行业内大型企业，推动以资源提升为基础的业务模式创新，明确煤炭板块未来资源模式提升促使价值增长的路径。

一是全面推行精益生产管理，树立效益理念，生产全过程持续开展挖潜扩能、提质增效、节约降耗活动。建立完善的人力资源管理机制，实现考核到人、绩效到人、责任到人。通过管理制度改革和管理方式创新，以最小资源投入，创造更多的价值，实现内部资源的最优配置和最佳经济效益。

二是整合上游供应商、下游客户、第三方银行等机构资源，提供综合性增值服务，深化价值增长，构建以煤炭为核心的生态系统。集成煤炭企业资源，提供以投融资管理、质量检测为主要内容的综合性服务，提高市场话语权。

（五）盈利模式分析

盈利模式提升的方向是：坚持质量、品种、效益协调发展，持续适应市场需求的生产组织原则。以效益为中心，在生产全过程持续开展挖潜扩能、提质增效、节约降耗活动，实现效益最大化；以煤质为基础，通过煤炭深加工，发展循环产业链，提高煤炭综合利用价值；以市场为导向，建立产、运、销联动机制，实现现场与市场、客户与产品的联结，促进生产经营持续稳定发展。

集团公司煤业商业模式就是打造从坑口到炉口的多平台经营、多产业融合发展的综合煤炭解决方案提供商的商业模式。围绕创造客户价值，深入分析煤炭客户的内在需求，做到为顾客提供满意的产品与服务，持续满足客户多元化和动态化价值需求。探索整合采购、物流、配煤、销售、资金、信息等煤炭流通服务环节，优化以信息流、商流、物流和资金流为核心的煤炭价值链，创新煤炭供应链管理服务体系，提供个性定制服务和供应链整体解决方案，从单一的煤炭生产供应商逐步向煤炭供应链管理服务商转变，为用户提供安全、清洁、高效的能源服务。通过煤炭产业商业模式创新，利用国际国内两个市场、两种资源，有效推进国际化发展，构建竞争优势，助推煤炭产业做大做强。

第五节　中观层面煤电、煤化工、煤机制造产业的商业模式运作

一、集团公司中观层面煤电产业板块的商业模式运作方式

集团公司中观层面煤电产业板块商业模式设计是，坚持以煤电战略为基础，通过

对煤电产业板块价值链分析，构建煤电产业板块的业务模式、资源模式、盈利模式。

（一）煤电产业板块新商业模式设计的总体思路

坚持以战略为基础，以科技创新和管理创新为动力，煤电技术朝着高效、清洁、灵活、低碳和智能的方向，持续推动自身高质量发展，构建自身业务模式、资源模式、盈利模式。

（二）煤电产业板块新商业模式发展战略

坚持煤电产业板块发展战略，以煤电一体化协同发展为主线，利用国家鼓励煤电一体化建设机遇，稳步扩大煤电规模，通过交叉持股、合并重组、资产联营、战略合作等方式与周边及物流通道沿线火电企业合作，提升协同效益和抗风险能力。同时，利用国家政策拓展电力市场，变单一的上网供电为上网、局域和直供用户的多元化供电格局，增加用户数量规模，提升发电量，最大限度提高发电机组负荷率。

（三）煤电业务模式分析

煤电业务模式提升围绕价值链创新而展开，抓住国家鼓励发展绿色能源的政策机遇，借助已建成和规划的电力外送通道，加快建设风电、光伏项目，结合外送通道新能源配合煤电打捆争取上网指标，积极拓展以煤电为中心的产业链延伸，积极跟踪储能、氢能等行业前沿技术，促进新型电能快速发展与现有煤电产业互补耦合协同发展。

提高热电联供市场竞争能力和盈利能力，利用煤矿塌陷地建成光伏发电基地，包括地面光伏电站、屋顶光伏及光伏农业示范区。矸石电厂要利用空闲土地新建光伏电站，新建光伏发电站充分利用现有水、暖、电等基础管网，尤其是送电线路，降低投资和维护费用。

（四）煤电产业板块资源模式分析

把握国家能源产业政策的导向，挖掘煤电区域整合机会，争取利用无偿划转、市场化运作等方式，整合部分优质电力资产；围绕国家规划大型煤电基地和煤电外运通道，增加煤电一体化项目布局与建设，重点建设山西、新疆、蒙陕等大型坑口燃煤电厂和低热值煤电厂；通过积极扩大煤电机组规模，提高大功率机组结构占比，提升煤电总体竞争力和抗风险能力；做大新能源发电规模，在条件适宜地区发展新能源产业。

把握电力体制改革有利政策，积极发挥煤电联营示范效应，做好煤电协同；推进现有项目精细化管理，提升电力运行质量，有效提高机组运行效率；科学构建大型工业园区热电联供体系，在有关地区成立售电公司，大力拓展电力销售，多种方式提高电厂收益。

（五）煤电产业板块盈利模式分析

煤电产业板块盈利模式提升——围绕电力生产经营的全过程，以保证安全、降低能耗、提高效益为目标，坚持技术创新和管理变革相结合，一方面应用先进、成熟、适用的新技术、新工艺、新设备，对现有设备进行改造，最大限度地降低资源损耗，提高运行效率，增强竞争力；另一方面创新煤电管理体制、机制，推行经营管理精细化、标准化、信息化、流程化和精益化，降低成本，促进电力产业的高质量发展。

（六）煤电板块平台与解决方案

从煤电清洁高效和热电联供两个方向拓展。

一是推进煤电清洁高效发展。认真研究国家和区域电力需求和供给发展趋势，推动中小型煤电机组灵活性改造，提高机组调峰调频能力；采用先进的绿色高效燃煤发电技术，依托煤炭资源优势，重点发展环保水平高、盈利能力强的大型坑口燃煤电厂和低热值煤电厂；继续做好现有装置余热技改工程，进一步降低发电能耗，进一步提升发电能效。

二是做好热电联供和大用户直供。一方面针对现役火电、热电机组进行调查和评估，新规划电力项目切实做好热电联供的科学论证，构建大型工业园区热电联供体系，提高供热质量，提升能源利用效率，增加电力供应综合效益；另一方面充分利用国家深化电力体制改革机遇，积极争取为煤电、煤电化一体化项目和园区其他载能项目提供大用户直供电服务，重点围绕大型矿区、工业园区和邻近城镇成立售电公司做好电力销售工作，大力开拓“市场电”，提高电厂的负荷率和运行时间，增加电力收益。

二、集团公司中观层面煤化工产业板块的商业模式运作方式

集团公司中观层面煤化工产业板块商业模式设计是，坚持以煤化工产业战略为基础，通过对煤化工产业板块价值链分析，构建煤化工产业板块的业务模式、资源模式、盈利模式。

（一）煤化工产业板块新商业模式设计的总体思路

坚持以战略为基础，以煤化工产品高端化、精细化为发展方向，加强煤化工技术研发，建立行业领先的煤化工技术参数，聚合行业及区域资源，打造煤化工产业板块的业务模式、资源模式、盈利模式。

（二）煤化工产业板块发展战略

坚持以聚合跨越为主线，打造成为国内煤炭焦化、气化、液化和洁净化产业的引领者。坚持“精细化、差异化、高端化和效益化”的方针，开展煤化工产业转型升级行动，突出化工企业“转调优化”和打好关闭退出、重组整合、技改提升、发展壮大“组合拳”。控增量、优存量，通过优化重组、改造升级、机制创新等手段，推动实现固本培元、瘦身健体、提质增效。

(三)煤化工业务模式分析

业务(产业)模式提升围绕价值链创新而展开,通过煤化工产业板块价值链描述及分析,煤化工产业板块价值链创新路径围绕价值链环节资源配置效率、关键能力提升展开。煤化工产业板块价值链一般情况下包括建设、采购、生产、储运、销售五个环节。随着价值链创新活动的展开,一方面企业可以通过在储运、销售环节进行战略合作,建立产业联盟,或者加大资源深度开发力度;另一方面通过打破现有价值链环节固有格局,随着企业在采购、生产技术上的革新,价值链则可能重构为"合作、生产、联盟销售"三个环节。

价值链环节的缩短,价值链资源开发地高效,将增加利益相关者共享价值,对企业提升盈利能力带来极大利好。通过明确煤化工产业板块价值链创新的核心能力,着力构建煤化工产业板块业务模式:

一是坚持问题导向,寻找当前煤化工业务模式存在的缺板:煤化工产业板块产品体系覆盖初中高级多个产品,产品结构呈现出初级产品大而不强、中端产品少而不精、高端产品少而不专的特点,初级产品市场竞争混乱,中高端产品市场竞争力不强。

二是明确未来煤化工业务模式提升方向是:通过技术创新和结构调整,选定主导产品链,实现由初级产品向高技术含量、高附加值的精细化工产品转变。同时,拓宽盈利渠道,创新促销手段,注重售后服务,实现从"产品+销售"到"产品+销售+服务"的销售体系创新,由生产经营型向生产经营服务型转变,靠软实力抢占先机,既为客户创造价值,也为企业盈利和创新发展闯出新路子。

(四)煤化工资源模式

一是成立供销公司,统一管理采购销售,以供销公司为平台实现其品牌、销售、价格、服务、管理、人员"六统一",并建立起统一的营销和物流网。

二是以高端化工产品为中心,构建行业及区域煤化工企业技术服务平台,整合煤化工及甲醇经济产业资源,由单纯供应产品向控制行业资源转变,掌握煤化工市场话语权。提供煤化工产业上下游延伸多样化的生产性解决方案,发挥技术团队优势,实现企业内部资源整合,提高资源利用效率。

(五)煤化工盈利模式分析

盈利模式提升的方向是,建立行业及区域平台,扩张煤化工产品的销售渠道,整合行业及区域内销售资源,提升销售收益。通过煤化工产业商业模式创新,分析产业特性,确定发展定位,推动产业产品结构升级,打造转型发展引擎,实现向新型能源化工产业、精细化工产品转变,促使煤化工产业做精做优,提高产品附加值和持续发展能力。

三、集团公司中观层面煤机制造产业板块的商业模式运作方式

煤机制造产业板块商业模式设计，要坚持以煤机制造产业发展战略为基础，通过对煤机制造产业板块价值链分析，构建煤机制造产业板块的业务模式、资源模式、盈利模式。

（一）煤机制造新商业模式设计的总体思路

坚持以高端化、成套化和智能化为发展方向，运用"互联网＋"等手段，加快"两化"深度融合，突出"专、精、特、新"产业特色，实施高端绿色制造，优化产品结构，健全内部质量管理体系，提升质量品牌效益。扎实推进装备制造发展，大力培育高性能、高可靠性、智能化、高端化的煤机装备、环保设备高端制造，积极推进化工设备制造、新能源装备，打造装备制造、再制造和服务一体化的综合服务商。

（二）煤机制造产业板块战略

构建国内一流的、高端智能、装备制造综合服务商和技术方案解决商。在煤机产品市场战略定位上，坚持三大价值取向。

一是以企业内部市场为基础，坚持同质同价保护内部市场，完善营销服务网络；

二是大力开发外部市场，提高外部市场份额，重点是大型矿业集团和内蒙古、山西、陕西、新疆等国内主要产煤区以及"一带一路"沿线国家市场。

三是创新装备再制造、融资租赁等商业模式，综合运用方案设计、技术服务、设备租赁等方式向用户推广煤机产品。

（三）煤机制造业务模式分析

煤机制造业务模式提升围绕价值链创新而展开，通过煤机制造板块价值链描述及分析，煤机制造板块价值链包括订单获取、设计优化、加工制造、安装调试、运转维护等环节，现阶段价值链创新的关键资源是技术、人才和营销。

一是完善产品结构。配合成套化定制化战略定位，进行产品结构调整，完善产品结构，优化产品体系。针对高附加值的产品加大技术研发和生产力度，对非核心产品，综合采取多种措施供应。

二是塑造人才聚合机制。通过建立人才开发、使用、培养和激励机制和股权改革举措，吸纳优秀人才投入煤机制造事业。

三是加大技术研发力度。通过加强合作，加快企业研发能力的提升，以高端化、自动化、成套化、智能化为方向，大力提升现有产品的技术档量，占领市场竞争制高点。

通过明确煤机制造板块价值链创新的不同路径，推进煤机制造业务模式提升——构筑完整的技术研发团队，加强高端成套装备技术研发，建立非煤机装备制造

和能源管理服务体系，为客户提供设计安装、运营维护的完整解决方案。搭建信息平台，建立装备订单综合服务及市场信息流通的增值服务平台，跟踪和评估装备从生产到安装、售后的全过程。

（四）煤机制造资源模式分析

当前煤机制造资源模式存在的问题是，产品技术含量和附加值较低，尤其是研发人才匮乏，机制不够灵活，产品持续创新水平跟不上煤机升级形势的变化。煤机制造板块品牌建设尚处于初始状态，市场空间小，外部有待开发。

煤机制造资源模式提升的方向是，充分发挥企业内产业的协同效应与关联关系，注重资源共享和业务协同，形成梯级开发和耦合作用，实现资源最大限度地有效利用。深化与客户的合作机制，根据用户需求，强化各项服务措施，注重与客户建立协同创新机制，通过客户与企业专业技术人员协同工作，努力开发具有市场主导力的新产品、新服务。要加强市场调研分析，做好新产品开发规划，加强科技攻关，加大技术研发力度，开发高端高附加值产品，重点开发生产大型化、自动化、智能化、大功率、安全性和配套一体化设备，为国内各类煤矿高产高效、安全生产提供性能优良、安全可靠和质量上乘的配套技术装备，提高配套生产能力，向省外国外市场区域拓展。

（五）煤机制造盈利模式分析

当前煤机制造盈利模式存在的问题是，主要为企业内部市场提供煤机或非煤机设备，对外销售订单较少，且对外销售形式单一。煤机制造盈利模式提升的方向是：通过技术创新提高产品附加值，扩大产品生产销售规模，提供运维增值服务，增加煤机销售收入和收益。

（六）煤机制造板块新商业模式

新商业模式的核心任务是：煤机制造产品完整解决方案服务商的构建。加强技术研发力度，完善产品结构。配合成套化、智能化、定制化战略定位，进行产品结构优化调整，加大对高附加值产品和非煤产业的研发和生产力度。积极参与或搭建信息平台，建立装备订单综合服务及市场信息流通的增值服务平台，跟踪和评估装备从生产到安装、售后的全过程，通过提升服务质量，增强煤机产品市场竞争力。

第六节　中观层面物流、金融、服务业板块的商业模式运作

一、集团公司中观层面物流产业板块的商业模式运作方式

物流产业板块商业模式设计，坚持以物流发展战略为基础，通过对物流产业板块

价值链分析，构建物流产业板块的业务模式、资源模式、盈利模式。

（一）煤炭企业物流产业板块新商业模式设计的总体思路

坚持以战略为基础，以煤炭物流贸易为支撑，加强与国内优强物流公司战略合作，发展国际贸易物流和第三方物流，运用信息化技术打造智慧物流，建立立体式、多层次的物流产品服务体系，建立以企业本部为起点的物流网络，打造一流物流贸易服务商。

（二）煤炭企业物流产业板块发展战略

整合集团公司物流贸易资源，发挥协同效应。做强做大煤炭物流贸易，发展国际贸易物流和第三方物流，加大信息化与物流融合力度，推进期货与贸易的有效结合，构建以网络信息技术为支撑的国际化物流贸易服务体系。

（三）煤炭企业物流业务模式分析

煤炭企业业务模式提升围绕价值链创新而展开，通过物流产业板块价值链描述及分析，物流产业板块价值链创新以可开发价值环节为延伸起点，通过增加业务种类和改善运营方式，增加物流贸易板块盈利环节，建立多环节盈利、系统化管理体系。

一是培养资源系统整合能力。重点掌握关键资源，如运输线路、物流装备等硬性资源和合作伙伴等合作对象；整合可利用资源，根据实际情况合理安排，如社会物流资源。

二是培养供应链管理能力。从全供应链的角度进行日常管理，注重标准化、信息化和流程化，注重控制运营成本和提升盈利效率。

三是业务创新。加强同金融企业、其他物流企业、物流关键技术开发企业的合作，不断拓展业务种类，建立完善的跨行业服务体系，满足不同客户需求。

通过明确物流产业板块价值链创新路径，物流产业板块业务模式主要表现在当前业务经营，包括国际贸易、国内贸易、运输、仓储、国内外货运代理、金融融资等，注重结合贸易进行集团公司业务推广。

物流业务模式提升的方向是：坚持以客户需求为中心，为客户提供完整、高效、周到的物流贸易服务，拓展物流业务领域，通过租赁、合作等多种方式，向附加值较高的相关领域进行拓展，积极开展物流金融业务、信息平台服务，打造立体式多层次的产品服务体系。

（四）煤炭企业物流资源模式分析

资源模式提升——以企业本部为起点，建立覆盖面广、资源利用率较高的物流网络，在全国相关区域整合物流行业资源，提升品牌效应。开展供应链金融等业务，提供多种形式的实体产业、物流产业与金融产业融合的增值服务，建立区域性的物流服务平台。

（五）煤炭企业物流盈利模式分析

盈利模式提升——拓展物流业务，增加收入来源。在风险评估的基础上，确定先款后货、先货后款、信用证等贸易方式。开展供应链金融等业务，整合行业及区域资源，实现盈利环节多样化，提高销售收益。

（六）煤炭企业物流产业板块新商业模式概述

物流产业板块商业模式的重点任务是：在构建辐射区域内物流网络的基础上，构建起整合物流行业资源、具有品牌效应、能够提供多种形式的实体产业、物流产业与金融产业融合的增值服务的物流服务平台。

现代物流服务平台的建设需要板块重点提升两方面的能力，包括资源系统整合能力和供应链管理能力。重点掌握输电线路、物流装备等硬性资源、合作伙伴等关键资源，以及如社会物流资源；从全供应链的角度进行日常管理，注重标准化和流程化，注重控制运营成本和提升盈利效率。

二、集团公司中观层面金融产业板块的商业模式运作方式

煤炭企业金融产业板块商业模式设计，坚持以金融产业板块战略为基础，通过对金融产业板块价值链分析，构建金融产业板块的业务模式、资源模式、盈利模式。

（一）煤炭企业金融产业板块发展总体思路

坚持以战略为基础，结合上述的业务模式、资源模式、盈利模式分析，着力构建企业多层次金融投融资产业体系。坚持以实现企业产融结合战略为目标，优化上市公司、财务公司、资产管理中心的业务结构，发展创业投资、基金等多项业务，提高自我服务能力，打造金融产业板块——产融结合、产融平衡的双驱型金融平台的商业模式。

（二）煤炭企业金融产业板块发展战略

坚持产业经营与资本运营双轮驱动，整合集团公司各类要素资源，实施外延与内涵、扩张与收缩优势互补、协调发展的多元资本运营模式，推动集团公司由生产经营型向投融资功能型转移。

（三）煤炭企业金融产业板块业务模式分析

金融产业板块价值链创新以可开发价值环节为延伸起点，打造丰富的产品体系和运营平台。集团公司产融结合是未来发展的主旋律，同时涉足产业领域与金融领域，生产、销售与证券基金等金融业务产生联系，可以实现企业价值增值活动的最大程度开发。

产融结合既是资源有效配置的客观要求，也是企业发展的必然趋势，是集团公司构建资本平台，打造产融结合的重要手段。要充分发挥集团公司财务公司和资产管理中心的功能，体现财务公司、资产管理中心对闲置资金管理、产业发展资金管理、参股控股金融机构合作金融平台的管理作用，增强集团公司资金的利用效率，降低集团公司产业发展融资成本，获得长期稳定收益。通过明确金融产业板块价值链创新的核心能力，从三个方面发挥财务公司、资产管理中心功能，一是上市融资与再融资、引进投资、混合所有制改革；二是集团公司内部资金管理，项目投资资金管理；三是集团公司业务运营风险控制，期货公司套期保值业务。

金融业务模式提升的方向是：拓展业务结构，对集团公司内部资金集中管理，参与融资租赁、银行、证券、基金等金融机构业务，扩张投融资渠道，增强金融对集团公司其他产业的协同能力。实施混合所有制改革，开展期货套期保值业务，充分激活存量资产，探索多样化新兴金融业态发展路径，投身区域金融中心建设，实现实体产业和金融产业协同发展。

（四）煤炭企业金融产业板块盈利模式

盈利模式提升——集团公司资金管理收益，包括内部信贷业务收入；投资公司业绩分红；期货公司套期保值的稳定收益。

（五）煤炭企业金融产业板块新商业模式概述

金融产业板块新商业模式要与集团公司坚持产融结合的基本思路及发展战略相一致，金融产业板块要体现产融结合中“融”的角色，通过构建金融资本平台，为集团公司建设实业与金融双驱发展的产业格局奠定基础。

三、集团公司中观层面服务业板块的商业模式运作方式

煤炭企业服务业板块商业模式设计：坚持以服务业板块战略为基础，通过对服务业板块价值链分析，构建服务业板块的业务模式、资源模式、盈利模式。

（一）煤炭企业服务业板块新商业模式总体思路

坚持以战略为基础，构建服务业板块新商业模式的业务模式、资源模式、盈利模式。坚持以市场化、差异化和专业化为发展方向，引进战略合作伙伴，借鉴同行业先进经营模式，构建差异化经营、专业化管理模式，建立服务业板块集“生活健康、医护养老、家政服务”为一体的服务产业体系，打造服务业板块——新型健康服务产业一体化的商业模式。

（二）煤炭企业服务业板块商业模式发展战略

坚持以构建具有区位竞争优势的现代生活服务产业体系为目标，深耕企业服务

沃土，面向区域社会，重点发展医疗健康产业、文化娱乐、家政服务等，辐射大城市区域市场，推动企业服务业的多元产业战略的实施。

（三）煤炭企业服务业板块业务商业模式分析

服务业板块业务模式提升围绕价值链创新而展开，通过服务业板块价值链描述及分析，服务业板块价值链创新不需要进行价值链的组合、拆分，只需要在价值链关键环节、关键资源上延伸开发。服务业板块新价值链创新一级价值链延伸将继续保持“客户源、服务、收费、客户满意度”的价值链环节，创新之处在于将服务环节做到极致，一旦服务产生品牌效应后，一级价值链将由“先服务，后收费”变为“先收费，后服务”的新价值链——“客户源、收费、服务、客户满意度”，从而实现服务业板块盈利能力和品牌的双重提升。

打造服务业板块价值链创新的核心能力须从两个方面着力：一是提高服务内容创新能力。保持服务内容与客户价值需求的一致性，随着客户需求的变化，服务内容进行及时创新。二是提高服务业板块平台使用的能力。建立服务业板块为营销平台、品牌推广平台，聚集广告传媒、制造销售等多行业资源的能力。

通过明确服务业板块价值链创新的核心能力，形成企业服务业板块业务模式，即医疗、健康、物业、餐饮（宾馆）、保安、文化传媒，除医疗、物业、餐饮（宾馆）等，并着力提升服务业业务模式——加快市场化改革步伐，实现服务业板块——宾馆、医院等的全面社会化经营，创新服务内容，增加特色化服务，提高营销能力，建立品牌效应。构建多层次业务体系，延伸开发健康服务关联产业。

（四）煤炭企业服务业板块资源模式分析

要克服当前服务内容创新性不够、对外部客户吸引力不够、管理机制偏于行政化、服务业与内外部产业合作连接不紧密等不足，推动整合服务业板块关联产业资源，构建服务推广平台，开展与广告、传媒产业等的合作。形成服务业与实体产业的互助融合，实现产业协同发展。

（五）煤炭企业服务业板块盈利模式分析

积极创新服务业盈利模式，逐步实现全面市场化、专业化和社会化，吸纳社会机构客户和散客，增加主流业务收益，提高客户忠诚度，实现可持续收益。构建广告投放平台或其他机构业务合作平台，向合作客户收取平台使用费。

（六）煤炭企业服务业板块新商业模式分析

服务业板块新商业模式主要表现在两个方面，一方面以市场需求为导向，丰富服务内容的多样化、特色化，另一方面是以服务为纽带，连接服务业与其他行业，创造服务业收益的其他来源。

第七节　微观层面商业模式的内涵、价值增长点、价值增长创新方式

一、集团公司微观层面商业模式的主体内涵

集团公司微观层面商业模式创新是，通过管理创新及内部市场化，以激发活力、降本增效为目标，优化微循环、微环境、微组织，打造价值增长点，实现多点盈利。围绕微观层面矿井(厂)打造价值增长点展开，对不同产业进行分类，提炼不同类型产业微观层面价值增长的路径与措施。

（一）寻找微观价值增长点

打造微观层面价值增长点包括两个方面：一是发现价值增长点。发现价值增长点是对微观层面不同生产主体的价值识别，降本增效、保安全，能够带动综合价值提升，是某一环节具有价值的重要标准。二是创造价值增长点。创造价值增长点是通过企业管理创和内部市场化改革，将管理变革与价值创造有机地结合，建立完善的微观层面商业模式运行机制，构建微观层面可循环的经营体系、可量化的组织结构、可核算的内部环境。

（二）明确微观价值增长点功能

微观层面打造价值增长点有利于支撑中观层面产业链、宏观层面跨界运营的构建。商业模式的生态思维在微观层面表现在不同生产主体构成了不同的自组织，不同个体具有独立思考的能力，具有创造价值的能力，具有创造价值的机会，实现创造价值的结果，形成不同自组织之间良性的能量交换、信息交流，构建了微观层面商业模式运行的基本生态特征。

（三）了解微观价值增长点载体单元

集团公司商业模式创新的微观层面表现为具体的生产性单元，如矿井(厂)、区队(车间)，甚至岗位、个人，作为集团公司价值创造的生产性主体，可定位为企业的生产中心和成本中心。

（四）抓住微观价值增长点的工作重心

商业模式微观层面要以管理创新和内部市场化为前端进行深化，遵循绩效至上、“三公”(公平、公正、公开)、维护大多数人的利益、适当定价的原则，优化矿井(厂)组织、区队(车间)、岗位的流程设计，消除企业不能产生价值的环节，将价值观念渗透

到每一名员工内心，覆盖到每一个岗位，树立工作的价值评价标准，打造多元价值增长点的微环境，形成稳定交易关系的微组织，建立可持续发展的微循环。

（五）弄清“三微”内涵

微环境、微组织、微循环是基于企业微观层面自组织构造的一种存在状态。

微环境——以企业微观（矿井、厂）层面实行信息共享、单元自律、微观决策、并行操作、整体协调、迭代趋优的不同组织行为结构，决定了不同单元的相互影响的环境系统，系统与个体相互作用并影响着个体发展，打造不同单元的价值增长。

微组织——以企业微观（矿井、厂）层面构建包含订单流、人员流、资金流、设备流、物料流、信息流的组织结构，构成了价值链的不同环节，形成稳定的内部交易关系。

微循环——以企业微观（矿井、厂）层面在系统内在机制的驱动下，从简单向复杂、从粗放向精细、精益方向转变发展，不断提升自身管理的精准度和精细度，实现可持续安全、高效、绿色发展。

二、认知集团公司微观层面商业模式的价值增长点

集团公司打造“综合价值创造者”落实到微观（矿井、厂）层面，关键是要寻找和创造更多的价值增长点。从矿井（厂）层面包含的订单流、人员流、资金流、物料流、信息流等不同环节出发，打造价值增长点是在每个环节有限资源的基础上，尽可能产生最大的产品价值。识别微观层面某一环节是否具有价值，可从以下几个方面展：是否带来综合价值提升、是否促进生产高产高效、是否促进煤矿（厂）安全、是否带动成本降低管控、是否促进节能减排绿色发展。

（一）是否带来综合价值提升

商业模式“综合价值创造者”表现在微观层面，亦指某一环节具有价值，则能够为客户创造价值，为企业创造价值，为自身创造价值。有价值的环节会带来客户价值的提升。企业在运作的过程中，有很多的环节，包括设计、采购、生产、安全、财务、行政、人力资源、物流、销售、售后服务等。当能够用产品解决客户的问题，或者在销售过程中，产品信息的介绍能够使客户对产品有所认知，为客户提供产品以外的延伸服务，这些环节都是直接或间接为客户创造价值，也是创造价值增长点的主要方式。有任何一个环节不能给客户带来价值，则应删去，而任何一个环节的欠缺都有可能导致给客户创造的价值的欠缺。

有价值的环节会带来企业价值的提升。通过企业内部管理机制或绩效考核机制的完善，激发内部活力，能间接为企业创造价值。

有价值的环节会带来员工和班组自身价值的提升。通过内部市场化，建立企业

内部的交易关系，建立透明的利益分配机制，发挥员工和班组的主观能动性，构筑微观层面的生态运行机制，直接或间接地为员工和班组创造价值。

（二）是否促进生产高产高效

生产是煤矿（厂）的第一职能，具体负责组织煤矿（厂）生产活动，包括：以提高生产效率为目标的劳动组织优化及精简安排，以“两化融合”为内容的智能化技术装备革新实施，以信息化为手段的生产智慧化管控模式创新应用等。

（三）是否促进煤矿（厂）安全

安全是煤矿（厂）的第一要务，具体负责管控煤矿（厂）各类安全风险，包括：“一通三防”、水害、顶板、提升、运输、机电等安全风险点，尤其对冲击地压、透水严重，常规瓦斯突出问题。对这些安全风险点采用先进的监测监控技术手段和建立严密的人员安全责任制管理体系，制定事故应急救援预案，压实安全生产主体责任，尽早发现风险，及时预防预控风险，把各类人身及非人身事故风险消除在萌芽状态之中。

（四）是否带动成本降低的管控

开源节流，增收节支，加强成本管理，这是提高企业经济效益的必由之路。微观层面价值点识别表现在开拓市场、大力增收的同时，向内挖潜力。树立战略成本意识，实现从设计、采购、生产、质量、销售、经营管理、物流等全方位、全价值链的成本管控。深化管理创新，促进价值创造，将流程优化、精益管理、“6S”管理、平衡计分卡等管理创新与企业价值创造紧密结合，促进企业从单纯成本节约型向价值创造型转变。

（五）是否促进节能减排绿色发展

节能减排是当前市场经济发展的大趋势和国家环保政策的导向，微观层面价值点识别表现在企业的生产中，要大力开展节能减排活动，加快节能技术改造，持续降低工业增加值单位能耗，实现从单一企业价值创造到综合社会价值创造的全面提升；在生态环境治理方面，要通过有效技术措施尽量减少开采过程中对地质结构的破坏，加强塌陷地的治理开发。

三、集团公司微观层面商业模式的价值增长创新方式

微观层面价值增长点的打造从外部驱动和内部挖潜两个方面开展创新。

(1) 从外部寻找价值增长的驱动力。当前发展微观层面外部煤炭产业价值增长的驱动因素主要来自四个方面：一是国家的产业政策调整引导。二是煤炭生产的智能化、智慧化升级趋势。三是国内煤炭市场对煤炭的强大需求。四是煤炭产业技术升级发展水平的牵引力。

(2) 从内部打造微观层面价值增长点的创新方式。

一是推进煤矿精益运营工程建设。坚持消除一切浪费，追求效率效益最大化的精益管理思想，注重运营改善，全面提高资产利用效率，实现精益运营、科学管理。针对生产组织管理，优化生产、检修工艺流程和时间排程，提高员工技能、工作效率，最大限度提高开机率，提高资产运营效能，实现均衡稳产。针对设备资产管理，优化系统配置，提高设备维修、配件供应效率，创新设备维修制度，提高资产利用率。针对生产系统运营，加强煤炭生产和洗选装车、搬家倒面、开拓准备等专业服务之间的衔接，提高运行效率。

二是推进煤矿增量提质工程建设。坚持以效益为中心，在生产全过程持续开展挖潜扩能、提质增效、节约降耗活动，实现效益最大化。

挖潜扩能。加快装备升级和工艺改进，提高单产、单进水平，增加煤炭产量；加快新建和技改矿井的达产进度，尽早释放产能；加大老矿井的改造力度，在中老年煤矿开展充填开采，回收煤炭资源，延长矿井生产周期。

提质增效。健全煤质管控体系、考核评价体系和相关的激励机制，全面强化煤炭生产、洗选加工、运输销售各环节的煤质管理；以煤质为基础，提质加工，发展循环经济，提高煤炭价值；以市场为导向，建立产、运、销联动机制，优化产品结构，提高市场竞争力和产品附加值。

节约降耗。加强资源储量动态管理，按照“精采细采、深挖内部潜力、创建资源节约型企业”的原则，优化系统、简化布局，推行边角块段短壁机械化开采、无煤柱开采、露天矿端帮安全平盘回收等技术，提高资源回收率。珍惜水资源，加强生产、生活用水的循环利用。切实推广矿山节能新技术、新装备的应用。

三是推动内部市场化管理。所有单位、岗位，供水、供电、供暖、食堂、洗澡、保洁、绿化、保卫、安全、小车、对外招待、会议等建立市场机制。推动“三个管理”创新：一则强化定额管理，建立全面覆盖、动态控制的定额体系。二则强化价格管理，着力把生产链、业务链变成价值链，把每个节点、每道工序都建立价格结算关系，形成主体之间的链式网络关系；以岗位货币化为目标，完善收入与岗位职责、劳动成本紧密挂钩的价格体系。三则强化结算管理，全面梳理内部市场化管理各价值节点，构建对上、对下、对外、对内结算架构，加快业务流程优化再造，推动企业管理持续升级。

四是建立市场分配机制。企业增效，员工增收，是市场化管理的出发点和落脚点。深入改革企业利益分配方式，体现多劳多得、不劳不得的分配原则，一切都围绕是否对价值增长有贡献展开，有价值才能有报酬。生产单位向服务单位支付报酬，主导工序向辅助工序支付报酬。服务围绕生产转，辅助工序围绕主导工序转。为谁服务，被谁考核，与谁结算。干什么有什么价值，干多少拿多少。人人为成本而算，人人为效益而干，促进节支降耗，优化劳动力资源配置。

五是推进煤炭板块流程优化。实行煤炭板块内部流程优化，节约企业管理中的监督成本，提高生产效率，增加企业效益。煤炭板块流程优化主要包括决策流程、管理流程、业务流程和生产(作业)流程的梳理及优化，将煤炭板块以职能为中心的传统形式转变为以流程为中心的新型流程导向型企业，大大提高生产效率、盈利水平及顾客满意度，建立煤炭板块的核心竞争力。

第八节　微观层面商业模式的市场化产品及相关保障措施

一、集团公司微观层面企业内部市场化与价值增长点关系

在微观层面推行的内部市场化管理运营模式主要内容包括：健全内部产品市场价格体系，全面引入市场机制，形成市场化交易关系；推行目标成本管理，利用“倒逼”机制降低运营成本，提高产品竞争力；强化绩效考核，实行岗位薪酬与经营成果挂钩，实现内部各级市场主体的独立核算、自负盈亏。

通过实行内部市场化，最终实现岗位增值、员工增收、企业增效的目的。

(一) 内部市场化的管理模式体现了价值创造的基本要求

内部市场化强调发挥市场调节主导作用，保持行政管理指导功能，推动产品、劳务、服务市场化运作，严格成本费用与工资挂钩联动，将价值的思想引入企业系统的各个环节，尤其并不直接实现利润的节点之上。

以价值为导向，通过薪酬与成果挂钩的绩效考核机制，激励员工和部门积极发挥主观能动性，不断提升工作效率，进而助力集团整体价值的创造；健全市场化的内部管理机制，为进一步明确运营成本的构成和减低成本、降低能耗打下了基础。

(二) 内部市场化是打造“生态”型微组织的有效手段

全面引入市场机制，是企业内部进行资源优化配置和资源有效利用的有效手段。通过市场化运营，将内部组织资源调配的“指挥棒”由依据行政管理转变为满足市场需求和满足高效的要求。资源的有效配置和合理流动、交换使企业部门之间、员工和部门之间形成“生态”型联系成为可能。

通过薪酬与成果挂钩的绩效考核机制，激励员工和部门积极发挥主观能动性，能够积极参与部门内部的管理和运营，能够充分发挥自己的聪明才智，有利于内部微组织的优化和完善。

(三) 内部市场化是发现和打造价值增值点的重要实施路径

通过内部市场化改革，将市场机制引入企业内部，模拟市场化运作，把内部工序

或行政协调关系转变为以经济往来为主、行政协调为辅的服务关系，即在企业内部不同部门或员工层次，建立一种交易的关系打破原有行政式关系，使价值提升成为可能。

降本增效、保安全是微观层次关注的重点，生产保证低成本、材料保证低消耗，从降低运营成本的角度将企业内部组织打造成为新的价值增值点。

（四）内部市场化管理应抓住三个重点工作环节

一是观念更新。唤起煤矿全体员工的市场意识、效益意识、核算意识、成本意识、竞争意识、进取意识，自觉按照市场经济规律运作，体现“人人都是经营者、岗位就是利润源”，推动煤矿实现管理升级。

二是体系创新。着力建立和完善市场化运作新模式，在煤矿内部建立三大体系和两项保障，三大体系即计量、价格和定额基础体系，两项保障即市场考核和市场奖惩，并将其形成制度化、规范化。

三是明确核心。抓住内部市场化管理的核心任务，就是成本核算精细化和精益化。

二、集团公司微观层面商业模式的安全、技术、人才及员工幸福指数运作方式

煤矿安全管理、人才资源开发、技术创新及员工幸福指数建设是十分重要的工作，必须高度重视，切实抓好，以此为煤矿商业模式创新提供有力支撑。

（一）推进煤矿安全风险预控管理工作

一是煤矿从规划、设计、建设、生产全过程实施应用煤矿安全风险预控管理体系，提高生产系统的安全可靠性，提高生产过程的安全保障能力；在煤矿、生产辅助单位全面实施安全风险预控管理体系达标建设工作，外委施工单位要全面纳入煤矿安全风险预控管理体系管理；要建立风险预控信息系统，结合煤矿安全风险预控管理体系的应用，持续创新和完善，并围绕煤矿安全风险预控管理体系实施应用，完善煤矿安全生产责任体系，强化各级领导安全生产责任。

二是强化应急救援管理和井下“六大系统”建设。发挥信息化优势，加强应急预案修订、管理和日常演练等工作，提高预案的针对性和可操作性，确保一旦出现事故能科学、快速、有效救援，将事故损失降到最低限度。推进煤矿井下监测监控、人员定位、紧急避险、压风自救、供水施救和通信联络等安全避险系统等技术研发和装备升级，提高系统与装备的安全可靠性。

三是加强煤矿基础技术管理工作。健全完善“一通三防”、防突、防治水等专业机构，健全以总工程师为核心的技术管理体系，深入开展安全技术措施、技术研究以及井下空气状态参数、风量、通风阻力等跟踪研究，为日常安全生产提供决策参考和技

术支撑。

四是完善安全宣传教育培训体系。采用安全、技术培训、案例宣讲等方式对新员工、特殊工种、工班长、转岗、新提人员井下教育培训，提高员工安全素质和自救互救能力；对现场作业人员特别是单岗作业人员，采取流程规范化、运行程序化、责任具体化、考核精细化等管理办法，杜绝习惯性"三违"，遏制零打碎敲事故发生。

五是坚持不懈地推行安全质量标准化工作，夯实煤矿安全风险预控管理体系应用的基础。所有煤矿采、掘、机、运、通、地测、调度各系统始终保持动态达标。

（二）推进煤矿技术创新工作

以企业发展战略为主导，深化产学研合作，集中优势创新核心技术，紧密围绕安全生产需要，推动技术创新。重点研究危及煤矿安全生产的水、火、瓦斯、冲击地压、粉尘、地热、等重大隐患的防治措施。

一是加强核心技术攻关。开展技术与装备、深埋煤层矿压观测研究及支护工艺、软岩巷道支护技术、冲击地压防治技术、地热防治技术、低透气性煤层瓦斯抽采及综合防突治理等关键技术领域的课题研究应用工作。

二是以信息化为核心，加强数字矿山建设。注重数字矿山建设的整体性、规范性和标准性，应用先进的、成熟的信息化技术，全面提升煤矿自动化水平，达到数据共享，信息联动，最大限度地提升矿井集约化生产水平。建立相应层面的生产管理系统、资产管理信息系统信息化平台，实现企业的经营、生产决策、安全生产管理和装备控制等信息的有机集成。

三是加大生态保护力度。重点研究实施提高清洁能源瓦斯煤层气、水资源综合循环高效利用项目，研究保水采煤、生态修复、水土保持技术、煤矸石综合利用技术，使吨煤开采综合能耗、万元产值综合能耗等指标达到国际先进水平。

四是坚持产学研相结合的原则，充分利用多年使用、维修高端煤机装备的经验，加快井工采、掘、机、运、通和露天采、装、穿、运等高端装备的研发、升级。

（三）推进煤矿人才资源开发

一是加强高级煤炭经营管理人才、高端技术人才、高技能人才和后备人才队伍建设，建立后备人才库。畅通三类人才的职业发展通道，加强中、青年人才的锻炼使用，做好后备人才的选拔和培养。

二是坚持精干高效原则，严格控制用工总量。优化劳动组织，调整劳动力结构；建立关键岗位、辅助岗位和服务岗位用工分类管理体系，规范井下关键技术岗位用工管理。

三是加强人才培训力度，促进人才流动，优化人才结构。建立重点专业人才订单式引进培养机制；加强人才横向交流培养，促进复合型人才成长；建设教育培训基地，坚持先分流、后招录的原则，持续优化人才结构，不断提高员工队伍整体素质。

（四）推进煤矿员工幸福指数建设

一是坚持以人为基和以奋斗者为本，坚持不懈地建设幸福矿工工程。围绕员工共同愿望和需求，从薪酬收入、工作条件、生活环境、职业安全健康、自我价值实现等不同层面逐步提高员工幸福指数。二是以建设数字矿山和智能化、智慧化煤矿为契机，提高自动化和智能化、智慧化程度，减轻员工劳动强度。加强劳动保护，改善作业环境，降低职业危害，全面加强职业健康管理。三是以提高幸福指数为目标，改善生活环境，丰富业余文化生活，引导文明、健康的生活方式。

三、煤炭企业商业模式创新的保障措施

煤炭企业商业模式创新必将涉及企业多个方面发生重大的变化，是企业持续、深度转型升级的过程，需要企业具有破旧立新、锐意进取的气魄，要有巨大的勇气和决心。建立企业商业模式体系后，为促使商业模式在企业三个层次能够有效科学的实施，需要强化指导协调、完善考核机制、建立监控体系、加强风险防范，真正把商业模式方案落地。

（一）强化商业模式实施指导协调

按照三个层面的不同功能定位，企业必须采取有力措施，指导板块商业模式运行过程中资本运作、资源协调，保障商业模式顺利实施，实现整体价值最大化。

一是加强资本运作能力。采取产业项目资金“实投实融”的管理机制，建立项目运营的管控机制，减少在某一项目过度沉淀资金，降低企业资金使用成本，提高资金利用效率。根据国家产业政策，依托资本运营，调整产业布局，重点发展有价值的产业产品，实现可持续发展。

二是加强资本运作能力。

三是加强实施规划能力。结合战略目标体系，制定企业阶段性的商业模式实施计划，充分考虑产业政策与行业、企业环境的发展新变化。适时完善集团公司治理结构、审计制度、资源协调机制，实现资源配置从点到面、由分散到集成的转变，以发展方式转变的软实力变为支撑跨越发展的硬动力。

（二）完善商业模式实施考核机制

以科学的方法，建立动态的、适用的商业模式评估考核机制，保证商业模式实施方向和发展路径，保障商业模式方案的落地和实施的价值性。

一是加强商业模式监督及评价机制建设。完善企业信息系统建设，跟踪分析判断宏观环境、行业发展和竞争格局的变化，及时把握商业模式实施动态。建立定期和

即时评价机制，坚持定性分析与定量评判相结合，评测商业模式执行走向和实施运行偏差，对实施结果进行系统评判，按照商业模式修正程序进行相应调整。

二是加强商业模式实施考核体系建设。建立适用的商业模式目标考核办法，企业统一负责商业模式考核工作，由上级公司对下属单位逐级承担考核职责，将商业模式考核按一定权重计入经营目标责任考核，与各级班子年薪、晋升直接挂钩。

（三）建立商业模式组织监控机制

以企业发展战略为依据，组织管理变革和人事、分配制度变革是企业全面转型的重要一步，是企业实施商业模式创新的重要支撑。

一是设计企业顶层组织管理变革思路。推进企业体制变革，建立高效的、有价值的企业组织管理体系。推进产权混合所有制变革，吸纳员工资本和境内外社会资本，积极探索企业权属公司股权多元化的有效途径；推进法人治理结构变革，完善企业及权属公司现代企业制度，健全协调运转、有效制衡的法人治理结构；推进管控模式变革，坚持“三级管控、责权对等、扁平高效”，推动以事业部制为方向的专业化公司、区域公司改革，构建决策科学、执行有力、运营高效的管理体制。

二是理清企业宏观、中观、微观三层功能定位。建立层级清晰、权责明确的商业模式实施三层定位。集团公司是宏观层次，定位为决策中心，原则上不干预权属公司权限内业务决策、人事安排和日常经营活动。二级专业化公司和区域公司是中观层次，定位为利润中心，自主经营、自负盈亏，推动公司价值最大化。矿井（厂）等非法人单位是微观层次，定位为生产中心和成本中心，追求降本增效、安全生产，实现多点盈利。

三是统一企业组织管理优化路径。依托集团公司产业链，运作价值链，按照不同部门职能，进行机构重组，剥离不能产生价值的部门。按照业务流程相近原则，采取合署、合并、拆分、划出、撤销等方式，加强产业协同、产业延伸，促使集团公司整体价值增长最大化。

（四）加强商业模式风控体系建设

建立集团公司及专业公司事前准入管理、事中预警监控、事后责任追究的商业模式风险管理机制。

一是促进发展与防范风险相统一。坚持集团公司产业项目投资短期与长期经济效益相结合，平衡融资成本，防止因过度投资或融资带来的经营风险和财务风险。保持集团公司投融资平台下净资产与负债、投入与产出、现金流的相对平衡，建立以价值增长为核心的评价标准，覆盖集团公司所有业务、各个层级和全体员工，贯穿决策、执行、监督、反馈等各个环节。

二是拓展集团公司风险管理业务水平。以集团公司为重大风险管控中心，追求整体价值最大化，建立全面的风险管理体系。拓展金融风险管理业务，发挥风险投资公司创业融资和产业孵化功能，拓展融资租赁公司资产租赁业务和融资功能，盘活集团公司存量资产。提升集团公司产品价格风险管理水平，促进营销经济效益的稳定增长。加强世界及国家产业发展及升级取向的研判，促进集团公司新兴产业健康发展，保障集团公司产业协同、产业替代持续发展。

案　例

山能创新商业模式——推进向服务商转型

山东能源集团以打造"能源综合解决方案供应商"为总目标，加大智力资源投入，创新商业模式，推进从生产商向服务商转变，重点做好四个方面的服务商。

（1）能源供应方案服务商。一是优化煤炭产能结构，加快省内外高产高效矿井建设，逐步退出一批井型小、灾害重的小矿井，形成以大型矿井、优质煤种为主体的产能结构；实施"绿煤战略"，开展煤炭改性提质、炼焦配比、煤炭清洁利用课题攻关，大力推进洗选加工，优化配煤方案，满足客户多元化能源需求。二是加快布局大型煤炭转化和新能源项目，延伸煤、化、电、油、气产业链条。三是加快物流节点、能源储配基地和电子商务平台建设，形成集仓储、加工、配送、信息、网上交易等功能一体化的能源物流产业链。通过以上措施，为客户提供从"井口"向"炉口"延伸的一站式能源供应服务。

（2）生产技术解决方案服务商。一是发挥煤炭开采技术、管理和人才优势，为客户提供勘探、设计、建井、运营一体化"管家式"集成服务，全力做大做强生产服务业，打造没有资源的资源开发企业。二是加快装备制造业智能化、高端化、成套化发展，向核心部件、设计、再制造、运营服务等高附加值环节延伸，依托技术和服务优势，为客户提供设备租赁、交钥匙工程及委托运营等服务，实现装备制造与现代服务业融合发展。

（3）城市清洁能源服务商。一是积极推进山东省天然气产业链整体布局，加快天然气、液化天然气运输通道和终端市场建设，建立产业联盟并开展实质性工作。二是研究城市燃煤锅炉改水煤浆的可行性，推进城市能源供应由燃烧"固体煤炭"向"液体煤炭"转变。

（4）能源金融服务供应商。一是坚持走产融结合发展之路，加快财务公司挂牌运营和入股商业银行的步伐，发挥集团资产总量大、资信程度高的融资优势，以现代物流贸易产业为载体，为国内或跨国商品贸易提供贯穿整个价值链的金融服务。二是推进能源集团整体上市和铁矿、橡胶、玻纤、油母页岩产业和澳大利亚煤矿上市，利用资本市场助推实体产业做优做强。

山能集团创建商业新模式的做法给煤炭企业的重要启示：中国煤炭行业目前以及今后较长时间都将处于买方市场环境下，这促使煤炭企业必须摒弃原来的“以资源为王”，转而坚持“以市场为天”“以客户为天”的发展新理念，牢牢遵循和把握“一个方向、两个顺应”，即在转型升级和融合中要向着安全、高效、清洁、低碳、绿色、可持续的方向发展，顺应与社会、自然和谐发展、协同发展的新要求，顺应与用户尤其是战略用户不断提出的价值新要求，以市场为导向，跟踪、研究市场和运作市场，不断改进产品和服务，持续满足客户不断变化的价值需求，追求客户价值最大化，在市场竞争中获得持续的竞争优势。

第七章　推进煤炭企业精益化管理升级

第一节　了解精益化管理形成的原因、内涵及特征

一、了解精益化管理形成的原因

精益化管理起源和盛行于西方发达国家。1911 年美国管理学家泰勒的著作《科学管理原理》首次出版发行，开创了企业精益化管理的先河。

精益化管理源于精益生产。丰田公司的创始人丰田喜一郎、丰田英二等经过近 20 年的不断改革，建立起一个以减少浪费为特色的多品种、小批量、高质量和低消耗的生产系统——丰田生产方式，它是以“准时化 JIT”“自动化”为支柱，以“标准化”“平顺化”“改善”为依托，借助“5S”“看板”等工具形成的一套生产管理模式。这一新型生产方式是对传统工业生产方式的巨大变革。

第二次世界大战后，日本汽车工业受到“资源稀缺”和“多品种，少批量”的市场制约。丰田公司销售业绩不佳，工人罢工，社长辞职。随后几年，产量徘徊不前，全年产量不足福特(以流水线生产而闻名)一天产量。为此一些日本人专门前往欧美学习大批量生产方式和多样化经营模式。但现场学习却发现现场比较混乱，停工待料，浪费严重，成本居高不下。于是，这批学习者改变了学习初衷，转而研究大批量生产的弊端和缺陷，进而研究创新出一套全新理念和生产模式 TPS(丰田生产管理系统)。

应用这种生产模式后，丰田汽车产品成本大大下降，产量提升，海内外市场份额稳步上升。正是因为汽车价格便宜，因此在销往美国后被控告为倾销。但是经过调查，美国人发现丰田汽车成本低，利润十分丰厚。于是美国学者来到丰田，开始学习丰田的先进经验，将其写到书中并推广至全世界。

丰田生产模式经过半个多世纪的发展和完善，已经形成一套比较成熟、可靠的生产运营模式。在推广至中国后，被称为精益生产管理(精益管理)，即丰田精益生产方式的形成与完善阶段，丰田精益生产方式的系统化阶段，丰田精益生产方式的革新

阶段。

(一)丰田精益生产方式的形成与完善阶段

丰田公司采取了大野耐一式的管理方法,拉大了同其他公司的差距。于是丰田生产方式开始受到重视,在日本得到了普及推广,得到了学术界的认可,吸引了一些教授对其进行研究,完成了内容的体系化。随着日本汽车制造商大规模海外设厂,丰田生产方式传播到美国,并以其在成本、质量、产品多样性等方面取得巨大效果,并得到了广泛的传播。同时,经受住了准时供应、文化冲突的考验,更加验证了丰田生产方式的适宜性,证明了丰田生产方式不是只适合于日本文化,是普遍适用于各种文化、各种行业的先进生产方式。

(二)丰田精益生产方式的系统化阶段

丰田精益生产方式的提出,把丰田生产方式从生产制造领域扩展到产品开发、协作配套、销售服务、财务管理等各个领域,贯穿于企业生产经营活动的全过程,使其内涵更加全面,更加丰富,对指导生产方式的变革更具有针对性和可操作性。在此阶段,美国企业界和学术界对精益生产方式进行了广泛的学习和研究,提出很多观点,对原有的丰田生产方式进行了大量的补充,主要是增加了很多IE技术、信息技术,并在文化差异等方面对精益生产理论进行完善,以使精益生产适用性更广泛。

(三)丰田精益生产方式的革新发展阶段

精益生产的理论和方法是随着环境的变化而不断发展的,特别是在20世纪末,随着研究的深入和理论的广泛传播,越来越多的专家学者参与进来,出现了百花齐放的现象,各种新理论的方法层出不穷,如单元生产、JIT2.5S的新发展、TPM的新发展等。很多美国大企业将精益生产方式与本公司实际相结合,创造出了适合本企业需要的管理体系。

二、了解精益化管理的内涵

精益管理源于丰田公司的精益生产方式,而精益生产方式是指运用多种管理方式、手段,以社会需求为依据,充分发挥人的作用,对企业资源有效配置并合理利用,从而为企业谋求最大经济效益的新型生产方式。目前,在理论界和企业界对精益生产有广义和狭义两种理解之分,狭义的理解就是生产系统的精益化,广义的理解则超出原有含义,演变为企业精益管理。精益生产不单是生产系统的运营、管理方法,它还包括市场预测、开拓、研发、计划、组织、质量、设备、库存、成本、配件乃至营销、售后等全系列生产经营活动。这种拓展后的生产方式、管理方式的概念和理论,是建立在生产经营一体化、制造管理一体化的大格局背景下自然产生的。

（一）成本是精益化管理的核心内容

精益生产方式下的企业管理的独特思路：从企业的下游——最终用户出发，从产品生命周期的全过程来重新安排企业运作的流程，由最终用户开始倒推至源头，以目标成本为目的对每一个环节进行层层推拉，从而实现整个供应链成本降低，达到目标成本；同时，以市场的需求为基础进行企业的生产经营决策，实现零库存、零时生产，很好地适应了现代社会市场环境的变化；精益生产管理中重要的一环——成本管理必须能够满足精益管理的要求，从产品的全生命周期来控制成本的发生，并能适应JIT生产系统对成本核算的要求。生产作业成本和作业成本法从成本控制和成本核算这两个成本管理中的重要方面入手，将先进的控制与核算方法引进企业的成本管理，从而使企业的成本信息能够更好地服务于决策，并能够对企业的成本实施更有效地控制。成本控制要求从时间和空间上对企业发生的各种资源耗费进行事前、事中、事后的监督、调控，发现偏差及时揭示，并采用有效措施纠正不利差异，将实际成本控制在预定的目标成本范围内。运用工程学原理对生产经营过程中发生的各种耗费进行计算，发现其中不增值的作业，找出原因并加以改善，减少任何不增加企业价值的耗费，从而降低成本。从产品全生命周期成本的角度出发，以目标成本为核心展开成本管理活动，运用生产作业成本对产品投产前的开发设计实施成本控制；运用作业成本法先进的作业成本计算和作业成本分析对产品成本进行核算及分析，为决策者提供更加准确的成本信息，并对产品生产过程的成本实施控制；最后以基于作业成本法的平衡计分卡作为成本控制实施的考核体系，为成本的持续改善提供准确的信息。

（二）核心竞争力是精益化管理追求的市场目标

企业核心竞争力的大小往往就取决于企业要素中最薄弱的环节，而不同企业的细节管理又是难以复制的。企业要想做优、做强，必须从战略制定、产品设计、价格政策、渠道建设、品牌培植、技术开发、财务监控、员工培训、文化理念、战略定位等各方面都做到位，建立属于本企业实际的精益化管理模式，所谓没有最好的管理，只有最适合的管理。以戴尔为例，直销、低成本、供应链管理是其制胜的法宝，但它却难以复制，戴尔管理模式难以复制的根源也是在于细节体系管理上。精益化管理是戴尔能够在极短的时间内从一家默默无闻的小公司成长为“巨人”公司的主要原因。在市场大浪潮的今天，大刀阔斧的行动往往并不一定就能做大市场，而细节上的竞争却将永无止境。

（三）人本是精益化管理的总抓手

人本管理既是现代管理中的重要思想，也是现代企业管理模式的重要内容。人是企业拥有的资源中最重要的资源，现代管理的最重要任务就是激发人的积极性，从而实现组织的目标。作为市场经营主体，发电企业要想在市场竞争中获得竞争优势，就必须改变以往只把员工作为工作的机器和任务的执行者的管理模式，要在精益管理中贯彻人本管理的思想和管理模式。人本管理要以人的全面发展为核心，创造相应的环境、条件，以个人自我管理为基础，以组织共同愿景为引导的一整套管理模式，使员工真正成为企业的主人。企业要建立人本管理模式，实际上就是要在管理中坚持个性化发展、引导性管理、环境创设、个人与企业发展的原则。开发人本管理的具体途径，合理充分授权，为员工自主管理提供必要的空间，全面提高员工素质，培养进行自我管理的合格员工。使员工和企业共同成长，使员工成为企业发展的动力源，同时使员工享受到企业发展的成果，以人本管理实现管理和谐。

三、了解精益化管理的主要特征

精益管理应该是以顾客需求为导向，深化改革，优化制度体系建设，完善成本控制模式，提高企业运营效率，加快市场反应速度，提升企业核心竞争力。因此，精益化管理是一种以最大限度地减少企业所占用的资源、降低企业营运成本为主要目标的管理方式，其主要特征是：一个目标、两大支柱、一大基础和五大特点。

一个目标：低成本、高效率、高质量地进行生产，最大限度地使顾客满意。以客户需求决定产品结构，理顺生产各个环节，杜绝超量生产，消除无效劳动与浪费，合理利用资源，达到降低成本、改善质量、满足客户个性需求、最大限度获得利润的目的。

两大支柱：准时化与人员自主化。首先，准时化生产是以市场为导向，在合适的时间生产高质量和合适数量的产品，以准时化为前提条件、以市场来拉动生产。其次，人员自主化是指人员与机械设备的有机配合行为。任何人发现故障问题都有权立即停止生产，主动排除故障，解决问题。将质量管理融入生产过程，将质量管理变为每一个员工的自主行为，将一切工作变为有效劳动。

一大基础：指改善。改善是精益生产的基础，没有改善就没有精益生产。这里的改善是指从局部到整体永远存在改进与提高的余地，在操作方法、质量、生产结构和管理方式上要不断地改进与提高；消除一切浪费。精益意味着不能提高附加价值的一切工作（包括生产过剩、库存、等待、搬运、加工中的某些活动，多余的动作，不良品的返工等）都是浪费，这些浪费必须经过全员努力不断消除；连续改善是对生产与管理中的问题，采用由易到难的原则，不断地改善、巩固、提高的方法，经过不懈的努力，以求长期的积累，获得显著效果。

精益化管理的五大特征：

一是数据化、精确化。在日常管理中的每项任务执行细节上，都要做到数据化、精确化。数据化、精确化的痕迹资料反过来成为管理者开展决策的重要依据，进而使决策更具科学性和可操作性。

二是改进、完善流程。精益管理要体现在工作流程的每一个环节中，所以改进、完善、优化流程是精益管理的主要特征。

三是持续不断改进。精益管理不能一蹴而就，要不断改善、不断提高、持续改进。精益管理不存在固定模式，也不能照搬照抄其他人的精益管理模式。只有自己从管理实践的经验中不断地累积、总结、提升。

四是以人为核心。人是最重要的资源，管理上最核心的问题就是人，精益管理更加强调以人为核心。管理的过程，是用有限资源发挥最大效能的过程。在企业里，人是最重要的资源，如果想创造最大的效益，就只能使人的潜力发挥到极致。如何最大限度发挥人的潜力，是管理的最大难题，也是精益管理面临的最大课题。

五是自主创新。持续的自我改进是精益管理的特点，没有创新就谈不上自我改进，精益管理强调在创新中否定自我、不断进步。

第二节 了解精益化管理的方法、工具及功能价值

一、了解精益化管理的五种方法

在精益化管理的多年实践中创造了许多精益化管理的方法。

（一）精益化目标管理法

在企业自上而下地确定工作目标，并在工作中实行“自我控制”，自下而上地保证目标实现的一种管理办法。目标管理是一种参与的、民主的、自我控制的管理制度，也是一种把个人需求与组织目标结合起来的管理制度。在这一制度下，上级与下级的关系是平等、尊重、依赖、支持，下级在承诺目标和被授权之后是自觉、自主和自治的。目标管理通过专门设计的过程，将组织的整体目标逐级分解，转换为各单位、各员工的分目标。这些目标方向一致、环环相扣、相互配合，形成协调统一的目标体系。只有每个成员完成了自己的分目标，整个企业的总目标才有完成的希望。工作成果是评定目标完成程度的标准，也是人事考核和奖评的依据，成为评价管理工作绩效的唯一标志。

（二）精益化“6S”管理法

“6S”现代企业管理模式这一管理法首先在日本的企业应用。由于整理、整顿、清扫、清洁、素养的日语罗马拼音均以“S”开头，故最早简称“5S”。我国企业在引进这一管理模式时，另外加上了英文的“安全”，因而称“6S”现场管理法，“6S”之间彼此关联。

整理（seiri）：将工作场所的任何物品区分为有必要和没有必要的，除了有必要的留下来，其他的都消除掉。目的：腾出空间，空间活用，防止误用，塑造清爽的工作

场所。

整顿(seiton):把留下来的必要用的物品依规定位置摆放,并放置整齐加以标识。目的:工作场所一目了然,消除寻找物品的时间,整齐的工作环境,消除过多的积压物品。

清扫(seiso):将工作场所内看得见与看不见的地方清扫干净,保持工作场所干净、亮丽的环境。目的:稳定品质,减少工业伤害。

清洁(seiketsu):将整理、整顿、清扫进行到底,并且制度化,经常保持环境处在美观的状态。目的:创造明朗现场,维持上面“3S”成果。

素养(shitsuke):每位成员养成良好的习惯,并遵守规则做事,培养积极主动的精神(也称习惯性)。目的:培养良好习惯、遵守规则的员工,营造团队精神。

安全(security):重视成员安全教育,每时每刻都有安全第一观念,防患于未然。目的:建立起安全生产的环境,所有的工作应建立在安全的前提下。

(三)精益化准时化生产(JIT)法

JIT生产方式(just in time,简称JIT),其实质是保持物质流和信息流在生产中的同步,实现以恰当数量的物料,在恰当的时候进入恰当的地方,生产出恰当质量的产品。这种方法可以减少库存,缩短工时,降低成本,提高生产效率。

(四)精益化全面生产维护(TPM)法

先进的设备管理系统是能够保证生产计划的如期执行以及时响应客户的市场需求,同时能够有效地降低企业的制造成本,如库存积压成本,维修维护成本及其他管理(人工、时间)成本,而且能够有效降低不良品的产生概率,从过去认为维护只是生产费用的管理提升为企业在市场竞争力的关键项目之一,最终提高企业的经济增值水平。TPM活动就是通过全员参与,并以团队工作的方式,创建并维持优良的设备管理系统,提高设备的开机率(利用率),增进安全性及高质量,从而全面提高生产系统的运作效率。

(五)精益化看板管理法

精益化看板管理具体是指为了达到准时生产方式控制现场生产流程的工具。看板管理方法是在同一道工序或者前后工序之间进行物流或信息流的传递。准时生产方式中的拉式(pull)生产系统可以使信息的流程缩短,并配合定量、固定装货容器等方式,而使生产过程中的物料流动顺畅。准时生产方式的看板旨在传达信息:何物,何时,生产多少数量,以何方式生产、搬运。JIT生产方式是以降低成本为基本目的,在生产系统的各个环节全面展开的一种使生产有效进行的新型生产方式。JIT又采用了看板管理工具,看板犹如巧妙连接各道工序的神经而发挥着重要作用。随着信息技术的飞速发展,当前的看板方式呈现出逐渐被电脑所取代的趋势。现在最为流行的 MRP 系统就是将 JIT 生产之间的看板用电脑来代替，每一道工序之间都进行联网，指令的下达、工序之间的信息沟通都通过电脑来完成。

二、了解精益化管理的工具

精益思想是精益生产的核心思想，它包括精益生产、精益管理、精益设计和精益供应等一系列思想，其核心是以较少的人力、较少的设备、在较短的时间和较小的场地内创造出尽可能多的价值；同时也越来越接近客户，提供给他们确实需要的东西。

精益思想要求企业找到最佳的方法确立提供给顾客的价值，明确每一项产品的价值流，使产品在从最初的概念到到达顾客的过程中流动顺畅，让顾客成为生产的拉动者，在生产管理中精益求精、尽善尽美。价值观、价值流、流动、拉动和尽善尽美的概念进一步发展成为应用于产品开发、制造、采购和服务顾客各个方面的精益方法，具体可以概括为以下几点。

（一）精益化“正确地确定价值”

正确地确定价值就是以客户的观点来确定企业从设计到生产到交付的全部过程，实现客户需求的最大满足。一定是用户所需要的、或必需的，以客户为中心的价值观来审视企业的产品设计、制造过程、服务项目就会发现太多的浪费，从不满足客户需求到过分的功能和多余的非增值消耗。

（二）精益化“识别价值流”

价值流是指从原材料转变为成品、并给它赋予价值的全部活动。这些活动包括：从概念到设计和工程、到投产的技术过程，从订单处理、到计划、到送货的信息过程，和从原材料到产品的物质转换过程，以及产品全生命周期的支持和服务过程。精益思想识别价值流的含义是在价值流中找到那些是真正增值的活动、那些是可以立即去掉的不增值活动。价值流并不是从自己企业的内部开始的，多数价值流都向前延伸到供应商，向后延长到向客户交付的活动。按照最终用户的观点全面的考察价值流、寻求全过程的整体最佳。

（三）精益化“流动”

正确地识别价值流是精益化管理的入门准备工作，“流动”和“拉动”则是精益思想实现价值的中坚。精益思想要求创造价值的各个活动（步骤）流动起来，强调的是不间断地“流动”。价值流本身的含义就是“动”的，但是由于根深蒂固的传统观念和做法，如部门的分工（部门间交接和转移时的等待）、大批量生产（机床旁边等待的在制品）等等阻断了本应动起来的价值流。精益将所有的停滞作为企业的浪费，号召所有的人都必须和部门化的、批量生产的思想做斗争，价值流流动起来必须具备必要的环境条件，用持续改进、JIT、单件流等方法在任何批量生产条件下创造价值的连续流动。

（四）精益化“拉动”

“拉动”就是按客户的需求投入和产出，使用户精确地在他们需要的时间得到需要的东西。拉动原则由于生产和需求直接对应，消除了过早、过量的投入，而减少了大量的库存和现场在制品，大量的压缩了提前期。拉动原则更深远的意义在于企业具备了当用户一旦需要，就能立即进行设计、计划和制造出用户真正需要的产品的能力，最后实现抛开预测，直接按用户的实际需要进行生产。实现拉动的方法是实行JIT生产和单件流。

（五）精益化“尽善尽美”

改进的结果必然是价值流动速度显著的加快。这样就必须不断地用价值流分析方法找出更隐藏的浪费，做进一步的改进。这样的良性循环成为趋于尽善尽美的过程。其目标是通过尽善尽美的价值创造过程（包括设计、制造和对产品或服务整个生命周期的支持）为用户提供尽善尽美的价值。尽善尽美是永远无法达到的，但持续地对尽善尽美的追求，将造就一个永远充满活力、不断进步的企业。

三、了解精益化管理的功能及价格意义

（一）精益化管理的功能

精益化管理是一种管理方法，所强调的是建立一种合理的生产管理模式，在生产过程中最大限度地消除浪费、减少资金占用、提高效率，从而提高企业经济效益。

精益化管理是一种经营理念，在这个理念下，各个部门有明确的方向。可以设计具体的目标。可以调动企业相关资源，为共同的目标努力。

精益化管理是一种战略思想，在这种战略思想的指引下，企业可以有效地控制生产成本，形成强大的市场竞争力。

精益化管理是一种企业文化，细节决定成败。企业员工将自觉地形成一种不断挑战、不断提高、不断完善，工作精细化，把改进做到极致的习惯。

（二）精益化管理的重要意义

精益化管理是实施高质量发展战略的重要内容。

一是适应国内外“双循环”发展新格局变化的需要。党的十九届五中全会明确提出，以国内大循环为主体、国内国际双循环相互促进的新发展格局，这体现了党中央因势而变的务实之举和与时俱进的战略思维，当今中国乃至当今煤炭行业正在发生着大变革、大转型和大提升，作为微观经济实体的煤炭企业必须认清这一大趋势，自

觉适应这一大趋势，坚持与时俱进，应时变化。以国内大循环为主体、国内国际双循环相互促进，这是发展格局、新趋势，每个企业都要与自身实际情况与“双循环”相联系，把企业整体管理或分项业务管理与“双循环”相联接，积极寻找最佳结合点和打造最佳绩效源。

二是推行精益化管理是企业提升竞争能力的需要。在市场发生逆转、盈利空间缩小的形势下，质量和成本是关系煤炭企业生死存亡的关键竞争因素。公司系统必须摒弃以生产为中心，靠增产创收和市场机会盈利的旧观念，树立以管理为手段，靠创新驱动、管理优化提效的新理念，改变粗放经营管理方式，实施精益化管理，挖掘内在潜力，激发内在活力。

三是推行精益化管理是提升企业管理水平的需要。伴随着煤炭产业结构调整和产业升级，我国煤炭企业的发展规模和资产结构发生了重大转变，日益加剧的国际化竞争对企业管理提出了更高要求。企业必须以战略思路、精益思维统筹推进经营管理工作，以先进管理模式、科学决策程序、精确运行指令、有效信息沟通和高效系统执行，实现有序、高效运转。

四是推行精益化管理是企业实现高产高效的需要。精益化管理从企业生产经营全局出发，以量化、可控的指标明确岗位职责和工作目标，对影响工序质量和效率的人员、机器、材料、方法、环境等因素进行精确地统筹控制，从而理顺生产过程中的人流、资金流、物流和信息流，做到生产流程科学、规范、顺畅，生产环节紧凑、精干、合理，最终实现高产高效。

五是推行精益化管理是深化企业文化建设的需要。通过实施精益化管理，能够将企业文化的内核——价值观，分解落实到具体的岗位和职责上，渗透到企业的业务流程、工作制度中，使文化价值充分体现在企业的外部形象和员工的行为规范中，切实增强企业文化的凝聚力、感召力和创造力，使企业文化转化为员工创造价值的自觉行动。

第三节　明确精益化管理的思路、目标及原则

一、明确精益化管理的思路及目标

（一）精益化管理的思路

坚持消除浪费、创造价值，提高客户满意度和企业效益。精益管理实质就是提高效益，从它的根本意义上就是指以最优的品质、最低的成本实现企业经济效益与社会

效益的最大化。在提高客户满意度和企业效益的宗旨下,结合企业现有文化和外部环境,确立精益管理的推行理念、价值观。如某公司确立的精益价值观是消除浪费、波动性和不灵活性,创造诚信优质服务客户,节约持续奉献社会,创新高效发展企业,快乐进取培育员工。在精益价值观指引下确定精益管理的开展重点和切入点,如"6S"现场管理、TPM全员生产保全、精益生产提高效率、推动全员精益改善等。具体就是要通过深入开展精益化管理,精益求精,精打细算,着力实现企业中每一个层级、每一个环节、每一道工序、每一个流程、每一个岗位、每一项业务等,都要充分合理地实现少投入、少消耗,多产出、多创效。

(二)精益化管理的目标

实施精益管理,其根本目的是在消除各种资源浪费基础上,夯实管理基础、规范运作、提高工作质量,进而持续提升企业绩效。通过推广精益化管理,要实现以下五项目标任务。

(1)消除浪费,效率提升,效益提高。以精益管理思路指引,通过管理浪费点的识别、消除,管理目标的层层分解和传递,管理流程的不断优化完善,使员工责任更加明确、工作规范更加具体,引导员工能够有效承担起各自责任,工作效率明显提升。

(2)现场规范、整洁、有序、高效。通过实施5S整理、整顿、清扫、清洁和素养,能够实现企业现场整洁、规范、有序,促进现场规范化、目视化和节约化,促进员工素养提升,为企业其他管理改进打好基础。现场管理是工业企业的生产经营基础,规范的现场管理能够促进安全、促进节约、促进效率、促进服务的满意度。应用"5S"或"6S"是提升现场管理水平的有效良方。

(3)管理思维转变,工作方法改进。通过持续的精益化管理循环,公司管理者可以及时发现管理中存在的问题,有利于及时改进管理方法,消除管理漏洞,提高管理绩效。

(4)员工素质提高,促进共同发展。通过员工的广泛参与精益化管理实践,培育员工"消灭浪费、精益做事、全员改善"的管理理念,使员工在推行精益化管理的同时,感受到参与企业管理中的氛围,进而促进员工树立精益思想、质量意识,提高员工发现问题、解决问题的能力,进而整体提升员工综合素质,有利于增强基层员工管理活力。

(5)持续改进与完善。精益管理是一项持续、不断改进的系统工程。推进精益化管理,就是要将彻底消除一切浪费的思想贯彻到企业整个管理工作中,正视存在的弱点,以最优为目标,注重系统整合,全方面、持续地推进精益管理,在工作中对其进行不断的完善和探索。

二、明确精益化管理的基本原则

推行精益管理是促进煤炭企业由经验管理向精益管理转变、由粗放管理向集约化管理转变、由速度型发展向高质量发展的途径，也是提升企业社会品牌形象的内在要求。为此，在精益管理过程中应坚持以下基本原则。

（1）坚持系统性推进的原则。煤炭生产涉及人员多，作业环境复杂，是一个复杂的系统工程。精益管理的思想与理念恰好可以帮助企业更好地剖析这一复杂的系统工程，强化煤炭企业的基础管理，提高煤炭企业的管理水平。

（2）坚持精细结合的原则。在管理实践中，“精”在事前，“细”在过程中，应重视每个环节中的“质量”——精益管理、精细化营销、精细化生产、精细化生产工艺。对各煤炭公司而言，经营管理水平很难通过一些小的、局部的改良来全面提高。而精益管理既是一种企业管理理念，又是一种企业管理方法，具有很强的科学性与适用性。

（3）坚持主观能动的原则。精益管理的思想可以结合煤炭行业特点应用到各煤炭公司的企业生产和经营管理的全过程，包括现场调研、产品开发、产品生产、产品销售等，把人、财、物、产、供、销及信息、技术、时间、空间等要素统筹兼顾，从而达到生产要素和经营资源的最佳配置，实现企业资本的最大增值。

（4）坚持与现代管理方法相结合的原则。煤炭采掘与加工都是流程型生产，物料供应不及时就无法生产。在煤炭采掘和煤炭加工之间存在半成品，在煤炭产品提供给顾客之前有可能形成大量产品库存，因此要将准时制生产的思想和方法，应用到煤炭生产中的物料供应、原煤加工与产品销售的过程中。并行工程的思想有利于煤炭矿井建设、工作面设计与施工等大型工程设计施工以及煤种的按需配采等方面。这些方法均可起到提高经济效益的目的。

（5）坚持以信息化推动精益管理的原则。通过建设企业信息系统，打通企业信息经脉，实现信息资源的高度共享。通过高度集成的一体化企业级信息系统，贯通全产业链的数据通道，促进业务流、资金流、信息流的高度共享和顺畅运转，从而实现一体化经营模式的协同倍增效应。

（6）坚持效益性最大化的原则。把实施精益化管理落实在以尽量少的消耗持续获得最大化的收益上，增强企业的价值创造能力。

（7）坚持数量化考核的原则。坚持工作目标、操作依据和考核标准数量化，能量化的量化，不能量化的标准化，不能标准化的要细化。

（8）坚持抓主要矛盾工作的原则。针对关键环节，以减少浪费、提高效率、增加效益为重点，扎实开展消除浪费和挖潜提效。

（9）坚持人本化方向的原则。着眼员工素质的全面提高，充分挖掘人的潜能，从根本上保障精益化管理的顺利实施。

(10)坚持持续改进追求完美的原则。不断发现生产经营管理过程中各环节、各工序、各岗位出现的浪费新问题,做到有的放矢、持续改进、消除浪费。

第四节 明确精益化管理的层级功能及内容架构

一、煤炭企业分层面精益化管理的主体功能

精益化管理是一项系统工程,它需要公司全员参与、全力落实、全时运行。根据公司领导机构及各部门各单位职能分工,其在精益化管理中主要职责如下。

(一)从定位上找准精益化管理的功能作用

一是企业领导班子主要功能:负责精益化管理的顶层设计,即提出精益化管理的思路、原则、目标、工作要求和政策机制保障;合理配置资源,负责精益化管理实施总体安排;指挥协调精益化推行过程中的重大问题。

二是职能部门主要功能:负责本业务范围内精益化管理的目标、内容、流程及制度保障。例如,财务管理部在精益化管理过程中要深化全面预算管理、成本管理、对标管理,规范资金使用,减少无效支出;认真研究财税政策,利用税收优惠、合理避税等手段节支增收。再如,人力资源部在进行公司人力资源规划时,要与公司发展相适应,既不滞后公司发展,又不造成人力资源浪费;要在劳动组织与用工管理、薪酬管理、员工绩效管理、人才开发与培训管理、劳动定额管理等工作中科学搭建人才发展平台,优化配置人力资源,激发员工工作热情,提升员工专业技能,实现全员素质提高,激励员工效率意识、效益意识、创新意识全面提升,为公司运营和发展提供多层次充足的人才保障,促进公司精益化目标实现。

三是基层区队主要功能:本区队是实施精益化的主体,其在生产、安全、质量、成本、销售等方面承载更多职责。将公司下达的年度目标任务,按照精益化管理的要求,分解落实到各部门、车间(区队),明确各自在精益化管理工作中的目标和任务,明确责任部门和责任人;建立完善监督考核激励体制机制,对各部门、车间(区队)的工作完成情况进行全面跟踪、检查、考核,确保精益化管理工作落到实处;加强员工技术技能培训,弥补员工素质与精益化管理要求的差距;不断总结完善生产及管理中的经验教训,提出改进方案,促进精益化管理工作持续推进和提高。

四是班组层级主要功能:将本车间(区队)生产流程中精益化管理目标分解落实到班组和个人;对班组和个人的任务完成情况进行考核;在生产、安全、质量、成本等方面,保质保量完成工作任务,保证目标实现;反馈生产中出现的问题,提出整改意

见，促进生产效率提高和安全质量改善，减少物料消耗。

五是员工层级主要功能：遵章作业干标准活，培养工作的自觉性、主动性、创新性，加强学习，提高自身素质，确保安全无事故。

（二）从工作流程上找准精益化管理的着力点

一是人员流的着力点：合理定编、定岗、定额、定员，实现满负荷、高效率。

二是物资流的着力点：创新物资采、供、用、管机制，实现及时响应、物尽其用，杜绝浪费。

三是资金流的着力点：优化资金结构，合理资金使用，加快资金周转，实现“一快二活三节约”。

（三）从岗位操作上找准精益化管理的着力点

一是领导岗位行为的着力点：做计划、办会务、安排工作、协调管理、公务消费等要体现精益管理思想，为职工做表率。

二是业务岗位作为的着力点：高效履行职能，创新工作，做到勤俭节约、优质服务。

三是生产岗位操作的着力点：遵章作业干标准活，培养工作自觉性、主动性、创新性，确保安全高效生产。

二、明确煤炭企业精益化管理内容架构

煤炭企业围绕精益管理这条主线优化集成各项管理方法，并在精益化管理中突出主体思想：一是消除一切浪费，追求效率和效益最大化，持续改进。二是将互联网技术运用渗透于精益化管理之中，用大数据、云计算等技术来集成、融合、创新企业管理要素和运行模式，坚持面、线、点结合，做到面上布局优化、线上转型升级、点上降耗提效，推进企业管理全面升级，实现高效能管理。具体模式架构是“3663”内容的架构模式，即三个导向、六个目标、六大体系、三项支撑。

（一）坚持三个理念导向

煤炭企业实施精益化管理要坚持市场导向、问题导向和价值导向。

（二）明确六个发展目标

通过查找价值不足，发现存在的问题，以市场作为目标解决问题，从而突出精益化管理的主体思想，即消除一切浪费，追求效率和效益最大化，持续改进，并在这一过程中实现精益化管理的目标，即安全、优质、低耗、高效、绿色发展和持续改进。

（三）依托六大体系运作

根据煤炭企业安全、生产、经营及供销的业务特点，在精益管理理念和互联网平台的基础上，将其划分为六大精益管理运作体系，即安全精益化管理体系、生产精益

化管理体系、质量精益化管理体系、成本精益化管理体系、供应精益化管理体系和销售精益化管理体系。通过六大体系有效运作，将“精益管理＋互联网”融入其中，并借助精益标准、项目建设、要素运作和方法应用，来实现企业的精益管理目标。

（四）做好三项基础支撑

为确保六大体系的有效运作，设计建立基础支撑保障，即精益管理的标准、重点项目任务和资源要素件，以此通过贯彻融合技术支撑保障。

一是明确精益化管理工作标准。设立精益化管理的“八精”标准，即生产组织精准、设备运行精良、管理体系精细、矿区环境精美、创新意识精进、文化建设精实、人员技能精通、数据信息精确。生产组织精准：生产故障及时反馈、生产组织快速响应，从而减少等待浪费；设备运行精良：把握设备运行规律、科学制定检修计划，从而减少效率的浪费；管理体系精细：制度、作业、检修流程标准过程精细，从而减少动作的浪费；数据信息精确：全面使用信息化手段，数据应用及时、准确，从而减少过程的浪费；人员技能精通：建立科学完善的培训体系、提高员工技能，从而减少人力资源的浪费；作业环境精美：工作现场整洁有序、生活环境优美舒适，从而规范、改善工作场所；文化建设精实：不断挖掘和培育王坡文化、营造氛围，从而提高员工素养；创新意识精进：建立和完善配套的考核激励机制，从而持续提升、持续改进。

二是推进八项建设。在精益化管理工作中要根据需要推进流程优化、信息化融合、班组建设、质量标准化、管理机制变革、品牌建设、素质提升、员工幸福工程等建设。加强流程优化，使工作效率和管理效能得到提升；加强信息化建设，使精益管理与信息化充分融合；加强班组建设，使其发挥战斗堡垒作用；加强质量标准化建设，使质量标准不断得到细化；加强管理机制变革，使管理不断创造效益；加强品牌建设，使企业知名度不断扩大；加强建设员工幸福工程，使和谐企业建设不断增强。

三是运营企业六大要素。立足利用、挖掘、运营和开发价值，努力把企业人、物、资金、能源、时间和空间价值运营好。通过运用人员要素，提高劳动效率；运用物资要素，降低物资消耗；运用资金要素，提高资金运营效率；运用能源要素，提高水、电、气、油等使用效率；运用时间要素，挖掘时间利用价值；运用空间要素，充分利用和开发空间使用价值。

第五节　明确煤矿生产精益化管理的主要内容

一、明确煤矿生产精益化管理的内涵

煤矿生产精益管理是精细思想在煤炭生产系统中的运用，它以顾客需求为导向

提供产品，在生产中有效利用资源，减少一切不增加价值的过程和活动。

（一）注重洗选加工

煤炭生产精益管理注重煤炭加工过程，原煤的生产与煤炭加工之间是协作关系，原煤一般不能直接进入市场销售，除非原煤质量特性已经符合顾客的需求。煤炭企业在生产之前应对市场进行调查、研究、预测，然后合理安排开采、加工。

（二）合理配采

开采中注意不同区域、不同煤种之间配采，并不强调全部综合机械化采煤，用何种采煤工艺要考虑地质条件和煤质要求。

（三）优化劳动组织

人力资源管理方面注重激发职工的工作热情，培养多面手，综采工作面人人都要懂机电，达到会操作、会维修，小的问题能及时处理。培养创新的文化环境，不断发现更好的工作方法和技术。

（四）加强物料管理

提高管理水平，减少一切库存，不断减少安全备用物料，消除“必须有安全备用料”的思想，达到“零库存”的目标。

（五）科学工程设计

工程设计采用并行工程技术，例如，采煤工作面的设计要有采煤、掘进、煤质等不同部门的人员参加，共同制定设计方案。办公室的布置应考虑员工流、信息流、物资流等因素。

（六）坚持精细作风

在生产精益管理系统中杜绝“差不多”的思想，一切做到尽善尽美，靠数据说话。

（七）注重信息融合

生产精益管理系统需要一定的信息化技术为基础，提高信息共享的程度，消除“孤立岛”现象，搞好外协关系，达到加工厂与煤炭企业之间、生产者与物料供应者之间、生产者与运输部门之间互惠互利的目的，而不再是传统煤炭生产中的对立关系。

（八）坚持市场导向

煤矿生产精益管理是相对于传统的生产方式来说的，它是生产精益管理在煤炭生产系统中的运用，它以顾客需求为导向提供产品，在生产中有效利用资源，减少一切不增加价值的过程与活动。

二、明确煤炭生产精益管理工作思路

以实现煤炭企业生产精益管理目标为核心，以煤炭生产各项工作的规范化、精简化、细化量化为准绳，建立健全煤炭企业生产精益管理组织体系、责任制度和岗位标准，完善生产管理职能，优化集成生产过程，强化煤炭生产过程管理，规范生产过程各项操作，监督考核生产过程各项工作成果，最终实现从企业生产领导、生产管理人员直至最基本生产作业和操作人员的生产工作精细化，实现企业生产精益管理目标。

三、明确煤矿生产精益管理内容

(1) 组建组织体系，精益企业的生产组织机构和生产布局要求建立基于产品的生产单元，生产流程、生产状况和问题一目了然，基于生产单元的制造过程应不断实现优化，以尽量减少时间和作业上的浪费。

(2) 拉动式生产是生产精益管理区别于传统生产方式的一个重要特点，也是精益生产系统实现的核心内容。拉动式生产从市场需求出发，由市场决定煤炭加工，再由煤炭加工决定煤炭开采。每道工序、每个厂(矿)都按照当时的需求向前一道工序、上游组织单位提出需求，发出指令，上游工序、组织单位按照这些指令进行生产。

(3) 生产精益管理的均衡化要使生产系统的各个工序、各个环节达到有效配合，使系统处于最大利用率的状态，而且各个环节同时作业，制造的产品没有剩余；主要工作是对生产系统进行调查、统计、分析，需要取得对各个生产环节消耗时间的测量，不能只靠估计来进行决策，要从计划管理和工序控制、现场调度等方面保证生产的均衡。

(4) 设施规划与布置是实现生产精益管理系统的一项重要条件，它的任务是对建设项目的各类设施、人员、物资进行系统规划与设计，用以优化员工流、物资流、信息流，从而有效、经济、安全地达到建设项目的预期目标。

(5) 实现生产精益管理也需要一定条件作为保证，如高素质的职工队伍、扎实的管理基础、现代化的技术、良好的外围环境等。

四、明确煤矿生产精益化管理的价值流

生产过程中的活动可以分为以下三类：一是产生价值；二是不产生价值，但目前尚不可避免(称一类浪费)；三是不产生价值，马上就可以避免(称二类浪费)。管理活动就是要消除二类浪费。

(一) 企业产生价值的活动体现在三个典型的价值流上

一是产品流(或称解决问题的任务)——从概念设计、产品(或服务)设计、工程设计与建设，直到产品形成、交付顾客的全过程。

二是物资流(或称物资传输任务)——从原材料至到达顾客手中的物资传送加工过程。

三是信息流（或称信息管理任务）——订单、生产计划的安排到交货过程中的信息传递。

价值流图研究的是生产流，它是将现场观察到的生产流中物料和信息的流动情况用简图描绘下来，对其进行分析找出产生浪费的原因，并应用精益生产原理提出改进方案，然后对生产过程实施改进的系统技术。价值流图中要标明不同过程或动作对应的完成时间，以便分析浪费环节。价值流分析的目的是研究现在的研究对象是否应该存在、是否达到最佳的工作状态，以便发现和消除浪费。

消除浪费的关键技巧，就是让价值流流动起来，即让完成某一种工作所需的步骤以最优的方式串联起来，形成无中断、无排队等候和无浪费的连续流动。流动的具体技巧，可以分成三个步骤：首先，明确过程流动的目标，让价值流活动朝向明确的目标流动。这个目标归根结底就是顾客的需要；其次，打破界限，把与价值流有关的组织、部门组成精益企业，及时清除流动的各种障碍；最后，清除回流、报废和停顿等，使价值流连续地流动起来。

（二）消除煤矿生产的浪费点

一是精简组织机构。对煤炭生产价值流进行分析时会发现，浪费产生的原因往往是由于传统的生产与各部门分割的观念所造成的。它使得价值流被分割成一个个相互隔离的“村落”，因此，精益思想提出了为营造通畅的价值流渠道，消除“村落”观念，从而消除可能造成的浪费，建立一种涉及有关各方参与的连续的生产（或服务）联合体。

二是精简生产过程或动作。由于煤炭产品的生产战线长，涉及的过程繁多，因此任何一个生产过程的优化都会产生巨大的效益。例如，一些煤炭企业对生产运输系统进行优化，从而使生产效率大大提高。另外煤矿生产中也存在大量的动作浪费，这也为消除浪费提供了很大的空间。生产过程或动作的简化以提高生产能力和劳动生产率、缩短生产周期为目的，将生产诸要素与生产过程中的不同阶段、环节、工序等在时间和空间上进行优化组合，从而用最少的人力、最少的物资消耗、最省的时间、最短的路径、最简练的动作、最容易掌握的方法来完成必要的工作。

（三）生产简化时应遵循的原则

一是合理利用时间，包括在生产管理由引进动作分析，开展作业管理，把创造附加价值所必需的动作按工艺流程进行经济重组、消除等待浪费，实施一人多机管理、集体协调，减少不创造附加价值的动作等。

二是合理利用空间，对生产系统及生产流程是否合理、物料位置是否适当等进行分析优化，从而消除浪费。

三是排除生产过程中的浪费，包括排除因供应不及时造成的浪费；排除因数据不准确、信息传递不及时或失误等造成的损失。

五、了解煤矿生产精益化管理的均衡法

精益生产均衡法就是要使生产系统的各个工序、各个环节达到有效配合，使系统处于最大利用率的状态，而且各个环节同时作业，制造的产品没有剩余。精益生产均衡法是消除浪费的有效方法之一。通过均衡化生产可以达到以下目的：提高作业人员及设备的工作效率；减少各种工程及煤炭产品的积压；降低成本；及时发现问题，改善生产系统。煤炭生产包括许多工序，提高各个工序之间的衔接是消除生产系统浪费，提高生产效率的重要途径。合理的生产流程分析和劳动组织是实现生产均衡的主要方法。通常采用阶位法或区域法来安排工序，从计划管理和工序控制、现场调度等方面保证生产的均衡，因此需要取得对各个生产环节消耗时间的测量，不能只靠估计来进行决策。

（一）合理制定生产计划

精益生产计划依据的是市场需求，由市场需求决定生产能力，即使闲置生产设备也不能过量生产；精益生产计划则依据需求倒退方式，由市场决定煤炭加工厂的生产量。同时考虑资源的不可再生性，为尽可能提高回采率，运用线性规划模型测算不同煤质的各煤层间配采、各矿井间配煤的统筹问题，从而较好地解决个别硫分或灰分偏高煤层的回采和合理利用问题。另外，精益生产计划也强调薄煤层应合理回采的重要性，特别考虑到大型煤炭企业长远规划应符合社会发展对环境保护的要求，提高原煤入洗比率，通过更新设备和采用先进工艺以提高洗煤厂生产效率和洗精煤质量，从而为社会提供优质洁净的能源，提高煤矿和社会的综合效益。生产精益管理计划的实施按照时间长短分为长期计划、年度计划、月计划和日计划。

（二）优化控制生产工序

精益生产计划的合理制定为生产均衡化的实现提供了实施前提，接下来，还需要生产工序的控制。作业标准化和生产调度是优化控制生产工序的重要内容。首先，煤炭的采掘和加工工艺为连续的流程，各工序间的生产是同步化的，制定标准需要运用工业工程的方法和技术，按照科学方法分析、测量，并不断改进；标准制定后关键是按照标准进行操作，这样才能实现科学管理。标准化作业制定的内容包括作业方法、作业时间、操作标准等。其次，煤炭生产调度具有协调、指挥、监督、沟通功能，是信息沟通、工序控制的重要方法，强化煤炭生产的调度工作也是精益生产管理中的重要一环。煤炭生产调度工作是按班逐日执行生产作业计划的手段，是完成作业计划的保证，是加强计划管理的手段之一。因此，调度工作首先要依靠计划组织生产。

（三）合理划分采区类别

由于地质条件的差别，即使同一矿井内，不同采区的煤层构造、结构和煤质也是不同的，对主业资源按采区进行合理划分，从而体现精益生产的原则是切合实际的。采区通常分为两类：一类采区是指储量丰富、煤质稳定、赋存条件好、地质结构简单、生产系统完善、技术装备水平高、综合经济效益好的采区，对这类采区的基本要求是精干高效、优质低耗，目标是效益尽可能大。二类采区是指残采区或煤层薄、储量少、结构复杂、煤质差、生产能力不可靠的采区，这类采区的基本要求是尽量以收抵支，目标是不亏损。

（四）优化均衡采掘加工

采煤、掘进和加工是煤炭生产的三大工序，它们的均衡是拉动生产系统的保证，也是精益生产系统中其他工序实现均衡的前提。首先，采煤与加工工序的均衡。根据煤炭拉动式生产的要求，煤炭加工根据需求来设计加工方法和原煤需求计划的，要在生产精益管理系统中考虑采煤与煤炭加工的均衡。其次，采煤与掘进工序的均衡。采掘两工序的均衡内容主要包括矿井接替、水平接替、采区衔接和采煤工作面衔接。

第六节 明确煤矿安全精益化管理的主要内容

一、明确煤矿安全精益化管理的主要内涵及目标

（一）煤矿安全精益化管理的主要内涵

煤炭生产过程中，特别是井下开采，煤炭生产人员和其他井下人员，均在地面以下开凿的巷道、硐室或采煤工作面、掘进工作面中工作、穿行，井下人员会时刻受到地层压力、瓦斯、煤尘、水、火等自然灾害的威胁；生产过程作业条件复杂易变，生产作业场所狭小阴暗，加上生产过程环节多、专业多、工种多、配合多，还会发生机械电气、运输提升和爆破等其他事故。煤矿一旦发生事故就会造成人员伤亡或财产损失，不仅矿工生命安全和健康得不到保障，煤炭生产也会受到影响。

煤炭企业安全精益管理就是对上述煤炭企业各项安全管理工作进行细化、量化，分清职责、落实到人，并贯彻到各项作业、操作工作中，对煤炭生产过程的各种危险有害因素进行有效地掌握和控制，形成人人知安全、人人讲安全、人人安全做事、事事有安全监管的工作局面。

（二）煤矿安全精益化管理的主要目标

立足消除和控制隐患、减少和控制危害、防止和避免事故这一企业安全管理基本

要求，结合企业安全生产管理要求，围绕人的安全行为、环境的安全控制、设备及系统的安全可靠、制度的健全完善、管理的规范到位等方面，设置明确企业具体的安全管理量化指标，并按照管理层次和安全主体责任将目标层层落实到企业各个部门、岗位和个人，确保安全管理目标在企业发展的不同阶段得到不断巩固、深化和提升，实现矿井的长治久安、和谐发展。

二、明确煤矿安全精益化管理的工作思路及任务

基于信息化的精准安全管理，强调充分利用信息技术，依靠科学管理方法，以精益管理思想为指导，坚持安全第一、预防为主、综合治理方针，坚持标本兼治、重在治本的思路，对矿井进行全员、全过程、全方位的安全管理，通过严格控制人的不安全因素和物的不安全状态，使事故发生的可能性降到最低限度，安全状况达到最优化。

（一）做好安全培训与教育，提升全员安全素材

采取各种培训和教育方式，强化职工安全意识，强化职工安全技能，达到人人都能自觉安全生产。传达上级有关安全工作批示、指令、会议精神；学习"三大规程"，针对性学习安全作业标准和职业（岗位）道德规范，分析讲解事故案例；分析本单位"三违"隐患，安排部署安全生产的任务和措施。通过安全生产正反两方面典型人物的事例，对职工进行安全宣传教育，让职工学习先进典型，吸取反面教训，强化安全意识。

（二）加强安全信息管理

煤矿安全信息管理即是利用安全检查表检查事故隐患，按照规定的方法内容和程序，在制度的约束下闭合运行，并明确与处理隐患的有关单位、部门和人员的责任、任务时间及奖惩办法，使隐患能及早发现、及时处理，从而预防事故的发生，保证煤矿的安全生产。

（三）强化事故隐患处理

对隐患的辨识、排查、治理无疑是一项非常重要的工作。通过排查隐患，能够全面认识本单位存在的问题及其严重程度，以便有针对性地采取治理措施，明确安全上的工作重点，安排治理隐患的工程，为预防事故奠定基础。在排查隐患时，应对地质条件、生产环节、开采状况等进行全面具体的分析，不仅要有定性分析，还要尽可能做到定量分析，根据理论分析和实践经验探讨隐患与事故的关联度。对隐患的不认识和认识的不充分本身就是一种重大隐患。

（四）实施安全工序管理

煤矿生产工序安全管理就是根据煤炭生产过程中安全生产和质量（产品质量、工程质量等）要求，采取科学、有效的手段对生产过程中影响工序安全的生产要素进行

组合优化和控制，保证工序安全状况处于稳定受控状态。煤矿安全生产管理的重点在现场，现场管理的重点在采掘工作面。生产施工过程中，通过工序管理并以跟踪管理为主体，以定制管理为入手点，以安全管理为前提，以人的管理为中心，不断优化生产工艺、生产秩序和作业环境，用技术标准控制施工质量，用管理标准控制工作质量，用工作标准控制人的行为，使人、机、物得到较为高效的结合，建立符合生产实际的现场质量管理体系，提高现场管理的科学化、规范化和程序化。

（五）建立安全健康管理体系

职业安全健康管理体系以实施企业安全卫生方针为目的，以相互支撑的程序化文件为支持，强调企业对安全生产承担主体责任。其基本思想是系统安全；管理的核心是系统中导致事故和职业危害的根源——危险源；体系特点是着眼改进，重在预防，领导重视，立足全员，系统化文件管理，整体协调运行。体系要求通过煤矿的危险源辨识和风险评价，进行风险控制；通过跟踪监察和管理评审进行事前预防，以控制事故和职业危害，实现体系自身和组织职业安全卫生绩效的持续改进。它不仅与企业的全面管理职能实现有机结合，而且是一个动态的、自我调整、自我完善的自律性管理系统。煤炭企业摒弃习惯于事后分析和被动管理的传统做法，有利于构建企业内部自我管理、自我约束、自我发展、自我完善的自律性安全管理运行机制。

三、了解煤矿安全精益化管理的工作方法

煤矿安全精益化管理是通过现代化设备的运用，实现安全信息的精确、准时的传递、应用，以达到事前有效预防、事中及时救援、事后分析查处。它是一种以机械化、自动化、智能化生产设备与监测设备、计算机及互相网技术、软件技术、通信技术等现代化技术为基础，以安全工程为核心，以管理制度为保障，综合应用人机工程、心理学、行为科学等原理与方法，根据客观实际的准确信息，进行综合分析与评价，按矿井各类事故发生规律进行主动治理的本质型安全管理模式。

（一）安全责任主体法

安全责任主体法就是通过明确安全生产主体责任，明确责任主体、主要责任人和责任部门的责任，建立健全安全生产责任制度，落实各项安全工作，强化各项安全工作的管理。安全生产主体责任包括物资保障责任、资金投入责任、机构配置和人员配备责任、规章制度制订责任、培育培训责任、安全管理责任、事故报告和应急救援责任，以及法律法规规定的其他责任。

（二）隐患闭环管理法

隐患闭环管理是对煤炭企业安全隐患的实施全过程的控制，建立其检查、落实、

完成、反馈的闭合程序，做到隐患辨识和确定隐患标准、落实隐患排查岗位责任、排查隐患、治理隐患、考核评价五个环节头尾相接、闭合循环。

一是隐患辨识和确定隐患标准。从煤矿的人、机、环、管四方面，广泛搜集国家法律法规、行业标准等相关资料，综合运用煤矿隐患辨识的方法，对隐患进行定性、定量评估，在评估的基础上分清隐患的类型和性质，提出事故预防措施，确定隐患标准，对隐患进行分类管理。

二是落实隐患排查岗位责任。根据隐患排查岗位责任要求，制定周密的隐患排查计划，设计科学严密的层级隐患排查体系。层级隐患排查体系将责任层级分为矿领导、职能部门、科区、安监处、班组、员工这六个层级。

三是排查隐患。排查隐患的过程中，以班排查、日排查、周排查、月排查周期性排查形式，自检和监督检查相结合的方式，强化现场安全整治。

四是治理隐患。排查和发现隐患的目的是消除隐患，对排查出来的安全隐患进行治理的主要流程：基层单位对已查出的安全隐患评估、分级；基层单位自主闭合处理隐患；监管部门负责组织闭合处理隐患。

五是考核评价。隐患治理工作结束后，要对隐患排查治理工作进行效果评价，由专人负责事故隐患的统计、筛选处理和上报，将隐患排查治理效果公示，使得与矿井相关的每一个人都了解存在的事故隐患，在工作中进行防范。

（三）安全质量标准化

煤矿质量标准化是依据《煤矿安全规程》《煤矿安全操作规程》《煤矿作业规程》制定的。它是规范井下员工作业的行为，确保安全生产的一个重要保证。煤矿安全质量标准化的内涵是：矿井的采煤、掘进、机电、运输、通风、防治水等生产环节和相关岗位的安全质量工作必须符合法律、法规、规章、规程等规定，达到和保持一定的标准，使煤矿始终处于安全生产的良好状态，才能适应保障矿工生命安全和煤炭工业现代化建设的需要。

第七节　明确煤矿质量精益化管理的主要内容

一、明确煤矿质量精益化管理的主要内涵

（一）煤矿质量管理概念

煤矿质量管理是指在煤炭产品质量形成过程中，对煤炭产品的粒度、矸石等杂物含量、水分、限下率等外在产品质量进行的管理。煤矿质量管理就是制定煤矿质量管

理目标,对煤炭产品质量工作进行计划、组织、指挥、控制,以保证煤炭产品质量符合企业质量目标,符合市场需要。煤矿质量精益管理就是对煤炭企业质量形成过程中的各项工作给予细化、量化,确保企业质量管理工作的有章可循、有法可依。

(二) 煤炭质量元素构成

煤炭产品质量是指煤炭企业提供给顾客或用户的商品煤的质量,是煤炭产品在自身形成和开采加工过程中所具有的、能够满足不同用户需求的特征或特性的总和。由于成煤年代、成煤原始物质、还原程度及成因类型上的差异,再加上各种变质作用并存,使得煤炭品种呈现多样化。煤炭质量特性指标如按煤的工业分析,可用煤的固定碳、挥发分、灰分和水分、发热量等指标表示;按煤的元素分析,可用煤中碳(C)、氢(H)、氧(O)、氮(N)、硫(S)、磷(P)及微量元素含量的多少表示;按煤的工艺性质,可用煤的发热量(0)、煤的黏结性(R·I)和结焦性(y)、煤的热稳定性(TS)、煤灰的熔融性(DT、ST 或 FT)、煤的反应性、煤的燃点(T)以及煤的可选性等指标表示。

(三) 煤炭种类构成

煤炭的种类繁多,内在质量悬殊较大,不同类型的煤有不同的用途,对内在质量和外在质量也有不同的要求。为了合理利用煤炭,需把煤炭划分为不同类别。

煤炭产品按其产品用途、加工方法和技术要求,划分为 5 大类 29 个品种。

一是精煤,是指经洗煤厂机械加工后,降低了灰分、硫分,去掉了一些杂质,适合一些专门用途的优质煤。精煤分为三个品种:冶炼用炼焦洗精煤、其他用炼焦洗精煤和喷吹用精煤。

二是洗选煤。选煤是指将煤矿开采出来的原煤经过洗选和筛选等加工后,按发热量和粒度分成若干品种等级的煤。洗选煤分为 12 个品种:洗原煤、洗混煤、洗末煤、洗粉煤、洗特大块、洗大块、洗中块、洗混中块、洗混块、洗小块、洗混小块、洗粒煤等。

三是筛选煤,有 11 个品种:混煤、末煤、粉煤、特大块、大块、中块、混块、混中块、小块、混小块、粒煤。

四是原煤。原煤是指煤矿生产出来的未经洗选、未经加工的毛煤。按其碳化程度可分为泥煤、褐煤、烟煤、无烟煤。原煤主要作动力用煤、工业原料和民用原料。

五是低质煤,包括原煤和煤泥、水采煤泥。

此外,还有无烟煤和烟煤、褐煤的划分。

二、明确煤矿质量精益化管理的工作思路及任务

质量管理是企业管理的重要环节,包括质量方针、质量体系、质量控制和质量保证等活动。煤炭精品质量指在注重全过程的质量管理前提下,提高煤炭专用设备质

量，积极组织对质量薄弱环节的科技攻关，逐步建立和完善由技术标准、工作标准和管理标准相配套的煤炭企业质量标准化体系；在精益生产理论指导下从地质勘探、矿井和采区设计等方面考虑质量因素，按照质量标准化的要求进行改进和完善；根据市场决定开采量，运用质量管理工具对人、财、物、产、供、销等环节的各个工序进行质量检验和控制，从而为促进煤炭企业的管理精细化提供有效的标准化的保障。

（一）煤矿质量精益化管理的工作思路

以煤炭生产过程中质量形成过程为主线，分析研究煤炭产品质量影响因素，确定煤炭产品质量工作内容和工作要求，建立健全煤炭产品质量精益管理组织体系，制定煤炭产品质量精益管理责任制度和岗位标准，细化、量化煤炭产品质量管理各项工作，加强控制，跟踪考核，落实责任，实现煤炭产品质量管理的精细化，实现煤炭企业质量精益管理目标。

（二）煤矿质量精益化管理的组织体系

煤炭产品质量精益管理是一个全过程、多组织、多人共同进行的工作，因此，需要把产品质量相关的部门、人员，以及这些部门和人员质量工作或活动，进行统一组织和协调，通过一系列质量管理制度的制定、执行、实施与考核等，实现企业的质量管理目标。质量精益管理组织体系建设就是建立质量管理组织体系中的质量管理单位和部门，明确各组织体系中各单位和部门质量管理职能定位和质量工作分工，落实质量管理目标、质量管理工作事项（工作任务）和质量管理工作授权，制定质量管理人员的职务/岗位质量管理工作说明书等。煤炭企业质量精益管理组织体系的构成单位/部门包括质量管理领导层、质量管理职能部门和生产区队等，质量管理体系的员工包括质量管理领导者（决策者）、质量管理人员和生产作业人员。

（三）煤矿质量精益化管理的责任制度

质量精益管理责任制度是质量精益管理的一项基本工作，也是推动、激励每一个质量管理人员、质量管理部门做好质量管理工作的一种制度化的动力。以质量管理工作（事项）为主线的制度，要明确质量管理工作的总负责人，管理制度各工作阶段、各步骤责任人的工作分工或工作定位。质量精益管理责任制度根据责任人和管理工作事项，可分为三类，第一，以责任人为主线的责任制度，包括质量管理体系中领导机构各成员质量责任制，质量管理职能部门人员质量责任制，生产区队以及选煤厂车间质量管理人员质量责任制；第二，各部门为主线的质量管理责任制度，包括领导机构质量责任制，质量管理职能部门质量责任制，生产区队以及选煤厂质量责任制；第三，以质量管理工作或质量管理工作事项为主的责任制度，这类责任制度主要是以质量管理工作事项为主线，需要多部门、多人员共同配合完成的质量管理工作责任制度，强调的是质量管理工作事项/内容和要求。

（四）煤矿质量精益化管理的岗位标准

煤炭企业质量精益管理岗位标准是各项质量管理制度在操作岗位上的细化，是煤炭生产一线作业人员、其他生产环节一线作业人员、质量作业人员的工作标准，是保证煤炭质量的操作标准。基本要求是：质量精益管理岗位标准与生产精益管理岗位标准、安全精益管理岗位标准既有统一的一面，也有不同的一面。质量精细化岗位标准侧重于产品质量，其基本要求与生产精益管理岗位标准、安全质量精益管理岗位标准有相似性，可以参照上述两项岗位标准。

三、了解煤矿质量精益化管理的工作方法

（一）全面质量管理

全面质量管理是20世纪60年代初由美国质量大师阿曼德·费根堡姆提出的。全面质量管理是指企业组织全体职工和部门参加，综合运用管理和技术，控制产品质量的全过程和各因素，提供用户满意的产品的系统管理活动。全面质量管理要做到：① 内容与方法的全面性，既要重视产品质量，也要重视形成产品的工作质量；② 全过程控制，市场调查、研究开发、设计、生产准备、采购、生产制造、包装、检验、贮存、运输、销售、为用户服务等全过程都进行质量管理；③ 全员性，企业全体人员包括领导人员、工程技术人员、管理人员和工人等都参加质量管理，并对产品质量各负其责。煤炭企业全面质量管理实际上是以质量为核心的经营管理方式，它是按照系统原理，建立全组织、全员参加的、全过程的、以预防为主的综合管理质量体系；对煤炭地质测量、生产计划、设计与技术规程、生产准备、开拓掘进、回采、运输、机电、通风、供应、洗选加工、运销、服务等全过程和所有环节，实行严格管理和质量改进。

（二）质量管理体系

建立质量管理体系，包括煤炭产品生产过程、选煤生产过程、煤炭发运过程等，实现质量管理过程的精细化。在建立质量管理体系的过程中，引用GB/T 19000—2000，GB/T 19001—2000（idt ISO9000：2000，ISO9001：2000）标准，编制质量管理体系程序和煤炭生产流程图，确认实施质量管理体系的过程、顺序和相互作用，确定、保障质量管理体系有效运作所需要的准则、方法、信息和资源，并对质量管理体系运作过程进行测量、监控和分析，实现质量管理体系的方针、目标和质量管理体系的保持与改进。

建立和实施质量管理体系的方法包括以下步骤：确定顾客和其他相关方的需求和期望；建立组织的质量方针和质量目标；确定实现质量目标必需的过程和职责；确定和提供实现质量目标必需的资源；规定测量每个过程的有效性和效率的方法；应用

这些测量方法确定每个过程的有效性和效率；确定防止不合格并消除产生原因的措施；建立和应用过程以持续改进质量管理体系。质量管理体系建立后，要进行质量体系审核和认证。

（三）六西格玛管理

六西格玛是根据俄国数学家切比雪夫（Chebyshtv，1821—1894）的理论形成的。根据他的计算，如果有 68%的合格率，便是±1 sigma（或 standard steviation），±2 sigma 有 95%的合格率，而±3 sigma 便达至 99.73%的合格率。在 20 世纪 70 年代，产品如果达到 2 sigma 便达到标准。但在 20 世纪 80 年代，品质要求已提升至 3 sigma。如今很多公司已要求“6 sigma”的品质管理，其合格率为 99.999 66%，即每一百万种产品中只有 3.4 件是次品。

据调查，目前绝大多数在业内领先的大型制造企业其运作都在 3～4 sigma 的水平，这意味着每百万个机会中已经产生 6 210～66 800 个缺陷，这些缺陷将要求生产者耗费其销售额的 15%～30%来进行弥补。根据麦肯锡公司的调查和研究表明，如果一个3 sigma 企业组织其所有资源改进过程，大约每年可以提高 1 sigma 水平，即每年可以获得以下收益：利润率增加 20%；产能提高 12%～18%；雇员减少 12%；资本投入减少 10%～30%，而且直至提升到 4.8 sigma 企业均无须大的资本投入，当达到 4.8 sigma 时，再提高到 6 sigma 则需要增加投入，但此时产品的竞争力已大幅提高，市场占有率极高，给企业带来的利润将远远大于此时的投入。摩托罗拉、杜邦、福特、美国快递、联信等公司实施 6 sigma 管理取得的巨大成功就是最好的证明。

第八节　明确煤矿成本精益化管理的主要内容

一、明确煤矿成本精益化管理的主要内涵

随着市场经济的深入发展，煤炭企业面临复杂多变的经济环境和日趋激烈的市场竞争，成本优势的取得对于企业的生存至关重要。而成本优势的取得绝不限于成本本身，应从管理的高度去挖掘节支降耗和获取效益的潜力，因此，成本控制与精益管理的有机结合就成为煤炭企业成本管理的必然趋势。

（一）成本精益管理内涵

煤炭产品成本是煤炭企业为生产和销售一定数量、质量煤炭产品而支出的费用总和。在煤炭产品的生产过程中，要使用大量房屋、建筑物（如井筒、巷道和硐室）及其设备，要发生因使用磨损而形成的折旧费、大修理费和维护修理费等；要耗用木材、

钢轨和电缆等大型材料、火工产品、单体支柱等支护用品、配件、水泥、油脂、乳化液等，以及燃料和电力耗用等，都属于生产资料消耗所转换的价值。还要支付生产工人、专业技术人员和管理人员的工资性费用和福利基金等属于劳动者为个人需要而新创造的价值。同时，对于那些与煤炭生产过程无关或关系不大，但有利于成本管理和经济核算的费用支出，如管理费用、销售费用、财务费用等，也要计入煤炭产品成本核算和管理。

（二）煤炭企业生产成本和煤炭企业期间费用

1. 煤炭企业生产成本的内容

煤炭产品生产成本，是指井区及洗选煤（车间）生产产品和提供劳务等过程中发生的直接材料消耗、直接人工、其他直接费用以及生产车间（井区）发生的全车间性的管理和业务费用。

（1）材料消耗：指生产过程中直接实际消耗或井区、车间间接实际消耗的各种原材料、辅助材料、备件、配件、外购半成品、燃料、包装物、低值易耗品及其他材料。主要有木材、支护用品、火工用品、大型材料、配件、专用工具、自用煤、劳保用品、建工材料、油脂及乳化液、回收、复用材料和其他材料等项。

（2）人工费用：职工工资及费用，是指直接生产工人以及井区、车间管理人员的工资、各种工资性津贴和按规定标准提取的各种奖金以及按规定计提的职工福利费、社会保险费等。具体有职工工资、奖金、津贴和补贴；医疗保险费、养老保险费、失业保险费、工伤保险费和生育保险费等社会保险费；职工福利费、工会经费和职工教育经费；住房公积金、住房补贴；其他相关支出。在财务报表上一般列入提取包干工资、提取职工福利费和应摊劳动保险费、住房补贴等项目。

（3）电力消耗：指生产耗用的电力。

（4）专项费用：指按照国家相关规定提取、使用的有特定用途、专款专用的资金。包括提取的井巷工程费、维简费、安全技术措施费用、安全基金、发展基金、地面塌陷补偿费、资源补偿费等。

（5）制造费用：指基本生产车间范围内支付的具有全车间性的其他制造费用，包括办公费、差旅费、运输费、保险费、设计制图费、试验检验费、劳动保护费、取暖费、水费、租赁费、修理费、班中餐、职工上下班通勤费以及其他费用。

2. 煤炭企业期间费用的内容

期间费用是指企业行政管理部门（集团公司指公司、矿厂两级）为组织和管理生产经营活动而发生的管理费用和财务费用，为销售和提供劳务发生的销售费用，直接计入当期损益。

（1）管理费用：指为管理和组织服务活动和其他活动而发生的费用，包括行政管理和后勤部门发生的各项费用，如劳动保险费、公用经费等。公用经费又包括公务费、业务费、修缮费、购置费、其他费用等。其中，公务费用包括办公费、邮电费、差旅费、宣传学习费、其他等；业务费包括水电费、印刷费、燃料工具消耗费、职工培训费、其他等；设备购置费包括小型购置、提取维护费；修缮费包括日常修缮费；其他费用包括上述费用以外的费用开支。管理费用是成本控制的重点。管理费用一般占企业总成本的比例在20%左右。

(2) 财务费用：指企业为筹集资金而发生的各种费用。包括筹集资金支付的各种贷款利息、汇兑损失、金融机构手续费和其他财务费用。

(3) 销售费用：指企业在销售产品、提供劳务过程中发生的各项费用。包括运输费、包装费、装卸费、保险费、广告费、展览费、租赁费、销售服务费、专设销售机构的各项经费等。

二、明确煤矿成本精益化管理的工作思路及主要任务

（一）煤矿成本精益化管理的工作思路

成本精益管理工作涉及面广、工作量大、环节多，单靠哪一个部门都不可能完成这一任务，必须建立健全内部成本精益管理的决策、管理和责任体系，实现成本精益管理工作的制度化、规范化、系统化和科学化。

根据煤炭企业的特点和管理对象的不同，煤炭企业成本精益管理应按照分层与分级、分口管理相结合的原则进行设计。

分层管理，就是根据管理者的分工和侧重点不同从决策、管理、执行三个层次实施成本管理。同时，与煤矿的管理组织结构相适应，建立横向到职能部门，纵向到区队、班组、个人的分口与分级结合的成本管理体系。

通过对各管理职能部门提出成本精细化控制的要求，并作为经济责任制的考核内容。建立的成本精益管理组织系统，要明确职权范围，工作高效，信息灵活，及时了解和掌握成本执行情况，对出现的差异要及时采取措施，保证成本控制目标的实现。

（二）实施成本管控的问题导向

煤炭企业实施精益化管理要坚持以问题导向、市场导向和价值导向，从查浪费问题和优化流程入手。

第一，从结构中查问题、查漏洞、查浪费、找短板、找差距、找价值潜力。如资金结构、资产结构、人员结构、产品结构、组织结构、成本结构、产业（业务）结构、布局结构、法人治理结构、客户结构、运输结构、供应商结构、设备结构、贷款（负债）结构、存款结构、产权结构、纳税结构、工资结构、收入结构、利润结构、工时利用结构、会议结构、招待费结构、办公费结构、电力消耗结构、材料消耗结构、维简费使用结构、专项资金结

构、交通费结构、社会公益金开支结构、工农关系费用开支结构、商务活动费用开支结构、办公车辆配置结构及维修费开支结构、奖金项结构、空间利用结构、科技创新贡献率结构等。

第二，从优化流程中查问题、查浪费、找短板、找差距、找价值潜力。如人流、物流、业务流、资金流、信息流。根据查出的问题，制定精益化成本管控的措施，并动态式诊断查找问题，持续改进治理，追求最佳经营效果。

（三）推行“三精”管理新方略

1. 精准决策

决策的科学与否对一个企业生存发展至关重要，在一个大转型、大重组、大变革、大洗牌、大升级高质量发展的新时代，企业有待决策的重大事项很多，如何正确地决策、减少失误，这是一个亟待研究的大问题。决策是企业家的一项重要使命和职责。精准决策，即准确地、及时地做出决定或优化选择，要按照“细调研、慎决策、快实施”的要求实施科学决策、精准决策。

2. 精细管理

精细化管理就是摒弃传统的粗放式管理模式，将具体、明确的量化标准渗透到管理的各个环节。精细化管理最基本的特征就是重过程、重细节，更加注重每一件事、每一个细节、每一项标准。

3. 精益运营

精益运营是由企业最高层主导的为了实现业绩目标有意识开展的、持久的精益化运营变革。它通过对员工能力、观念、制度和流程的持续改善来实现业绩提升。其核心内容是，坚持消除一切浪费，提高客户满意度，追求企业效率和效益最大化，持续改进。

三、了解煤矿成本精益化管理的工作方法

要将成本精益管理真正落到实处，在实践中还应掌握使用科学适宜的成本管理方法。下面就目前我国煤炭企业普遍应用的几种管理方法，如预算管理法、目标成本管理法、责任成本管理法、作业成本法、信息化管理法等作简要分析阐述，以供煤炭企业参考借鉴。

（一）全面预算管理法

全面预算控制是以预算为核心建立起来的一种明确责权利关系的机制。预算本身是一个决策过程、计划过程和执行过程的完整体系。各部门根据工作任务编制计划期预算目标，由财务部门编制业务预算、财务预算，并依此进行各指标落实，形成责

任预算，是实现预算的保证措施。预算是一种超前意识，是一种规划。而预算控制是通过预算这种特殊形式加强全面、全过程的控制，不仅仅是预算本身的管理。预算是一个预测、决策分解，日常控制、考核的全面体系。预算机制所表现的核心不仅是成本降低，而且还在于业务量的扩大。预算作为一个过程表现为确定岗位责任及实现预算目标的相应要求。全面预算管理应该包括四个环节，分别是预算编制、预算控制、预算反馈与分析、预算考核。

（二）目标成本管理法

目标成本，是指为保证产品实现要求利润率所允许产品发生的最大成本数额。这是一种市场驱动的成本管理系统。成本目标依据两方面因素考虑，分别为市场需求以及竞争者提供的产品。通过关注产品与流程设计，并在所有支持性过程进行持续改进，以实现成本目标。目标成本管理，是根据预先确定的成本目标进行的企业管理，它不是单纯的成本估计与控制体系，而是对成本与利润的综合战略规划过程。目标成本管理是对成本的事前控制，主要是配合企业的总目标和全盘计划，制定成本管理目标和成本战略。

（三）作业成本管理法

作业成本管理是以提高客户价值、增加企业利润为目的，基于作业成本法的新型集中化管理方法。它通过对作业及作业成本的确认、计量，最终计算产品成本，同时将成本计算深入到作业层次，对企业所有作业活动追踪并动态反映，进行成本链分析，包括动因分析、作业分析等，为企业决策提供准确信息；指导企业有效地执行必要的作业，消除和精简不能创造价值的作业，从而达到降低成本、提高效率的目的。作业成本管理理念对于煤炭企业而言是一种有效的成本控制思想。作业成本管理的实施过程会使人更深入地了解煤炭企业的成本结构。其目标不仅在于提供准确的产品成本信息，而且通过落实成本能够提高基层管理、生产效率和成本控制的水平。从作业成本核算提供的数据中，可以找到创立煤炭企业竞争优势的控制源。

（四）责任成本管理法

责任成本管理主要是针对矿（厂）、区队（车间）、班组的管理制度，同现行的成本指标分解和分级归口管理制度较为相似。所谓责任成本，就是企业按照生产活动和经营的目标，根据成本数据按责任者所归集的成本，也就是特定责任中心的全部可控成本。成本认定可控与否，是按已确定的经济责任分管的范围来确定成本责任归属，可控解决归属问题，使其形成一个成本分管体系，做到责任分工具体化、数量化。责任成本管理就是将成本责任通过一种机制或模式分解落实到责任单位，以反映与监督责任预算的执行情况，并加以考核，控制生产消耗、贯彻经济责任制。它是企业分权管理的必然结果，以各责任成本中心为主体，以责、权、利相统一的机制为基础，通过对成本责任的产生、分解、转移、分析和考核进行计划与控制，在企业内部形成了一个严密的成本控制系统，把成本管理与强化人员管理结合为一体，是落实企业先进管理理念的手段之一。责任成本管理是对成本的事后控制，重点是对企业的成本状况进行分析与考核。

（五）成本信息管理法

煤矿成本管理过程是成本信息的不断输入和输出，经过反馈重新输入的循环过程。控制与信息反馈相互作用，互为前提，同时并存，并且在系统目标的实现过程中，信息反馈所起作用尤为重要。依靠信息的不断反馈，提高控制效率，以便及时采取有力措施，保证控制任务的完成。建立高效、灵敏、及时、全面的成本控制信息反馈系统对煤矿企业进行超前控制尤为必要。

第九节 明确煤炭企业供应精益化管理的主要内容

一、煤炭企业供应精益化管理的主要内涵及目标

（一）煤炭企业供应精益化管理的主要内涵

煤炭企业供应是指为煤炭生产提供原材料、零部件或其他物资时，物资在提供者和需求者之间的实体流动。它是生产物流系统中相对独立性较强的子系统，并且和生产系统、财务系统等生产企业各部门以及企业外部的资源市场、运输部门有密切的联系。煤炭企业所从事的活动就是开采地下的煤炭资源。由于生产规模庞大、工作条件恶劣以及各矿井相距较远等情况使其供应物流系统变得十分庞大和复杂，难于控制和管理，因而导致物流费用的大量增加，这也是煤炭企业生产成本居高不下的主要原因之一。煤炭企业供应包括生产物资的采购、进货运输、仓储、库存管理、用料管理和供应精益管理等作业环节。对于供应物流的研究应该从物资的需求预测、采购管理、库存管理、配送（包括配货、车辆的配载、运输路线的选择）等方面进行。

供应精益管理作为煤炭企业管理的一个重要方面，精益管理作为先进的管理手段，实行科学的采购决策，采用招标采购、议价采购等先进的物资采购方式，建立计划采购制度、合同管理制度等采购管理的基本制度，杜绝盲目采购、多头采购和质次价高现象，为后续的库存、运输等供应物流环节合理化打下基础。提高仓库的管理水平，减少库存费用，优化库存结构，缩短库存周期。按物资管理范围，依据企业内部各矿（厂）需求计划组织货源，统一集中采购进货，并且在物流中心进行分拣、配货，按计划及时送货到使用单位。这种物资配送制不仅有利于发挥物资部门的主渠道作用，

还有利于降低采购费用及企业内部流通费用，减少库存资金占用和物料损耗，有利于在降低成本的基础上保证企业生产所需物料的质量。

（二）煤炭企业供应精益化管理的目标

煤炭企业的生产活动成本较大、资源有限、区域性强，并且具有安全性低的特点，这些特点很大程度上决定了煤炭企业的物资供需特点。因此，煤矿供应精益化管理的目标如下。

目标一，零库存。使用“多批次，少批量”的形式向客户配送商品，采用“及时配送”及“准时配送”方式向需求方供货。因为这种方式有供货灵活、稳定、弹性系数大等优点，客观上能减轻库存压力，紧密衔接供求及保障需要，从而达到零库存的目的。

目标二，配送成本最低。通过简化订单处理从而减少订单处理费用，缩短配送时间，达到降低配送成本的目的。可采用传真、电子数据自动交换系统，实现订单数据的及时交换。同时，正常核对库存，按订单配货，如发现短缺，及时安排生产、入库，然后统一配送。及时准时、多品种、少批量的配送，同时减少库存，节约配送成本。因为配送中心“效益背反”定律的存在，在组织配送时必须先做到准确地预测，在满足客户需求的前提下实现效益的最大化。

目标三，最优采购。供应链环境下煤炭企业的物流采购，不仅要对煤炭企业内部物流采购体制进行改革，而且要根据与上下游企业之间所建立起来的物流战略联盟进行合理的物流采购分配，通过共享物资需求及库存水平的信息，降低链上企业之间的缓冲库存，达到低成本、高效率，从而提高供应链整体竞争能力。

二、煤炭企业供应精益化管理的工作思路

煤炭企业供应是一个包含物资采购、物资仓储和物资配送等过程的一系列链条，通过利用互联网手段，将物资供应过程中的物流、资金流和信息流进行集成，形成与传统煤炭企业物资供应相区别的精益采购、精益仓储、精益配送和精益供应商管理。

（一）煤矿供应精益化管理的总体思路

随着煤炭体制改革的深入，未来煤炭企业的竞争本质就是管理成本的竞争，煤炭企业要获得行业内竞争优势，就必须持续地走精益管理的道路。必须从企业的价值活动出发，利用价值工程分析工具、优化生产业务流程，尤其是信息化技术在生产管理过程中广泛应用。走“互联网＋精益管理”的生产模式，这一建立在信息技术基础上的现代化管理平台，研究从供应商管理到物资采购、库存管理的供应精益管理过程，将物资供应过程中的原材料、市场等信息及时准确地反馈到企业各级管理层，使经营管理活动中的物流、信息流、资金流、工作流加以集成和综合，形成以精益管理为中心的等技术集成的以管理为中心的煤矿物资供应系统，可以极大地优化生产、降低

库存、节约人力物力，从而降低生产成本。

（二）精益采购工作思路

一是为库存而采购到为订单而采购的转变，采购活动是以订单驱动方式进行的，生产订单的产生是在用户需求订单的驱动下产生的，然后，生产订单驱动采购订单，采购订单再驱动供应商。这种准时化的订单驱动模式，使得煤炭企业的供应系统得以准时响应用户的需求，从而降低库存成本，提高物流的速度和库存周转率。

二是从采购管理向外部资源管理转变。为实施精益化生产、零库存生产提供了保证。凡一次采购单件价值昂贵的物资，必须实行招标采购或公开比价采购。物资供应部门必须优化其采购方式，不断扩大招标采购范围和份额，严格执行统一采购、统一合同、统一付款。不具备招标采购条件的小批量、零星、急用物资，实行比质、比价采购。

三是从一般买卖关系向战略协作伙伴关系转变。精益管理模式下采购管理的显著特点是供应与需求的关系从简单的买卖关系向双方建立战略协作伙伴关系转变。基于战略伙伴关系的采购方式，通过合作伙伴关系，企业与供应商可以为制定战略性的采购供应计划共同协商，供需双方都能从降低交易成本中获得好处，并且信息的共享避免了信息不对称决策可能造成的成本损失。

（三）精益仓储工作思路

传统仓储，在历史上承担着“蓄水池”“中转站”的作用，随着市场经济的变革，现代物流的冲击，过去那种被动性、不连续性、不均衡性的仓储运作早已打破，物资库存由过去批量大、周转慢正向批量小、周转快方向转化。正像海尔总裁张瑞敏说的“仓库不是水库，应是流动的河”。尤其现代物流技术的出现，对仓储业、仓储条件提出了更高的要求。由于煤炭企业生产的特殊性，不可能所有物资都实现零库存，因此必须对仓库进行整合、改造和提升，以适应当前企业发展的需要。第一要注重仓库的信息化和标准化建设。第二要仓库自动化、智能化建设。第三对仓库物控部门推行“5S”活动，该活动是指在现场中，对材料、设备、人员等生产要素进行整理（selrl）、整顿（selton）、清扫（seiso）、清洁（selkctsu）和素养（shltsvre）活动，该活动有助于物流效率的提高及物流成本的降低。

（四）精益配送工作思路工作

第一配送系统流程再造，通过基于互联网物流信息系统平台的建立和运作，以计算机管理为基础，完成以下任务：把煤矿内部各职能单位通过网络连成一个开放的整体，整合企业内部资源，实现业务流程再造；消除企业内部各职能部门间的信息交流障碍，实现数据充分共享，提高供应物流系统各部门、各环节的协调和运作效率，达到系统优化的目的；利用互联网的开放性标准完成企业对外合作问题，如结为战略同盟的供应商的整合，实时、动态地进行信息交流和数据交换，增加物流管理的反应速度，降低物流成本；提高采购管理的透明度，规范采购管理，实现阳光采购。

第二实施准时物资配送。煤炭企业供应物流实施推进配送模式中“推进”的含义应理解为：物料主管部门根据全系统的需求和库存状况进行协调，确定系统的订货策略和库存计划，由配送中心（专业总库）按时、按质并按量送到物料需要部门，提高煤炭企业供应物流的合理性。对供应物料实行配送制，即根据煤炭生产需要，物料部门把所需物料按时、按质、按量送至现场，这种主动的物料流动，改变了传统的多层次牵引领料式物料管理制度。物料部门由过去只对物料计划负责，推进到直接对采掘生产需要负责，物料部门的责任界限从仓库推进到生产现场。

（五）精益供应商管理工作思路

建立共同的合作目标。建立战略合作关系，注重引导供应商企业的经营理念、效率观、时间观、竞争观、顾客观和服务观等与煤电公司自身保持一致，逐步建立符合零时间物流要求的即时响应运作模式，真正发挥战略协同效应。为了解决供应链体系中的供求信息失真或滞后的问题，同时为提高供应链的管理化程度，应建立起供应商联合库存管理。联合库存管理强调物资供应公司与供应商共同参与，共同制定物资库存计划，使供应链管理流程中的每个库存管理者都能从相互之间的协调性和一致性来考虑问题，保证供应链上两个相邻节点对物资需求的预测水平保持一致，从而消除需求夸大、缩小或滞后的状况。同时，还要与外部供应商建立知识联盟、建立合理的利益分配机制和有效的激励、监督机制。

三、煤炭企业供应精益化管理的工作方法

煤矿供应精益化管理的工作方法主要有：准时制作为现代企业管理的一种方法，可以有效减地少不确定性因素影响，使物资采购数量严格按照需求计划，有效地降低企业库存，从而最大限度地降低库存成本，而零库存是另一个高效的物资供应精益管理方法，有利于将库存成本降到最低，可以动态地达到物资供应和需求的平衡，也是企业对库存成本进行有效管理的一种重要手段。

（一）准时制采购工作法

准时制采购的基本思想是：在恰当的时间、恰当的地点、以恰当的数量、恰当的质量提供恰当的物品。它是从准时生产发展而来的，是为了消除库存和浪费而进行的一项持续性改进，是零浪费的具体对策。要进行准时化生产必须有准时的供应，因此准时化采购是准时化生产管理模式的必然要求。

根据物资采购计划的优化流程，形成新的物资采购作业流程，生产/检修流程—需求计划—物资采购计划—询价—采购（或议招标）—到货—验收入库—付款。整个

过程只涉及生产连队(车间)、供应科(或物资供应中心)、财务科结算中心,这样就减少了不必要的中间环节,提高物资供应精益管理的效率。这样就建立在自动综合平衡基础上,可有效地解决动态需求计划问题,减少不确定性因素影响。物资采购数量严格地按照需求计划,有利于将库存成本降到最低,也是企业对库存成本进行有效管理的一种重要手段。

（二）零库存工作法

煤炭企业有了生产,就有了库存物料的存在。库存的作用有:① 煤炭企业要通过市场预测来维持所销售产品的稳定。② 煤炭企业通过保持合理的库存量来维持煤炭生产的稳定。③ 煤炭企业要科学地控制库存量来平衡企业的物流,平衡企业流通资金的占用。

库存控制可以从以下各个方面进行改进,以达到降低库存成本的目的。① 缩短提前期。尽可能地选择本地供应商并告诉供应商有关企业年度需求,以便供应商能够及时安排和供应物料。② 防止价格上涨。也可以与供应商签订定量供应合同,但可以在收到货之后再付款,以防止价格上涨。③ 提供销售折扣。为客户提供预先订购物料的折扣,使客户在需要物料之前就发出订单,库存成本就能因预先订购物料而下降。④ 加大采购批量。利用加大批量,减少供应商的方法,来降低采购成本。⑤ 以赊购方式购买。以物料卖出或使用之后再付款的赊购方式,将存储成本转由供应商负担。⑥ 加大运输量。增加运输量,以便减少运输成本。⑦ 按经济批量订购。⑧ 减少库存损耗。对仓库进行严格控制,防止因盗窃、损坏、火灾等的破坏而降低安全库存。⑨ 加强预测。通过加强预测,来保证预测的准确性。⑩ 库存物料标准化。通过物料标准化,减少库存相似物料种类,以降低库存。加强检查并以报废、利用、再加工、削价来及时处理闲置物料。

（三）业务流程优化工作法

根据供应链管理的基本思想和内容,充分发挥企业物资管理在供应链中的作用,必须对物资管理业务流程进行优化。物资管理业务流程优化,主要强调管理要面向业务流程,将决策权交于业务流程的执行环节,减少链上的节点和建立控制反馈程序。该方法大大消除了原来各部门之间的扯皮、推诿现象,降低了管理费用和管理成本,减少了无效劳动,提高了劳动效率。本着供应链上整体最优而不是单个节点或者某个环节最优的设计原则,对煤炭企业物资管理业务流程进行优化,追求过程化管理,使其更适合煤炭企业扁平管理组织机构的需要,从而提高管理效率。

第十节　明确煤炭企业销售精益化管理的主要内容

一、煤炭企业销售精益化管理的主要内涵

(1) 总体内涵：煤炭销售是煤炭企业的终端业务，也是保障煤炭生产企业销售业绩和经营利润的关键阶段，更是确保煤炭供应的关键环节。

一是精益营销是以占有有效市场为目标，采用细分市场、聚焦、速度等策略建立根据地市场和战略性区域市场，提升营销的战略管理能力，对战略性市场进行有效规划，依据市场规划进行营销资源的合理配置与安排，对战略性区域市场进行精耕细作。能够根据煤炭企业生产的特殊性和自身实际情况，通过研究市场、发现需求、细分市场，研究定制满足市场需求的营销方案、产品方案，保障企业生产的产品适合市场需要；对煤炭产品的生产实施全过程质量管理，保证企业能够持续不断均衡生产出市场需求的煤炭产品，从而实现企业效益最大化和产品价值最大化，增强困境市场形势下企业抵御风险的能力。

二是网络信息平台的使用能够串联起整个供应链，并且在网络服务和数据资料的支撑下，最大限度地提高供应链体系的运转效率，尤其是在销售环节。因此，煤炭销售网络信息平台的首要任务是整合企业资源，充分利用现有的软硬件技术基础，强化企业生产管理中的信息化调控成分，在企业原煤供应、运输线路优化、产品系列整合等方面融入信息化管理、信息化统计和信息化交易，为煤炭销售的信息化网络提供物质和管理基础，以顾客需求为导向、以网络销售市场调查为决策依据、以网络信息化销售模式为主要经营手段、落实信息化销售端口服务体系和资金交易体系，并最终通过互联网技术实现全球化煤炭销售的销售系统，这是当前煤炭销售网络信息平台应该具有的特点。

(2) 快速市场反应机制，即“集中销售、一级管理、公司主导、各矿配合”的“大营销”机制。在这个机制下，营销部门积极发挥自身职能，通过调研市场、发现需求来引导生产，再结合各矿煤质实际制定产品方案，统一定价、统一销售，保证产品适销对路。各矿作为利润中心，充分发挥自身积极性，合理组织生产，优化工作面设计，分装分运避免矸石污染和品种混杂，从源头上保证原煤质量。根据市场需求和产品特性制定相应营销策略和价格标准，保证销售顺畅。

(3) 根据市场变化，优化市场格局，调整产品结构。在市场调整上，煤炭企业根据区域市场优势，首先巩固好老用户，保证现有市场份额不丢失，紧密关注重点用户采购量变化，对采购量起伏变化及时分析原因，制定应对措施。持续提升、改进洗选加

工能力和工艺，各洗选线都能很好地满足不同煤种洗选要求。通过了解用户在煤炭质量方面的要求，结合资源特质，充分发挥洗选优势，通过洗、选、配等措施，按照稳定、可控的煤质管理原则，研发新品种，满足用户对产品的需求，保证产品的适销对路，促使产品结构持续升级，企业竞争力不断提高。

(4) 充分利用市场信息提高营销决策水平。煤炭企业借助互联网平台，重视市场信息工作，细化信息管理，建立一套较为完备的信息管理体系，信息渠道较为完备。对收集到的市场信息，煤炭企业按照信息反馈处理机制，通过早调会、专题会、网络等形式对信息进行及时分析处理。通过对信息的及时收集分析处理，保证市场预测的前瞻性，决策的正确性、精准性，以此来实现对市场的快速和准确反应应对。

(5) 建立风险防控机制，严控经营风险。煤炭企业根据货款回收过程各环节风险点，建立货款回收风险防控机制，明确责任，确定权限，在货款回收过程中，严格执行货款回收管理办法，确保货款回收整个过程风险可控。同时紧密结合市场形势及用户经营情况，采取销售政策支持、高层联系机制、拓宽回收渠道等方式，防范风险促进回收。

(6) 提高顾客满意度，提升市场竞争软实力。煤炭企业在实施营销战略过程中全方位经营客户满意度，打造丰富合理的产品种类、严格稳定的产品质量和完善细致的售后服务，使企业对市场稳健的把控能力即使在经济下行期也依然得以体现。在对待用户关系上坚持诚信原则，与用户交往中坚持公平交往、诚信待客。认真听取用户的意见和建议，通过为用户提供现实和潜在的市场需求，不断改进产品和服务质量。

(7) 重视产品质量，为用户生产市场需求的煤炭产品。在精益管理理念的引领下，煤炭企业对煤炭产品的生产实施全过程质量管理，建立质量保证体系，强化质量软硬件建设，对企业所有的煤炭产品实现从工作面设计、生产、加工、储存、装运等全过程各环节的质量管理，保证企业能够持续不断均衡生产出市场需求的煤炭产品，从而实现企业价值最大化。

二、煤炭企业销售精益化管理的工作思路及主要任务

(一) 煤炭企业销售精益化管理的工作思路

在精益销售理念指引下，使煤炭销售系统能够适应多变的外部环境，将不同销售网络吸纳至煤炭销售体系中，形成一个完善的销售模式，实现各个环节信息的共享，将产品流、物流及信息流融为一体，提高企业的销售竞争优势。在当前信息化环境下，煤炭企业能够应对瞬息万变的市场竞争，通过对内部的生产管理进行优化和完善，尤其是要做好经营管理工作中供需链的管理工作，完成供应商的吸纳、客户的管理以及分销网络的构建等，最终形成一个高效的信息管理系统。利用互联网系统作

为基本工具,能够销售管理人员在实施销售工作的同时,还能够根据既定的销售计划,基于目标市场的实际情况,为后续的销售工作提供科学翔实的情报信息。并对煤炭的产、运、销、存等信息进行综合分析,为煤炭销售管理工作提供了良好的支撑平台。

(二)煤炭企业销售精益化管理的主要任务

一是精细的煤炭市场划分。进行精细的煤炭市场划分,可以通过以下两个步骤进行:① 选定煤炭产品市场范围,即确定进入什么行业,生产什么产品。产品市场范围应以顾客的需求,而不是产品本身特性来确定。② 列举潜在客户的基本需求,企业可以通过调查,了解潜在消费者对煤炭产品的基本需求。这些需求可能包括挥发分、硫分、灰分、水分、发热量、胶质层厚度等。了解不同客户的不同需求,对于列举出来的基本需求,不同顾客强调的侧重点可能还存在差异。一般而言,企业可以采用不同方式来细分市场,而且不同市场的细分标准可以有所不同,通常,第一步细分是将潜在市场细分成两大类:消费者市场和组织市场。

二是精良的煤炭产品设计。精良的产品设计旨在从生产工艺上做到低浪费、高效率。精良的产品设计方法是洗选加工与合理配煤。企业生产的最终目的是提高经济效益。在保证产品质量的前提下,根据各单种煤的性能优势,科学合理地配煤,尽量多地使用资源丰富、价格较低的煤,如气煤、1/3 焦煤、瘦煤、不黏煤等,不但可以得到符合质量要求的产品,而且可以降低配煤成本。配煤成本是由单种煤成本加和而得的。单种煤的成本包括煤的单价和运输费用两部分。通常情况下,对于同品种、同质量的煤,则运距越远,成本越高;对于同一地区、不同煤种而言. 由以焦煤、肥煤的成本为最高,而气煤、1/3 焦煤、瘦煤、不黏煤等成本相对较低。因此,应该合理利用煤炭资源,充分发挥本地区煤炭资源的优势,在本地区资源品种、质量、数量等能满足配煤需要的条件下,实行区域配煤。在采购过程中实行比质、比价原则是科学合理配煤、降低成本的主要手段。在保证质量的前提下,应尽可能深入、准确地把握顾客需求,才能研制恰到好处满足顾客需求的产品。

三是精准的煤炭产品定价。精准的煤炭产品定价是精益营销的极为重要的一个环节。制定精确的价格,需要依据不同的行业、不同的环境、不同的产品选择不同的定价策略。企业虽然可以独立地自由定价,但并不是随心所欲的,定价时必须考虑企业内外部因素以及认知心理因素。如内部因素有经营目标、营销组合、产品成本和定价组织等外部因素有产品需求和供给的价格弹性、市场竞争、宏观行业政策等。

四是精简的营销渠道。渠道管理的好坏直接关系到渠道的运营成本和运营效率,精简的营销渠道内容包括:第一渠道结构扁平化。运用精益理论对渠道结构进行优化,以高效、简捷、经济为原则,减少制造商与消费者之间的层次,剔除不增值或效率低下的环节；强化对零售商及消费者的服务；扩大终端的市场覆盖度，即销售渠道越来越短，而销售网点则越来越多的组织结构。第二渠道运营一体化。精益理论强调整体价值链上所有价值总和的最大化。分销渠道价值链的关键环节之一在于厂、商联结方式。通过垂直一体化或水平一体化的运营模式，将厂、商由松散的 、利益相对的关系变为紧密地、利益融为一体的关系，提高渠道绩效。第三渠道功能个性化。在全面的买方市场中，企业获利能力的增强依赖于顾客忠诚度的提高，分销渠道正逐渐演变为消费者了解、评价产品的“桥梁 ”。因此，强化渠道的个性形象和服务意识，以最优品质的，最具人文关怀的产品和服务来吸引目标顾客，以超乎想象的附加价值来俘获消费者的青睐，是渠道演进的趋势。

三、煤炭企业销售精益化管理的工作方法

煤炭产品营销作为煤炭企业供应链的终端活动，营销渠道、品牌建设、价格管理和市场管理等的好坏，对煤炭企业其他供应链会造成很大的影响。

（一）营销渠道管理的工作方法

在第三方电子商务平台营销的同时，应加快建设量身打造的专属互联网销售平台，平台要具备功能齐全、操作便捷、用户体验优良、融入物联网技术实现货物实时跟踪等特点，做成煤炭企业电子商务平台的样板和标杆，以吸引潜在用户群体，开拓煤炭市场，同时降低交易成本，提高流通效率。引入有实力的具有区域影响力的煤炭中间商，签订互惠协议，对于中间商可以按照以价换量的思想进行让利，在价格上对中间商进行倾斜，按低于市场价格供货，给予中间商适当的利润空间，让中间商去开发煤炭下游市场，把中间商这一渠道作为传统营销渠道的一个补充，保证企业稳定的市场份额，控制给中间商供货量，防止中间商这一不稳定因素对企业可能造成的市场份额损失。

（二）品牌建设管理的工作方法

实施品牌战略的根本途径，第一要依靠科技进步，加大开采工艺的研发力度，促进新技术新工艺的不断推陈出新，提升企业在技术创新方面的核心竞争力；第二要按照市场的需求，通过引进和吸收国内外的新技术、新工艺、新设备和先进经验，及时改变煤炭产品的形态和状态，开发和生产适销对路具有高附加值的新产品，调整产品结构，不断保持和提升企业的品牌优势。不断推进煤炭技术进步和技术创新，提高煤炭产品的科技含量和附加值，这是参与市场竞争、满足不同用户需要、加强内部管理和降低生产成本价格、提高经济效益的重要管理举措，也是参与市场竞争的首要条件。

（三）煤炭价格管理的工作方法

完善价格体系，做好市场调研工作，按照产品质量标准和行业及地区情况，细化

产品价格体系,把价格制定精准程度做到极致,避免因定价不准确造成的市场份额丢失或定价过低造成损失。价格根据市场供需和竞争变化的及时调整,可以有效防止市场份额的丢失及因价格未及时上涨造成的收入损失。完善价格调整机制,减少价格对市场变化的反应时间。第一,高度重视并尽快改革企业决策机制,进行分级授权,把煤炭定价权下放负责煤炭销售外运工作的运销处,集团保留否决权。第二,加强市场调研工作,准确及时搜集市场情报,准确分析市场供需变化,科学研判市场走势,为价格调整提供信息和数据支撑。第三,运销部门每周召开市场分析会和定价会,在充分分析市场形势和同行业者的基础上,开展定价讨论,形成价格报告,解决价格调整不及时以及不到位的问题。

(四)销售市场管理的工作方法

要有科学的销售结构,坚持不断调整,在运行中调整产品结构、运力结构、销售结构,形成多品种、多方式、多销售渠道,相对稳定,又具有可替代性的营销格局。要科学调整销售结构,细分煤炭市场,加强对煤炭产、运、销信息的全面管理,建立市场信息网络,开辟信息渠道,加快信息传递交流,建立煤炭市场预测组织机构,通过对信息的研究,搞好煤炭市场需求预测,搞好产销决策,建立符合市场规律的企业营销新理念,需要不断研究市场竞争形势,注意市场调查,用科学的市场细分理论指导煤炭营销工作,在变化的煤炭市场面前,采取灵活多面的营销手段,提高营销效果,是煤炭企业效益不断提高。

第十一节　明确煤炭企业精益化管理的保障体系及措施

一、煤炭企业精益化管理的保障体系

精益化管理是对现有管理理念的再革新和对企业管理水平的再提升。企业系统推行精益化管理要以现有组织管理体系为基础,不再单独设立组织机构,重点是要在履行现有管理职能的过程中贯彻精益思想、实施精益化管理措施、落实精益化管理目标,为此,应建立三个支撑体系。

(一)建立目标展开体系

目标展开体系就是将所承担的各项生产经营目标任务分解到各部门(单位)、车间(区队)、班组,直至每个员工,做到横向到边、纵向到底,任务明确、责任落实。企业系统要抓住精益思想的精髓,按照精益化管理的五个主要目标,认真梳理本部门(单位)业务领域的重点工作,设定管理目标,在计划制订、职能履行等各个方面贯彻精益

思想理念，为管理控制提供依据。

（二）建立管理控制体系

管理控制体系是达到目标体系的手段，是各项工作目标得以实现的支撑，是在严格个人责任基础上的全面控制。实现目标需要健全的制度和标准，煤炭企业已初步形成比较完备的制度体系，要着力以精益思想为指导，在制度执行上下功夫，防止执行不力、流于形式。标准化是实施精益化管理的基础条件，必须建立健全安全、生产、销售、供应、质量、成本等标准化体系。

（三）建立考核激励体系

考核激励就是依据管理控制的结果，对每个部门、每个单位、每名员工进行严格考核、奖优罚劣的过程。将考核结果与部门、单位和个人收入分配挂钩，与员工职级晋升、评先选优挂钩，按照合理的奖罚办法，利用经济利益、政治荣誉驱动精益化管理的实施。企业各系统要建立起针对各部门和单位的组织绩效考核和针对员工个人的全员绩效考核体系，实现对各部门、各单位和班组个人的工作业绩考核。进一步完善考核激励机制，在明确考核体系、考核方法、考核兑现的基础上，要针对发现问题，以持续优化、改进提高为最终目的，将考核工作与精益化管理工作有机结合起来，促进精益化管理健康发展。

二、精益化管理的工作措施

为保证煤炭企业精益化管理的顺利高效实施，还必须在工作措施上做到以下几点。

（一）理念引领，务求实效是实施精益化管理的关键

精益化管理是一种先进的管理理念，目标是提高效益，降低消耗。企业实行精益化管理首先就是打破靠增产创收、靠市场机会盈利的旧观念，树立以消除浪费创造价值为主导的新的精益思想，通过打造精益文化，把企业核心价值观融入员工精神、企业环境、制度、行为、物质等各个层面，变为员工自觉行为和意志，从而保证精益化管理的长效运行。

（二）高度认识、强化执行是实施精益化管理的根本保障

精益化管理是一项重大的管理变革，是“一把手”工程，企业各部门、各单位负责人要系统思考、把握关键、突出重点，亲自参与、亲自安排。要把强化执行力作为推进精益化管理的第一要务。

（三）高素质的员工队伍是实施精益化管理的人才保障

精益化管理的落脚点、执行者是员工。一项管理制度和管理方法能否执行到位，

落到实处，关键在于基层干部和员工的执行力。因此，队伍建设和全员素质提升是实施精益化的最重要、最基础的工作。要通过各种形式，对不同层级有针对性开展培训、培养，使之明确精益化管理在各自层面和岗位应如何操作，精益化管理与其利益关系，这样才能保证精益化管理在推行过程中不走样、不变味，真正取得实效。一方面员工素质的提升保证了精益化管理的实施，另一方面精益化管理的实施促进了员工素质的提升，二者相辅相成。

（四）持续改进是实施精益化管理的内在动力

在企业推进精益管理进程中，会在消除浪费盲点、提升管理绩效的同时，不断出现新的问题。这就需要企业各部门、各单位在实践中深入分析各流程、各环节中存在的问题及薄弱节点，制订整改方案，确定阶段性目标，有序整改、完善，持续改进，本着没有最好只有更好的目标，实现企业效益水平的不断提高。

第八章　关注煤炭市场营销模式及“双智”变革新趋势

第一节　煤炭市场营销模式变革新趋势

高质量发展的新时代将诱发企业生产经营的新业态、新模式，也必然促使市场营销模式的新变革。中国著名经济学家管益忻在《营消：迈向客户经济的商业范式革命》一书指出，创新就是为客户创造新生活，创造一个新的消费者满意的含有消费者剩余的产品。该书道出了企业应从“产品运营商”向“生活方式提供商”转变，提出了高质量发展新时代企业面向未来转型升级的战略方向，顺应了企业商业模式创新的大趋势。当今中国经济从扩张式中高速发展阶段转向内涵式中低速发展阶段，多数产业从“短缺”形态转向“过剩”形态。由此就自然产生了三种社会经济新形态和企业经营新模式。

一是供给侧由生产供给中低端化产品转向定制化供给中高端化商品。

二是需求侧由“温饱型”低档次消费转向“个性化、时尚化”高档次消费。

三是市场销售方式由“推销式”“营销式”转向“引消式”。为此，从理念转换、产品升级和模式创新三个方面对煤炭营销模式变革作一阐述。

近期，国家发展改革委提出，对于煤炭领域，一方面指导各地按照先立后破原则，结合煤炭供需形势和资源运力情况，研究制定30万吨/年以下(不含30万吨/年)煤矿分类处置方案，坚决退出达不到安全环保质量要求的煤矿，持续破除无效供给。另一方面，进一步优化存量资源配置，推动在建煤矿加快建设、建成煤矿加快投产，有序释放优质先进产能，不断扩大优质增量供给。此外，开展煤炭领域淘汰落后和化解过剩产能工作督导检查，坚决防止已退出产能死灰复燃。随着去产能的深入推进以及南方小煤矿加快退出，煤炭生产进一步向晋陕蒙地区集中。针对煤炭供需出现的新形势新情况，指导重点产煤地区和煤炭生产企业在确保安全的前提下科学均衡组织生产，努力增加产量。

新时代煤炭企业的市场新战略。在“互联网＋”的新时代，煤炭企业的市场战略也要与时俱进不断创新和进步，这种创新和进步将体现为传统与创新交织、市场与现场互动、理念与方法相依的集合。未来，煤炭企业应在理念、方式、策略、方法和连接点等方面坚持实施“12345”市场新战略。

一、树立一个市场新理念

树立以持续满足客户价值需求最大化为市场导向新理念。坚持用“互”“联”“网”的思维来改造“自我”。“互”即互动，互动为民主；“联”即连接，连接为开放；“网”即网络，网络为平等。“互联网”思维体现在企业市场战略方面主要树立五项新理念，即树立面向市场用户至上的新理念，树立精益精美产品极致的新理念，树立平台合作共赢的新理念，树立跨界变革发展的新理念，树立绿色营销生态的新理念。

二、坚持“两种运行方式”

第一坚持“两场”对接，即现场与市场对接运行。改变过去煤矿以生产为主和产什么卖什么的传统推销做法，坚持以市场需求为主，一切跟着市场走，生产围着市场转。对市场变化信号企业应及时响应，保持市场与现场的紧密联系，使“两场”时时互通、互动、互促。

第二坚持“两线合作”，线上、线下并行运作。由于煤炭为大宗能源产品，其销售方式目前还多采用传统“线下”交易方式。但是煤炭电商也在快速发展之中，各大煤炭国企纷纷开展电子商务平台的探索。目前，神华、中煤、陕煤化、兖矿等都已自主或合作搭建商务平台并上线运营，借助电子平台拓宽销煤渠道。同时，还要坚持线上交易和线下支撑相结合，以线下的优质产品和优良服务来有力保障线上的良性交易。

三、坚持“三变”市场策略

根据用户本性的“三个不变”永恒心理需求而改变。一是用户乐于买“便宜”商品的心理需求不变；二是用户乐于比较“选择”商品样式（规格、质量、样式可选）的心理需求不变；三是用户乐于买商品时想更“方便”的心理需求不变。煤炭企业的市场策略就应该是围绕用户的“三个不变”，研究实施“三个变”的应对策略。

第一是变着法子抓管理，保持生产的产品低成本。为保持产品生产低成本，煤炭企业要加强管理，要从人、财、物各要素优化配置上和产、供、销各环节运行上加强成本控制，实施低成本战略，做到节约降本、优化降本、提质降本、技术降本、创新降本、安全降本等，不断降低产品生产成本，打造在市场上有价格竞争优势的产品，以此满足用户追求商品价格低廉便宜的心理需求。

第二是变着法子抓质量，保持生产出的煤炭产品用户可选择。煤炭企业要根据用户对煤炭质量、品种规格的新需求，通过技术上改进生产工艺、洗选工艺、深加工工艺和加强企业质量管理等措施，不断优化调整产品结构，生产出清洁、优质和多样式品种的煤炭产品，供不同用户购买商品时有充分比较的选择性。

案 例

兖矿集团推行“三零工程”质量管理的做法

煤炭产品质量特性是天然形成，但在毛煤开采、洗选加工及交付过程中如何实现经济规模、确保煤质满足不同需求并按时交付于顾客，成为煤炭企业的追求所在。兖矿集团煤炭产品具有低灰、低硫、低磷、高发热量、高挥发分、高灰熔点、流动度好的特点，是优质的动力用煤、炼焦用煤和化工用煤。但是如何降低产品中软杂物含量却是兖矿集团也是煤炭行业面临的一道难题。为满足客户对产品质量越趋严格的要求，进一步巩固和扩大公司的市场的份额，培育具有强大竞争力的“兖矿煤”品牌，兖矿集团紧紧围绕提高煤炭质量这一核心，创造性地提出并实施了以产品“零杂物”、管理“零缺陷”、用户“零投诉”为主要内涵的“三零”工程，持续改进工作质量、产品质量和服务质量，提升“兖矿煤”品牌信誉，提高企业的市场竞争力。

一、“三零”工程提出的背景和意义

多年来，兖矿集团坚持深入开展全面质量管理，产品质量和服务质量稳步提高，先后获得了多项荣誉称号，受到国内外用户的一致好评，“兖矿煤”已逐步成为国际国内市场的知名品牌，由此带动产销量大幅提高，使兖矿集团的地位迅速提升，成为煤炭行业的优势企业。

2001 年，随着经济全球化，中国加入 WTO，煤炭市场的竞争更加激烈，最终的竞争必将体现在产品和服务质量以及价格上。“兖矿煤”的质量虽然在国内得到广泛认可，但与国内、国际的一些知名煤炭企业相比，兖矿集团的质量管理水平和产品质量还存在一定差距。主要表现在综合管理水平不高，出口煤中杂物含量较高，雷管问题未根本解决，内贸煤因质级不符也有一些用户投诉，另外在煤炭水分、灰分、块煤限下率等方面也存在不同程度的缺陷等。

质量是企业的生命，是效益的前提。在发现问题之后，兖矿集团果断决定以解决出口煤中存在的少量杂物问题为契机，把质量管理作为应对市场竞争的主要手段，于 2001 年在全国煤炭行业率先提出并全面实施以零杂物、零缺陷、零投诉为主要内容的“三零”工程。

1. 产品零杂物

日本是最大的能源进口国，也是兖矿集团主要的出口市场，更是对产品质量要求最为严格的国家。要进一步扩大兖矿集团在日本市场的份额,必须在产品质量等方面满足客户需求。当时,由于采用特殊的喷吹工艺,日本客户对煤炭产品当中软杂物的存在提出了更高的要求。为了顺应客户要求,兖矿集团首先明确提出了"产品零杂物"的理念。

2. 管理零缺陷

如何降低煤炭产品中软杂物含量,成为兖矿集团也是煤炭行业面临的一道难题。煤炭产品中软杂物的存在,是由开采、运输、洗选等环节中客观及主观因素所导致的。对于客观原因,他们通过技术改造和增加设备投入,减少软杂物含量;而针对主观因素的多样化和差异化,他们从强调员工工作效果出发,提出了"工作零缺陷"。随着时间的推移,兖矿集团领导层进一步意识到"工作零缺陷"所包含的范围和涉及的人员有限,并逐渐将其扩展为"管理零缺陷"。

3. 顾客零投诉

为满足日本客户要求所采取的一系列措施,使兖矿集团的产品质量和质量管理提升到一个新的水平,凭借着强烈的民族情怀和神圣的使命感,他们将满足日本客户的高标准的产品质量和服务意识进一步推广到所有客户,包括国内用户,进而提出了"顾客零投诉"。

"三零"工程即"产品零杂物""管理零缺陷""顾客零投诉"。这是兖矿集团以煤炭质量为核心,通过对煤流各环节的质量管理,追求的"三零"目标。"产品零杂物"是一种精益求精的工作方式,意味着煤炭产品中不能含有一点木屑、铁丝;"管理零缺陷"需要一种严肃认真的工作态度,意味着任何人的管理工作中都不能有丝毫问题,任何产品都应该是合格产品;"顾客零投诉"是追求完美的工作效果,意味着在众多的各种各样的顾客中,不能有一人不满意。通过实施管理零缺陷,保证产品零杂物,最终实现顾客零投诉。

"三零"工程的提出,充分反映了兖矿集团高层决策者强烈的市场意识,将顾客的利益放在首位,实践他们提出的"顾客利益价值最大化"的核心价值观,是企业诚实有信的表现。零的概念又是一种完全理想化的状态,可以持续逼近,但也许永远都不能实现。兖矿集团率先在煤炭行业——这个众人眼中粗放式经营的劳动密集型行业——提出零的概念,这展现出一种勇气,一种敢为人先的勇气,一种持续超越、追求完美的勇气。

兖矿集团长期以来实施"三零"工程,凭借优良的煤质、先进的质量理念和全面质量管理,使"兖矿煤"的产品质量在用户中形成了良好的口碑。"兖矿煤"连续多年保持中国煤炭"第一品牌"和出口免检产品称号,在国际上享有很高的声誉,在国内外消费者心中牢牢树立起了高端品牌形象。这些荣誉充分展示了兖矿集团良好的经营质量、运营效率、核心竞争力和市场形象,使兖矿集团在国内外市场奠定了坚实的根基,凸显了“兖矿煤”的品牌效应。在国内市场上，“兖矿煤”的销售价格要高出其他同类煤种，在国际市场上，“兖矿煤”的销售价格要高出同类煤种几美元。

第三是变着法子抓服务，保持为客户提供更便捷和更良好的服务。煤炭企业要采取包括优化运输方式、提供方便的合同服务和技术指导服务等措施，特别要借用互联网、电商等新工具和新模式，不断改变提供商品的服务方式方法，以满足用户购买使用商品的快速便捷的要求，最大限度为用户购买煤炭产品提供最好的便利化。

企业只有做好了“三个变”，才能更好地适应于和服务于用户的“三个不变”，从而赢得用户的“芳心”，形成独特强劲的市场竞争优势，在市场竞争中抢占先机、占据市场高地。

四、坚持推进“四个优化”方法

（一）推进产品品种优化

根据煤炭用途、加工方法和技术要求等，对煤炭产品进行品种规格的划分。按照产品品种优化调整计划，在对煤炭产品进行成本效益分析的基础上，组织对洗选设施设备进行技术改造。充分调动生产矿井、煤炭洗选厂、深加工厂和销售部门的积极性，保持对煤炭产品进行持续的优化工作。

煤炭产品清洁化、低碳化是新时代国家与社会的新要求，未来发展的新趋向，产品的清洁化、低碳化也就是产品的高端化和高价值化。加快推进我国煤炭资源清洁高效利用，大有可为，前景广阔。

（二）推进用户类型优化

做好用户价值分析和优化用户工作，建立用户管理机构和用户评价机制，加强用户信息管理，充分利用大数据分析和实际交易记录不断优化用户信息。

一是优化区域市场的战略定位。市场布局很重要，它是一个战略性的问题。如何合理划分市场布局定位是营销战略中的一个首要问题。有针对性地对销售区域进行科学划分，积极培育多元化的战略市场。要做好、做大、做强销售市场，就必须合理布局市场，不能在一棵树上吊死，要积极培育多元化的战略市场，做到东方不亮西方亮；既要巩固和保持传统市场的产品占领份额，又要根据新建矿井形成的增量生产能力及产品质量品种，积极开拓新的市场布局，满足企业产量规模快速扩张的需要，以不断增强抵御市场风险的能力。

二是优化细分客户的类型定位。从流向看以火车直达为主，地销为辅；从行业销售来看，用户主要集中于电力、冶金、化工和建材等行业，并且电力和化工行业的煤炭销量占有很大比例。优化细分客户应实施以下三项举措：第一实施差异化管理，进行用户分类。根据客户对“特有煤种”接受程度（数量、质量、品种规格）的情况，划分为战略客户、重点客户、一般客户、其他客户四种类型。战略客户是指具有资信好、信誉高、实力强、长期战略合作的行业性、地区性的大型直接客户及经济实力大、营销能力强、双方稳定合作三年以上的部分经营客户；重点客户是指资信好、实力强、行业性、地区性较大的直接客户及部分经销能力较强的经营客户；一般客户是指除战略、重点以外的中小型和零散客户；其他客户是指合同执行较差、有并户购买行为、恶意投诉、故意串标及有行贿事实的煤炭客户。第二建立用户评价机制，实现用户动态优化。根据销售科综合评价报告评价上期战略、重点客户实际合作情况，确定本期战略及重点客户总体数量和规模，分配各流向战略及重点客户的数量和客户构成；依据各流向客户考核评价分数排名，逐一评价确定本期各流向战略、重点客户，研究确定本期战略及重点客户关系管理政策。

三是对不同用户区别对待，稳定长期合作关系。

对战略客户：在价格、付款、发运方面给予一定的优惠政策，以稳定长期合作关系，共同抵御市场、运输变化风险，提高客户的忠诚度。价格优惠：地销煤实际销售价格高于规定价格的，以实际价格为准。港转煤战略客户不享受价格优惠。对战略客户购煤达到品种、数量规定的，可以收取部分承兑汇票。对战略客户采用定矿点、定品种、定数量、定时间的“四定”发运策略，均衡供煤。严格把握战略客户有关购销优惠政策额度，防止优惠政策扩大。战略客户开具的煤炭订单不得转让其他客户，否则取消其战略客户资格。

对重点客户：对重点客户根据生产和市场供需情况，在满足战略客户基础上，按合同约定积极协调供煤，在煤源、市场紧张时，适当给予优先发运。各销售流向战略、重点客户只能在本销售流向内享受优惠政策。

对一般客户：一般客户作为保持价格和销量平稳的有益补充，在适当保持合理数量的基础上，发展直供客户，控制中间客户，继续优化客户结构。一般客户只能在优先保证战略、重点客户供应之后方可供应，煤源紧张时严格控制。对销售淡季忠诚度高、采购量较大的一般客户，旺季时给予适当的优先供应政策。

对其他客户：其他客户合同兑现率低和有并户购买行为的客户，半年内不与其签订煤炭买卖合同，同时对有并户购买行为的战略、重点客户，降一级客户级别；对有恶意投诉或故意串标的客户，一年内不与其签订煤炭买卖合同；对有行贿事实的客户，两年内不与其签订煤炭买卖合同。

（三）推进销售价格优化

建立高效价格决策体系，要明确划分界定销售部门和煤炭企业领导的煤价调整决策权限，保持工作流程清晰畅顺，形成煤价调整决策既权责明晰、又快速高效的运作机制。根据不同用户群，实行不同的煤炭价格政策，包括基础销售煤炭价格、浮动煤炭价格和特别价格。

（四）推进运输方式优化

煤炭产品运输的主要途径一般有铁路运输、公路运输、海河运输和管道运输。主要从运输能力、运输成本、运输损耗、运输时间四个运输要素方面进行比较优化选择。

一是对不同运输方式的运输能力差异性比较，即主要从煤炭运输负荷重量能力来看。

二是对不同运输方式的成本差异性比较，即主要从煤炭运输费用来看。

三是对不同运输方式的运输质量差异性比较，即主要从煤炭运输损耗量来看

四是对不同运输方式的运输时间差异性比较，即主要从煤炭运输时间长短来看。

我国煤炭运转能力大幅提升，先后建成了大秦、朔黄、蒙冀、瓦日、集通等主要煤炭铁路运输通道，2018 年全国铁路煤炭运量达到 23.8 亿吨，建成了秦皇岛、京唐港、曹妃甸、黄骅和南京、武汉等一批沿海、沿江煤炭中转港口，煤炭运转能力大幅提升。

五、坚持做好“四个连接点”

（一）做好组织嫁接

按照“智慧化、大营销、集中统一、精简高效”的要求，建立健全“产销连接”组织体系。

一是建立组织。创建“两场”对接组织协调运作体系。首先明确“两场”对接组织协调运作体系的“症结”所在，这个“症结”的关键环节就企业内部关系网中各方的协调性如何？理清这三层上下左右关系是建立“两场”对接组织协调运行体系的基础和关键。

二是界定职能。明确相关各方在“两场”对接协调运作体系的功能定位，这三层关系中的四方单位要紧紧围绕适应市场变化、应对市场变化和超前预判市场变化的要求，科学清晰地界定各方的基本职能、权责，使其明白自己对接市场的主要工作任务和管理职能，了解各自的市场使命，知道自己该做什么，怎么去做。

三是健全制度。要着力构建“两场”对接协调运作机制，在明确各方职能的基础上，要按照“找准接口、快速反应、有序协调、高效应对”的要求，科学制定相关基础规章制度，使其在实际协调运行中有章可循，形成协调运行工作的正常化、规范化和机制化。这些制度包括“两场”衔接协调例会制度、市场情报管理制度、营销实务管理制度、销售计划管理制度、产品质量管理制度、营销方针目标管理制度、路矿协调制度、销售费用核算制度、价格调整管理制度、营销风险防范制度等。

（二）做好信息对接

生产者不知道市场客户需要什么种类、什么规格、什么质量和多少数量的产品，

而埋头生产；企业管理者不了解市场需求新变化、政策新调整而闭门决策，凭意愿下达计划、组织生产；销售人员和市场研发人员对信息分析集成盲然，为无法使信息落地而苦恼……凡此种种皆因信息隔绝、传递不畅、难以共享造成的，这是影响运销工作效能的重要因素。要建立"两场"对接高效协调运作机制重要的是信息传递要快捷、共享，并使信息真正成为企业决策的依据和煤矿生产产品的根据。

一要解决来源信息的真实、准确和及时问题，包括市场用户需求信息和现场生产品种信息。

二要解决信息传递渠道不畅的问题，包括信息合理分类，按各机构职能定位传送和传递手段的多样化，如根据信息特性及适应性，梳理筛选确定信息集成的目的和用途，采取"方案"报告式或网络传阅式等。

三要完善市场形势分析会商机制，坚持定期分析市场形势制度，运用多种分析方法，包括利用参加全国煤炭交易会等各种机会，关注市场供求关系变化情况。

四要使信息对接变为促进企业产品结构优化调整的催化剂，将信息转变为决策力，决策力变为管理力，管理力变为生产力，生产力变为竞争力，竞争力变为企业利润增长力和持续发展力。

（三）做好市场连接

传统的营销渠道成员之间的关系是松散的，即以简单的契约来维持，渠道成员孤立地追求各自的利益最大化。这种平行的渠道关系网络，物流不畅通、风险不共担，矿、商、最终客户之间容易产生矛盾，并存在一定程度上的"零和博弈"，也制约煤炭企业与客户之间的沟通，影响了渠道效率。因此，如何打破屏障，实现与客户的零距离沟通，成为煤炭企业营销渠道创新的主要方向。创新营销渠道，可以从两个方面入手。

一是建立直通型点对点的扁平式短渠道。现代经济的发展使得信息的传递加快，要求企业对于信息的反应也加快，导致企业的渠道扁平化，所以建立战略企业之间的点对点直通渠道，是现代经济发展的趋势，要分析企业的战略合作企业，形成一批点对点的短渠道结构。

二是创新渠道关系，实现与中间商、最终用户的"双赢"局面。在当今的市场环境下，煤炭企业与中间商、煤炭用户之间的关系已经不再仅限于交易关系，三者之间利益密切相关，有共同的远景。这种关系促使传统的渠道关系由交易型向关系型转换，这迫切要求"协同式渠道""伙伴式关系"的建立。所谓伙伴式关系或者协同式渠道是指渠道成员从系统的角度来理解和运作彼此关系，建立相对长期稳定的合作关系，从而提升整条价值链的竞争能力，为消费者创造更具价值的服务，并最终达到公司的战略意图。这其实只是一种战略联盟，通过这种联盟，可以消除成员关系追求各自利益造成的冲突。成员根据核心能力的互补性，通过合理分工与沟通协作，各自负责擅长的渠道职能，由于优势互补，避免了重复、无效的工作，不仅降低了各自的成本，而且有助于提高整条营销渠道的运行质量和效率。除此之外还可以使松散的渠道关系变得紧密，实现系统利益的最大化。例如，可以从建立客户档案，如寄发广告或会议信函、订立收付款计划、对客户进行分类等；建立战略合作伙伴关系，实现资源共享、互相信赖、利益共享，将渠道建设成为物流中心、信息中心和结算中心的载体。

三是创新煤炭运输优化机制。鉴于煤炭是能源大宗产品的特性要求，“两场”对接除切实解决好生产与用户双方互通融洽关系之外，还必须解决中间环节——运输通道保障问题。为此，应做好三项工作，一要加强煤炭铁路运输管理，提高铁路运输总量和运输效率。目前我国煤炭的主要运输方式还是铁路运输，因此煤炭企业首先要搞好路矿协作，建立和完善铁路、矿井煤炭铁路运输协调机制，科学安排煤炭运输计划，保证铁路运输计划的兑现。二要严格铁路运输作业过程控制，实施调运动态跟踪管理，从煤炭铁路运输的各个环节的各个作业点入手，制定严密精细的操作规范，明确煤炭企业各部门在煤炭铁路运输过程中的相应职责，加强对煤炭铁路运输各个环节的监督管理和过程时间控制，确保煤炭铁路运输畅通有序，协调一致，缩短车皮滞留时间，加快车皮周转，提高煤炭铁路运输总量和运输效率。三要完善煤炭铁路运输效益评估机制，坚持效益第一的原则，综合评估煤炭铁路运输计划，严格按照长期战略伙伴、规模用户、煤价高、信誉好的客户优先的原则，优化煤炭发运结构，不断提高资源配置效率，实现铁路运输效益最大化。

在思想上要牢固树立市场为天、用户是上帝的理念，在体制上要建立对应市场、响应市场和服务市场的机制，在方法上要创新沟通市场、研究市场和创造市场的样式，真正形成围绕市场转、跟着市场干的浓浓氛围。

（四）做好产品定制

坚持以持续满足客户价值需求最大化为导向，依托资源优势和区位优势，通过实施低成本和清洁化战略，提供定制化、差异化、订单式系列化服务，提高市场综合竞争力。

在国家大力治理雾霾和市场激烈竞争的双重挤压下，煤炭企业在市场竞争中的“制胜法宝”是开发卖点，借鉴海尔“人单合一”运行模式，结合煤炭产业实际情况实行产品定制方略，着力打造产品价值增值线，深入挖掘客户潜在需求，从推销、营销向“引消”转变，实现服务引领消费，为产品创造新的附加价值，构建以增值服务为主题的产品价值增值线。煤炭企业要充分认识买方市场的新特点，深入持续了解用户的新需求，超前把握客户需求，围绕产品生产、销售、服务价值线，引导客户参与产品创造过程互动，推动煤炭、煤化工、机电装备制造等由产品生产经营向“引消”服务转变，为客户提供定制化服务和综合解决方案。

做好“人单合一”，探索建立生产者与用户对接机制，让用户需求信息迅速与此类煤炭商品生产者见面，做到及时响应用户对煤炭产品的新要求，形成“人单合一”紧密互动机制，使每个煤矿、每个生产区队、每个洗煤厂都能够与用户对接，找到产品契合点，明确“单”的内涵要求和“人”的责任体，让“人”以响应市场需求不断自创新、自驱动、自运转。

案　例

海尔创新人单合一双赢的管理模式

从管理模式变革角度，海尔探索将传统管理模式变为一种适应互联网时代的人单合一双赢模式。

人单合一，人就是员工，“单”表面是订单，本质是用户资源。表面是把员工和订单连在一起，但订单的本质是用户，包括用户的需求、用户的价值。人单合一，也就是把员工和他应该为用户创造的价值及面对的用户资源“合”在一起。双赢，即员工不是根据上级下达任务完成的多少和优劣赚钱，而是以员工创造的用户价值来体现自己的价值。海尔对管理模式的变革是为了适应互联网时代的要求。传统管理模式与互联网时代管理模式的区别在于前者是以企业为中心制定的，而后者则是以用户为中心来制定的，这是两者的本质区别。

海尔管理模式的变革可以回答管理大师彼得·德鲁克(Peter Drucker)所要解决的四个问题，即“德鲁克四问”：谁是你的客户？什么是客户认可的价值？你从客户那里获得的成果是什么？你的客户战略是否与你的经营战略配合得很好？

你的客户是谁？作为一个企业要回答这个问题都会有一定的难度，何况让企业中的每一个人都知道自己的客户是谁，这个难度更大。海尔进行“人单合一”双赢模式探索已经将近十年，这是海尔一直在探讨的问题。如果你知道了自己的客户是谁，就要回答第二个问题：你为客户创造的价值是什么？因为即使你找到自己的客户，却不一定能为他创造价值。如果回答了以上两个问题，就会面对第三个问题：你在为客户创造价值的同时，你获得的成果是什么？你分享的价值是什么？这就是海尔所说的“双赢”的概念，把员工和用户连在一起。最后一个要回答的问题是你的客户战略和经营战略是否一致？其实在海尔公司，很多时候客户战略和经营战略是不一致的，比如客户战略是创造用户价值，但是经营战略很可能是背离的，追求的可能是市场份额、营业额等。这样的经营战略很可能会导致打价格战，事实上是把用户需求放在一边了。

“人单合一”双赢的探索是为能清楚地回答这四个问题，实则是适应了互联网时代对企业的要求，这也是海尔模式变革的原因所在。

案　例

神华适应市场需要创建定制化生产模式

近几年神华集团提出环保块煤推广，定制化生产、个性化服务新模式。神华集团提出的定制化生产、个性化服务理念，即根据用户的需求，为用户提供清洁煤炭产品，解决用户使用过程中存在的质量和效率问题，提高用户利用煤炭能源效率，减少污染物排放。

选择在珠海推广环保块煤，神华集团看中的是沿海工业块煤消费市场。数据显示，我国沿海工业块煤年消费总量为3 310万吨，主要应用于陶瓷、化工、冶金以及其他小型工业锅炉，其中陶瓷行业块煤年消费量2 790万吨，占比84%。

在这样的大环境下，神华集团根据用户需求组织旗下煤炭生产和销售企业，联合科研院所和陶瓷企业，实地开展环保块煤实验研究。经过3年多努力，神华集团将神东环保块煤与准能环保块煤按一定比例配比，开发出一种具有高热量、高灰熔点、高活性，低硫、低灰分、低排放，质量稳定特性的气化原料煤。

近年来，神华集团已开发出包括环保块煤在内的多个优质、高效的煤炭新品种。下一步，神华集团和南方陶瓷企业将进一步加强合作，根据各个企业的不同规模、不同需求，提供定制化产品、个性化服务，打造现代化煤炭供销保障体系。2017年，神华集团将重点布局广东、江西、福建市场，力争使环保块煤市场规模达到1 400万吨。与此同时，神华集团将以开发环保块煤为开端，继续开发环保高炉喷吹煤、高品质动力煤。

六、电商交易

互联网的发展和商业应用，使得传统营销中间商凭借地缘获取的优势逐渐被虚拟的互联网所取代。同时互联网高效率的信息交流，改变着过去传统营销渠道的诸多环节，将错综复杂的关系简化为单一关系。在网络和电子商务环境下，网络营销较之传统市场营销，从理论到方法都有了很大的改变。网络营销带动了传统渠道理念的发展，形成了内外部沟通与经营管理均离不开网络作为重要渠道和信息资源的局面。煤炭企业要积极进行网上营销，把煤炭产品以不受时空限制，更有效、更经济的方式销往用户。网络营销可以导致营销商与制造商、消费者直接沟通，形成一个单一的、连续的经济活动业务流，随时掌握商品的销售、库存、价格及畅销程度，信息的适时传递缩短了商品流转时间，减少了库存，及时满足了消费者的需求，也大大提高了企业效率。

“互联网＋”这一新概念的提出，其战略意义十分重大。当今时代的变革新浪潮正在快速兴起，互联网思维席卷而来，“互联网＋”的时代已经来临。互联网不仅是一种技术，更是一种新思维、新战略和新的商业模式。互联网思维将秉承开放、平等、协作、分享的宗旨，改造和颠覆传统工业思维集中、等级、控制、独享的规则。互联网的出现并快速传播与应用，其意义非常重大而深远，是革命性的。它对煤炭企业传统经营管理模式将产生什么样的影响？又将给煤炭企业转型发展带来什么样的机会和变革要求？这些都是值得我们深入思考和亟待破解的大命题。

伴随着我国经济快速发展对能源需求量的增加以及高品质能源储量减少，我国储量巨大的低品质煤炭资源的有效开发利用也将提到了重要日程。由于受限于低品质煤的自然缺陷和低售价，低品质煤炭开发工作一直比较缓慢，但近十年经过有关科研单位关键技术的研发攻关和煤炭企业的实践探索，目前低品质煤资源开发利用及改性提质的关键技术已获得了新突破，如低品质煤样微波和水热的脱水改性提质方法，可在一定程度上解决低品质煤缺陷，提高其品位价值；再如以低品质煤提质为基础的煤炭分级分质多联产系统，可利用不同煤炭中的能源价值及资源价值为电力、化工和建材等实现分质利用、污染物减排。

七、“两场”对接融合，创新市场营销模式

市场营销的最佳模式就是“市场”与“现场”无缝对接，即市场客户的价值需求能够得到生产企业的及时响应，两者紧密互联互动，协同共进。从市场消费端的作用来看，市场消费需要将决定、导向和引领企业生产产品的调整及升级，这一作用也称消费引导生产，指市场消费需求的商品数量和质量会引导企业生产供给产品的数量和质量。因此，可以说“消费是生产的原动力”。从生产供给端的作用来看，企业生产现场是市场消费需求商品的制造供给地，根据市场客户消费商品需求信息，包括商品种类、数量、规格、价格、交易方式等，安排现场生产计划和对客户销售供给方案。因此，也可以说“生产是消费需求的供给保障者”。

如何实现生产现场与消费市场“两场”高效对接呢？这就需要创新市场营销模式，新的市场营销模式内涵包括：坚持一个价值主张和实施五个要件保障。

（一）坚持一个价值主张

新时代作为煤炭企业生产者，应建立新的市场营销价值主张，这个价值主张是，持续满足市场煤炭消费客户的价值需求。着眼为煤炭消费客户提供其最满意产品，包括满足煤炭消费客户对煤炭产品的发热量、硫分、灰分、水分等成分使用价值需求和对购买煤炭商品的合理价格要求。如电厂客户在锅炉用煤上对煤炭质量的要求，按照锅炉燃烧方式选用不同种类的动力煤炭，重点关注挥发分、灰分、水分、硫分、发

热值、灰熔融性等指标；再如化工客户在原料用煤上对煤炭质量的要求，按照煤炭的化学性成分，对煤炭进行液化、气化的要求，重点是关注煤炭的挥发分、硫分、热值、灰熔点和黏度等。有关煤炭市场售价的比较与竞争，主要取决于在商品煤炭同质条件下，各煤炭企业所供应的煤炭产品生产成本费用管控情况。企业内部管理比较好的煤炭生产单位成本比较低则市场售价竞争力就会强，反之亦然。

（二）实施五个要件保障

在贯彻一个价值主张的同时，煤炭企业应从组织体系、信息联通、人员素质、销售策略、战略联盟等方面，给予“两场”对接市场营销要件有力支撑和坚强保障。

一是实施组织保障。按照“营销＋引消”的要求，建立市场销售部门、生产计划部门和产品研发部门三部门联合协调机构，形成销、产、研合作运行组织体系，并对其界定工作职能，明确各方在“两场”对接协调运作体系中的职责范围。在此基础上，坚持按照找准接口、快速响应的原则，制定运行规章制度，形成“两场”对接协调运行工作的正常化和机制化。

二是实施信息保障。准确快捷地了解市场客户需求信息是实现“两场”有效对接的重要前提和基础条件。为此，煤炭企业一方面要随时了解掌握国家能源产业发展政策和能源消费政策变化的新情况，制定煤炭企业产业结构调整及产品质量升级的新战略；另一方面要加强对市场煤炭消费客户（燃料类客户如燃煤电厂、钢铁厂等，原料消费类客户如煤化工厂）需求信息变化情况的调查工作，坚持面对面与客户坦诚交流，实打实了解客户的各类需求，通过市场调研，深入剖析市场定位，寻找市场需求空间。同时，做好对所收集到煤炭市场客户需求信息的合理分类，运用互联网、大数据、云计算等方法，对煤炭市场需求形势进行分析研判，制定应对市场供求关系变化的营销新策略。

三是实施营销人员素质保障。随着市场由卖方变为买方和企业由推销转向引消市场营销模式，营销人员的业务素质也必须随之提高。新时代煤炭销售人员应具备的综合素质是：具备感知能源政策变化的敏锐性和市场供求关系变化的洞察力，具备根据市场供求形势变化提出应变策略的能力，具备熟悉煤炭市场交易基本规则的业务能力，具备燃料消费客户和原料使用客户使用煤炭降耗、减排、增效的相关技术知识，具备合格销售人员应有的事业心和职业道德。通过加强内部培训学习、外部委托脱产培训、岗位实践练兵和市场考察学习等方式，提高营销队伍应知应会的综合素质。

四是实施销售渠道及策略保障。煤炭企业要适应煤炭市场交易方式变革的新形势，坚持以共存共赢、真诚服务为宗旨，加快由现货交易向多元销售并重转变。要利用上市公司、储配煤基地、煤炭交易中心等平台的协同作用，推行网上交易、电子订单、一键式服务,实施煤炭产品网上竞拍销售。推动煤炭现货交易与期货交易并举,构建现场交易、进场交易、网上交易并举的多元销售渠道。依托现代物流手段和高素质销售人员队伍,加快由提供高质量产品向提供高附加值服务延伸,实现企业营销业态变革。

五是实施市场战略联盟保障。鉴于我国煤炭已形成西供东需逆向分布的新格局,晋、陕、蒙煤炭生产供应地的企业应与中东部煤炭消费大客户或重要煤炭节点供应商(铁路、航运港口、码头等)寻求建立战略联盟,可以建立业务交易联盟,有条件的可以互相投资建立股权合作联盟等。探索延伸集社会煤炭收购销售、代储代销、洗选加工、物流配送为一体的"订单服务型"销售产业链(联盟体),实现由过去单打独斗自产自销的传统市场营销模式转为跨区域、长距离共同营销的新模式,由简单的供货商向共做"蛋糕"的合作伙伴转变,开辟市场换市场、产品换市场战略联盟和营销方式,扩大产品销售和增盈渠道,创建互利共赢的商业模式,扩大市场占有率和增值空间,增加企业的盈利点和盈利能力。

第二节　着力构建智能铁路及智慧物流运营新模式

一、了解"双智"智能铁路、智慧物流型企业的基本内涵

(一)智能铁路的含义

所谓智能铁路,是一种新型的铁路交通解决方案。通过智能系统的整合集成运用,在提高速度的同时保证新交通工具的安全性。这个系统包括全球定位系统、天气预报系统、电子导航系统、实时路人信息、交通运输管理系统、交通信号系统等集成架构的新型网络。

(二)智能铁路的系统组成

一是传感器。智能铁路系统应包括数以百万计的传感器,企业通过以传感器为基础的网络和数据分析,能够及时发布信息,调整资源配置,实现优化调度。传感器技术在提高列车安全运行方面也功不可没。通过在火车的关键组件上部署传感器和智能装置,及时提供车况信息,对可能出现的危险情况发出警报,防患于未然。

二是视频监控。视频监控是智能铁路必不可少的组成部分,然而,在初级智能铁路系统下,仍然需要通过人工方式来监控影像的变化。试图从铁路技术升级盛宴中分一杯羹的IBM,宣称自己掌握了先进的视像识别技术,这一技术能够把从摄像头收集到的影像数据进行智能分析和筛选,协助发现潜在危机,从而节省大量的人力资源

成本。

三是客户服务。在客户服务问题上，可以通过数据的智能化汇总和处理，实现旅客通过手机等移动设备购票、接收提示信息、预留座位的功能，让旅客的乘车体验更加愉悦。

四是固定基础设施。根据IBM发布的《智慧的铁路解决方案》介绍，在北美和欧洲，很多铁路沿线的固定基础设施通过射频识别电子标签（RFID），帮助识别轨道车辆、检测声音信号、热量和车轮摩擦，并且能够对铁路各个区段的车头、车厢、铁轨、隧道、桥梁和车站进行监控。

五是智能调度策略。优良的智能调度可节省人力和时间，按照线路、配载、车型、时间窗口等多目标智能推荐合适的调度方案；支持多点提货、多点送货、循环取货、区域循环配送、甩挂及载驳运输等多种业务场景，可以简化调度工作，节省大量人力和时间成本。

二、国外典型案例(解决方案)做法

（1）德国公司成功研制出新一代的智能铁轨。这种铁轨不仅可以精确测定地震波到达铁路的时间和方位，还可分辨出地震、火车、人或动物所引发的不同震频，从而可以避免人员伤亡。

（2）西门子公司（德国公司）的智能交通解决方案包括停车控制系统、城市交通控制系统和高速公路及隧道机电系统。用户可以通过这些系统采集停车场、城市交通、道路工程以及相关事件的信息，并进行汇总、合理规划、优化处理，然后通过有效媒体向公众发布全面交通信息，包括交通状况信息、交通事件信息、道路施工信息、停车场信息、公交路线及时刻表信息等，从而达到改善社会整体交通状况，提高社会效益的目的。

（3）思科系统公司（美国公司）是全球领先的网络解决方案供应商，通过开发无线网络基础设施，与电信运营商建立合作关系，为公共交通公司提供服务方案。基于标准的开放式思科智能网络能够利用移动IP转接器满足公共交通行业的各种无线接入要求。即使车辆移动时接入模式可用性会有所变化，这些转接器也能提供永久连接。由于思科网络能够提供永久无线连接，因而使运行中的车辆能够获得与有线位置相同的连接质量。利用可靠的网络接入，公共交通公司能够为乘客提供更可靠、更安全、更有效的乘车体验。

三、中国智能铁路发展现状

根据中国铁道部发布的《中国铁路中长期发展规划》，到2020年，为满足快速增长的旅客运输需求，将建立省会城市及大中城市间的快速客运通道，规划“四纵四横”铁路快速客运通道以及三个城际快速客运系统。预计到2020年，中国200公里及以上时速的高速铁路建设里程将超过1.8万公里。

要建立智能化、网络化的调度通信系统，逐步建成新一代调度集中控制系统（CTC），发展以主体化机车信号为基础，以实施列车超速防护为重点的列车运行控制系统（CTCS），基本建成计算机连锁系统。

在推进铁路信息化方面，规划要求广泛利用现代通信和信息技术等成果，构建技术先进、结构合理、功能完善、管理科学、经济适用、安全可靠、具有中国特色的铁路信息系统。重点强化运输繁忙的东部地区和路网中具有重要作用的铁路干线和新建客运专线的信息化建设，逐步实现调度指挥智能化、客货营销社会化、经营管理现代化，在提高运输效率、扩大运输能力、优化资源配置、保障运输安全、改进服务质量、提升管理水平、提高经济效益等方面发挥明显作用。

同时，认清中国智能铁路发展面临问题。中国铁路信息化建设虽然取得了很大成绩，但还存在着不少问题，主要体现在以下几个方面。

首先，由于通信网建设滞后，网络及信息安全工作薄弱，信息传输通道拥挤、堵塞现象仍然时有发生。

其次，“信息孤岛”仍然存在，信息系统没有构成有机整体，大多各自独立，信息资源难以共享，综合应用难以展开，从而影响了整体效益的发挥。

另外，由于投入应用的信息系统运行质量不高，特别是原始信息的采集不够及时、准确、完整。即使在采用信息技术后，目前的铁路系统仍沿用传统的作业流程，组织机构、管理流程和规章制度没有实质性的改变，信息化效益难以充分发挥。

四、智慧物流是什么？

所谓智慧物流，是利用集成智能化技术，使物流系统能模仿人的智能，具有思维、感知、学习、推理判断和自行解决物流中某些问题的能力。具体讲，就是利用条形码、射频识别技术、传感器、全球定位系统等先进的物联网技术，通过信息处理和网络通信技术平台广泛应用于物流业运输、仓储、配送、包装、装卸等基本活动环节，实现货物运输过程的自动化运作和高效率优化管理，提高物流行业的服务水平，降低成本，减少自然资源和社会资源消耗。

物联网为物流业将传统物流技术与智能化系统运作管理相结合提供了一个很好的平台，进而能够更好更快地实现智慧物流的信息化、智能化、自动化、透明化、系统的运作模式。智慧物流在实施的过程中强调的是物流过程数据智慧化、网络协同化和决策智慧化。

智慧物流在功能上要实现6个“正确”，即正确的货物、正确的数量、正确的地点、正确的质量、正确的时间、正确的价格；在技术上要实现物品识别、地点跟踪、物品溯源、物品监控、实时响应。

五、了解智慧物流的重要作用

（1）降低物流成本，提高企业利润。智慧物流能大大降低制造业、物流业等各行业的成本，实打实地提高企业的利润。生产商、批发商、零售商三方通过智慧物流相互协作，信息共享，物流企业便能更节省成本。其关键技术诸如物体标识及标识追踪、无线定位等新兴信息技术的应用，能够有效实现物流的智能调度管理，整合物流核心业务流程，加强物流管理的合理化，降低物流消耗，从而降低物流成本，减少流通费用，增加利润。

（2）加速物流产业的发展，成为物流业的信息技术支撑。智慧物流的建设，将加速当地物流产业的发展，集仓储、运输、配送、信息服务等多功能于一体，打破行业限制，协调部门利益，实现集约化高效经营，优化社会物流资源配置。同时，将物流企业整合在一起，将过去分散于多处的物流资源进行集中处理，发挥整体优势和规模优势，实现传统物流企业的现代化、专业化和互补性。此外，这些企业还可以共享基础设施、配套服务和信息，降低运营成本和费用支出，获得规模效益。

（3）为企业生产、采购和销售系统的智能融合打基础。随着传感器网络的普及，物与物的互联互通，将给企业的物流系统、生产系统、采购系统与销售系统的智能融合打下基础，而网络的融合必将产生智慧生产与智慧供应链的融合，企业物流完全智慧地融入企业经营之中，打破工序、流程界限，打造智慧企业。

（4）使消费者节约成本，轻松、放心购物。智慧物流通过提供货物源头自助查询和跟踪等多种服务，尤其是对食品类货物的源头查询，能够让消费者买得放心、吃得放心，增加消费者的购买信心，促进消费，最终对整体市场产生良性影响。

（5）提高政府部门工作效率，有助于政治体制改革。智慧物流可全方位、全程监管食品的生产、运输、销售，大大节省相关政府部门的工作压力的同时，使监管更彻底更透明。通过计算机和网络的应用，政府部门的工作效率将大幅提高，有助于我国政治体制的改革，精简政府机构，裁汰冗员，从而削减政府开支。

（6）促进当地经济进一步发展，提升综合竞争力。智慧物流集多种服务功能于一体，体现了现代经济运作特点的需求，即强调信息流与物质流快速、高效、通畅地运转，从而降低社会成本，提高生产效率，整合社会资源。

六、建设智慧物流系统的思路

智能物流系统是在智能交通系统和相关信息技术的基础上，以电子商务方式运作的现代物流服务体系。它通过智能交通系统和相关信息技术解决物流作业的实时信息采集，并在一个集成的环境下对采集的信息进行分析和处理。通过在各个物流环节中的信息传输，为物流服务提供商和客户提供详尽的信息和咨询服务的系统。建设智慧物流需要具备以下八个条件。

（1）建立基础数据库。建立内容全面丰富、科学准确、更新及时且能够实现共享的信息数据库是企业建立信息化建设和智能物流的基础，尤其是数据采集挖掘、商业智能方面，更要做好功课，对数据采集、跟踪分析进行建模，为智能物流的关键应用打好基础。

（2）推进业务流程优化。目前企业传统物流业务流程信息传递迟缓，运行时间长，部门之间协调性差，组织缺乏柔性，制约了智能物流建设的步伐。企业尤其是物流企业需要以科学发展观为指导，坚持从客户的利益和资源的节约保护为出发点，运用现代信息技术和最新管理理论对原有业务流程进行优化和再造。企业物流业务流程优化和再造包括观念再造、工作流程优化和再造、无边界组织建设、工作流程优化（主要指对客户关系管理、办公自动化和智能监测等业务流程的优化和再造）。

（3）重点创建信息采集跟踪系统。信息采集跟踪系统是智能物流系统的重要组成部分，为企业产品物流跟踪系统提供数据来源，从而实现物流作业的无纸化。

（4）实现车辆人员智能管理。车辆人员智能管理包括车辆调度，提供送货派车管理、安检记录等功能，对配备车辆实现订单的灵活装载；车辆管理员可以新增、修改、删除、查询车辆信息，随时掌握每辆车的位置信息，监控车队的行驶轨迹，避免车辆遇劫或丢失，并可设置车辆超速告警以及进出特定区域告警；监控司机、外勤人员实时位置信息以及查看历史轨迹；划定告警区域，进出相关区域都会有告警信息，并可设置电子签到，并最终实现物流全过程可视化管理。实现车辆人员智能管理，还应做到高峰期车辆分流控制系统，避免车辆的闲置。

（5）做好智能订单管理。推广智能物流的一个重点就是实现智能订单管理。

（6）积极推广战略联盟。智能物流建设的最后成功需要企业尤其是物流企业同科研院校、研究机构、非政府组织、各相关企业、IT 公司等通过签订协议契约而结成资源共享、优势互补、风险共担、要素水平双向或多向流动的战略联盟。战略联盟具有节省成本、集聚资源、降低风险、增强物流企业竞争力等优势，还可以弥补建设物流企业所需资金、技术、人才之不足。

（7）制定风险管理应对机制。智能物流的建设不仅要加强企业常态化管理，更应努力提高风险管理水平。企业尤其是物流企业应在物联网基础上建设智能监测系统、风险评估系统、应急响应系统和危机决策系统，以有效应对火灾、洪水、极端天气、地震、泥石流等自然灾害及瘟疫、恐怖袭击等突发事件对智能物流建设的冲击，尽力避免或减少对客户单位、零售终端、消费者和各相关人员的人生和财产造成的伤害和损失，实现物流企业健康有序地发展。

(8) 将更多物联网技术集成应用于智能物流。物联网建设是企业未来信息化建设的重要内容，也是智慧物流系统形成的重点组成部分。

七、了解智能铁路与智慧物流之间的关系

物流广义上是泛指物品的流通，包括铁路运输、汽车运输、航空运输、船务运输。铁路运输也是物流的一种方式。当然，如今有关物流行业内狭义的理解只是公路运输，航空运输是空运，船务运输是水运，铁路运输是铁运，行业术语中的单指公路运输的物流是和铁路运输没有关系的。

第九章　推进煤炭企业体制机制改革

第一节　推进集团公司管理体系建设

一、企业管理体制的内涵

（一）管理体制

管理体制是一个组合概念，管理体制就是对管理和体制组合的总概称。所谓管理，指通过对企业内部各种生产要素的计划、组织、控制、协调、沟通、督办等，以此达到组织目标。所谓体制，是指组织框架，包含五方面内容。

一是企业上下层次的总体组织框架。

二是总部的法人治理结构，也就是领导层的结构设置。

三是总部职能部门的组织架构。

四是上下单位治理结构、职能部门各层面、各结点的权责界定与职能划分。

五是组织架构的运行机制、运作流程。

（二）企业管理体制

企业管理体制是指承担并完成企业使命的组织体制及运行机制。企业的管理体制必须与运行机制相结合，如果没有运行机制的配置，管理体制将仅是一个"硬壳"，因此企业管理体制包含三要素：一是组织框架；二是责任制度；三是运行机制。三者有机结合，缺一不可。

如果我们对企业的组织管理体制从顶端到基层作一解剖，可以将其按照职能、层次、部门和职权分为四层结构。

一是职能结构，即完成企业目标所需的各种业务工作及其比例与关系。

二是层次结构，即各管理层次的构成，又称组织的纵向结构。

三是部门结构，即各管理部门的构成，又称企业的横向结构。

四是职权结构，即各层次、各部门在权力和责任方面的分工及相互关系。

二、集团管理体制创新的总体目标

大型煤炭集团管理模式的设计和选择，必须根据煤炭企业内外条件（环境）的变化，围绕构建适应企业现实生产力和未来发展战略要求的新型管理体制，有效提高企业的核心竞争力水平，实现煤炭企业高效率、高效益和可持续发展这一总的目标。要以此为出发点，进行集团管理体制创新。

企业的生产关系要适应和服务于生产力发展，这是集团公司管理体制创新的最根本要求和总的目标。体制创新须有两个支点。

（一）目标之一

管理体制要适应和服务于于企业的现实生产力（产业布局、公司结构、经营规模、区域分布、业务特点等）状况及其发展的需要。所谓现实生产力，包括五层含义。

一是指现存的产业项目、产品品种、业务类型的结构或布局，以及形成的规模，发展档次、产能等。

二是指企业（产权）结构、布局，企业的规模，企业的效率、效能、资产回报率等。

三是指现有管理体制和运行机制的基本情况。要将其与产业项目布局、企业结构布局相结合，分析企业管理体制中的机构设置、权责划分、运作程序三个要件是否合理、是否流畅等。

四是指广大职工尤其是管理人员的思想观念、管理素质和长期在管理中形成的习惯。习惯问题非常重要，不良的习惯、僵化的思维会导致好的管理体制与运行机制不能到位。广大管理人员对新管理体制的适应性和可嫁接性非常重要。

五是指企业主要领导人的思想境界、观念、领导能力、水平、行为习惯和发展思路等。有没有较高的思想境界，有没有勇于创新的意识，能否拨动、引导和控制企业的体制创新工作，能否坚定地推动体制创新实践等。

总之，现实生产力既有看得见的组织结构等相关硬件，也有看不见的思想意识等相关软件，必须综合起来考虑，才能从中看到其承受力、可塑性和不能承受、不可塑造的方面。

（二）目标之二

管理体制要服务和支持于企业未来发展战略（战略价值、战略方向、结构优化、资源配置等）的需要。所谓未来的发展战略，包含六项内容。

一是企业未来发展战略的方向和方针必须清晰明确，发展战略决定机构功能设置，实践战略的工作量决定机构个数和定员的多少。

二是发展战略的目标值，包括总目标与分项目标，长远目标与近期目标等，要处理好长远目标与近期目标的关系。谁都会设计所谓的先进管理模式，关键是管理体制的设计要充分体现现实与未来转变时期的过渡、衔接的可行性。

三是产业项目布局与产权构成。支柱产业项目是什么？支撑产业项目是什么？其他产业项目是什么？其所需要的管理体制是什么？在不同发展阶段它所需要的主体职能、辅助职能与代理社会职能是什么？一个企业集团要做强、做大，增强竞争力，支柱产业绝不能四分五裂，搞所谓的分散经营、独立民营化，这是自我解体，机制可以转，产权结构可以多元，但从集团整个的决策流程、业务流程、管理流程以及资源的优化配置利用等方面，必须高度集中，做到集团化管理、专业化生产、集约化经营、市场化运作；企业中的辅业要快速发展，与主业不同，可按民营化、专业化、市场化和分散自主经营要求进行，实现专、精、特和灵活多变的经营方略。

四是战略重点，包括近期的战略重点和远期的战略重点。

五是支撑体系及保障措施等，如人力资源开发的思路、营销的思路、供应的思路、分配的思路、机制创新的思路等目标值必须清晰。

六是主要领导的宏观战略思想、长远发展思路和管理习惯等。

因此，在集团公司管理体制创新中，要很好地把适应现实和服务于未来协调统一起来，做到管理体制既能满足服务现实企业生产力需要，又能支持和服务企业未来发展战略。这是企业管理体制创新所应认知的两个基本要求。

三、集团公司管理组织架构及功能定位

（一）集团公司体制结构

在集团公司管理体制创新中，要通过对企业内部各种生产要素进行计划、组织、控制、协调，优化资源分配，从而实现组织目标。其组织框架包括五方面内容：一是上下层次的总体组织框架；二是集团公司的法人治理结构；三是总部职能部门的组织架构；四是上下单位、治理结构、职能部门各层面的权责界定与职能划分；五是组织架构的运行机制、运作流程。

企业管理体制：指承担并完成企业使命的组织体制及运行机制，它包含组织框架、责任制度、运行机制三方面的基本要素，三者有机结合，缺一不可。

（二）集团公司层级管理功能定位

关于集团公司管理体制层次结构的确定，按功能划分，经济规模大一些的集团公司的企业分为决策中心、利润中心、成本中心三个层次；经济规模小一些的集团公司的企业为两层，一层为决策中心，一层为利润中心和成本中心的混合。这是当前大多数煤炭集团公司管理体制普遍采用的主要层级类型。

（三）总部机构设置原则

集团公司总部机关部门的设置原则：要根据煤炭大集团总部管理功能定位来细分，明确管理业务工作的任务，以工作任务量确定管理职能，以管理职能确定总部各职能部门的设置和工作人员的定员数量。再具体讲，就是依据业务量的类型、大小和现在与未来的变化趋势来决定其机构设置的模块，机构模块决定部门职能的定位，职能部门的定位决定机构的定员。

四、集团公司管理体制设置的模式选择

目前，大多数煤炭集团公司为国有独资或控股的企业，并且业务庞杂，包罗万象。在管理体制创新的进程中，应根据内部不同的产业类型设计相应的管理体制模式。

（一）对主体产业的管理方式

主体产业是集团公司利润的主要来源，总部对其一般实行分公司、事业部或者全资子公司的管理方式，以掌握资源调配和生产经营的充分主动权。

（二）对辅助产业的管理方式

辅助产业为集团公司利润和实现战略目标的有力支撑，对其一般实行控股子公司、参股子公司的管理模式，给予较大生产经营自主权，减少集团决策风险和经营风险。

（三）对后勤业务的管理方式

当前，在国有企业不能有效移交企业办社会相关产业的情况下，后勤业务仍为国有企业的一种过渡性产业。集团公司对其一般采取分公司、事业部或模拟市场运作的管理方式，以方便内部交易，减少运营成本，保证集团利益的最大化。

（四）对新建项目的管理方式

为有效利用外部资源，增强企业经济规模，实现产业扩张和规模经营，对新建项目，一般采取全资子公司、控股子公司，部分采取参股子公司管理形式。如果集团公司实力雄厚，也可采取分公司管理方式。

五、集团管理体制创新的基本要求

集团公司管理体制设计作为一项复杂的系统工程，是为了有效地实现组织目的而形成工作分工与协作关系的策划和安排过程。集团公司管理体制设计得合理且科学，就会形成整体力量的汇聚和放大效应。

（一）管理体制设置的依据

一是集团公司总体管理体制设置。市场（客户）决定产品，产品决定产业，产业决

定于企业；产权决定于企业性质。反过来讲，建立企业，要以产权为纽带，以产业为基础，以产品为载体和以市场为导向。

二是集团公司总部机关部门的设置。以量（业务工作量）定职（职能），以职能定部门及人员。具体讲就是依据业务量的类型、大小和现在与未来的变化趋势来决定其机构设置的模块，机构模块决定部门职能的定位，职能部门的定位决定机构的定员数量。

（二）管理体制设置的总体要求

集团公司管理体制创新要务求达到“四性”要求：

一是适应性。必须立足于企业实际（现实和战略）需要。

二是认同性。集团公司管理体制无所谓先进与落后之分，关键要适应生产力发展，能得到管理人员与职工的认知和认同。

三是操作性。集团公司各层面、各类人员在各个阶段、各个环节、各个层面能够实施操作，而且上下关系比较顺畅。

四是实效性。集团公司管理体制创新要能为企业的决策、经营、管理、日常运作带来效率和效益。

（三）管理体制各方关系界定

从集团公司管理体制创新的各方关系界定空间定位评价上，要注重把握纵横两点。

第一，在上下之间定位评价上。一是从上边来讲，依据新的功能定位行使职权，对所属企业资产、产业、人员及各类要素资源能控得住、运营得好，同时，要把握好“度”，控放适度；二是从下边来讲，依法享有充分的生产经营自主权，能做企业生产经营必须做的事；三是从上下之间的关系来讲，权责界定要合法合理，清晰，上下顺畅，运作有序、高效。

第二，在内外之间定位评价上。一是从适应外部来讲，就是对（市场）信息感应要灵敏，反应快捷，应变迅速，能快速采取应变措施，保持竞争力，体制精干，运作高效；二是从内部运行来讲，企业内部生产经营要素、各类资源的配置利用要得当且高效，运行机制灵活；三是从内外关系处理方面来讲，外部的变化能够引导内部的资源整合与运营，内部的应变整合要强有力支持外部市场变化的需求。

六、集团公司管理体制运行流程

（一）集团公司管理体制运行主要流程模块

构成管理体制运行的基本流程模块，主要有决策流程、管理流程、业务流程和生产流程。

一是决策流程。形象模块为倒金字塔形，即从决策的工作量来分析，主要集中在上层机关，上层机关负有决策的基本功能。中层、基层次之，其任务是为上层决策提供信息支持，并落实好决策层的决策，组织具体实施工作。其衡量值表现为决策力，决策要具有科学性（准确性）和及时性。

二是管理流程。形象模块为金字塔形，即从管理流程的工作量来分析，上层做出决策，提出任务要求，检查指导，而大量工作集中于中下层的贯彻实施，其衡量值表现为管理力，管理要做到上行下达，果断坚决，各负其责，执行有力，运作有序，效果良好。

三是业务流程。形象模块为线条形，即按业务性质和业务量形成条式的工作流程，工作量集中在该业务链条之中，其衡量值表现为运行力，业务运行要求多、快、好、省。

四是生产流程。形象模块为盆形，即工作量主要集中在基层实体中，上层的责任在于制定标准、审定规程，具体工作量集中在基层，其衡量值为产出力，生产内涵要求达到高效率、优质量、安全、低成本。

（二）四个流程模块的相互关系

四个流程模块之间的关系是，既自成体系，又相互联系，相互作用，从关系作用角度上分析，依次为决策流程→管理流程→业务流程→生产流程，决策流程处于最高端，而生产、业务和管理流程的工作内容又往往呈交叉状态。

（三）四个流程的主要工作职能

一是决策流程的功能。决策内容包含发展战略、管理体制创新、重大人事、投融资、经营目标（大计划）、重大运营事项的决策等；决策流程为事项提出、信息收集、研究设计方案、作出决策、推动实施、控制和反馈等。

二是管理流程的功能。两个前提，一是制度制定，二是责任落实。在此基础上，实施有效的流程控制与协调，检查督办，改进、支持服务等。

三是业务流程的功能。主要业务分类有物流（供应和销售）、人流、资金流、信息流等，以及各类业务流程的管理与运作。

四是生产流程的功能。特指生产车间、基层生产区队等，基本要求是定额明确、组织合理、条件保障、技术熟练。

案　例

兖矿集团管理体制、机制改革的做法

兖矿集团是以煤炭、化工、装备制造、金融投资为主导产业的国有特大型能源企

业,是我国唯一一家拥有境内外四地上市平台的煤炭企业。兖州矿区开发建设始于20世纪60年代末,1976年成立兖州矿务局,1999年5月成立兖矿集团,2015年成为山东省首批改建国有资本投资公司实体企业。截至2019年末,在册职工9.5万人;资产总额3 270亿元;拥有资源储量407亿吨(国内外矿井33对);年煤炭产能1.78亿吨,完成煤炭产量1.66亿吨;营业收入2 800亿元;创利润125亿元;集团公司名列世界500强榜单第318位。

经过40多年发展,兖矿集团现已形成山东本部、陕蒙、贵州、新疆、澳大利亚、加拿大六大基地发展格局。2016年,成为煤炭产量过亿吨、营业收入过千亿、资产总额超2 000亿的大型企业集团。2019年,煤炭产业制定智能矿山三年建设规划,建成12个智能采煤工作面、11个远程控制掘进工作面和2个智能矿山示范点。化工产业建成鲁南化工、榆林甲醇厂、未来能源煤制油、鄂尔多斯荣信化工、新疆醇氨联产五个化工园区,年化工产品生产能力达到886万吨;甲醇经销量位居国内前列,醋酸产能跻身行业前三。物流贸易上实现优化提升,搭建统一运营管理平台,创新商业模式、资源合作模式、营贸协同模式、供应链一体化模式,实现利润6亿元。在装备制造、"氢能计划"等领域大力布局,形成主业突出、多点支撑、风险对冲、融合发展的产业体系。新旧动能转换驱动创新发展,累计完成投资182亿元,实现传统产业改造升级、新兴产业增量崛起,"四新"业务收入达到339亿元。兖矿加强与美国卡特比勒、小松久益合作,推动煤机高端装备制造脱胎换骨。轻合金公司成为复兴号高铁型材主力供应商,为中车四方600公里磁悬浮列车试验样车提供了80%车体型材。兖矿倾力培育煤电一体产业,投资56亿元开工建设鲁西2×600兆瓦热电联产项目,打造世界一流、技术领先、环保高效的花园式工厂。

兖矿集团在煤炭、化工领域拥有突出的技术研发和应用转化能力,成功开发出厚煤层综放开采、水煤浆气化、粉煤加压气化、煤炭间接液化等国内领先、世界一流的核心技术;近年来累计承担"863""973"等国家重点计划课题20余项,获得国家科技进步特等奖1项,国家科学技术奖18项,实现了主导产业技术由引进消化吸收向创新引领的根本性跨越。兖矿集团先后获得全国优秀企业(金马奖)、第二届中国工业大奖、全国"走出去"先进企业等荣誉。

未来,兖矿集团围绕"三步走"目标,创新"资源+资本"发展模式,强化战略合资合作,提升资源集约高效配置能力。推进新旧动能转换,加快产业结构向高端新兴集群发展转变。实现新旧动能快速迭代、平稳转换,加快形成"产业+配套、平台+生态、技术+赋能"的良好产业生态。

兖矿将加快产权制度变革发展"混合经济"。深入实施混改三年计划,坚持"国有平台、民营机制、授权经营、监管到位"原则,优化混改实施路径,完成贵州能化、中垠地产、济宁化工装备公司混改,改出"国企资源+民企机制"新优势。

兖矿依托北斗天地青岛基地，创新高端开放合作模式，培育北斗、自组网、超导、5G等核心竞争优势。聚焦“煤钢焦建”和油气领域，发挥海南国际能源交易中心作用，打造具有核心竞争力的供应链综合服务商。兖矿还将加快智慧营销模型开发应用，按照“长协70%、现货30%”推进客户结构优化，全力开拓气精煤、化工原料煤市场。

回顾总结兖矿管理集团体制、机制改革的做法及其历程，具有重大转折性意义的兖矿集团管理体制、机制改革有四次。

第一次是1996—1998年，为适应市场经济发展需要和响应国家国有企业建立公司制现代企业制度的要求，先后于1996年参加100家建立现代企业制度试点的改革，1998年参加120家建立120家企业集团试点的改革，并于1998年3月“兖州煤业股份有限公司”在美国纽约、中国香港和中国上海三地上市的改革，实现由过去矿务局管理体制转变向现代企业制度的公司制企业。

第二次是2002年3月，为适应企业发展战略需要和产业扩张的要求，兖矿集团按照专业化、层级化管理原则，对管理体制进行大力度改革与调整，集团公司成立五大专业化公司（煤业、煤化工、电铝、实业、物业），集团总部机构改革成立董事会办事机构，组建“两院”（战略研究院、技术研究院）、财务公司等机构。厘清集团公司管理体制，明确决策中心、利益中心、生产（成本）中心三级管理功能定位，总部在册人数由原3 000多人压缩为1 000人左右，实现管理体制适应和服务于产业结构调整及发展的大变革。

第三次是2013年，为适应煤炭市场低迷、企业经营压力增大的需要和实施减人增效的要求，兖矿集团实施了总部机关大部制改革。

一是董事会设立“四委一室”，即发展战略委员会、提名与薪酬管理委员会、审计与风险监控委员会、投融资管理委员会和综合办公室。各委员会是董事会专门工作机构，都有相应职责定位，主要为董事会决策提供咨询、建议。专业委员会主任由集团公司董事担任，成员由外部专家、关联部门负责人组成。专业委员会与职能部门不构成管理或隶属关系，但可责成相关部门完成关联事宜。

二是党委设立5个部室，分别为综合办公室、党委组织部、党委工作部、纪委工作部、工会/群众工作部。

三是经理层设立13个部室，分别是综合办公室、人力资源部、财务管理部、规划发展部、经营管理部、审计风险部、监察部、总调度室、安全监察局、生产技术开发部、机电环保部、工程管理部、国际业务部。其中，综合办公室是“四办合一”，人力资源部与党委组织部合署，监察部与纪委合署。

四是直属机构7个，分别为战略研究中心（战略研究院）、审计（法律）中心、资金结算中心（财务公司）、信息化管理中心、物资供应中心、资本管理中心（上海中期期货公司)、拉美公司。

五是服务机构7个,分别为员工保障服务中心、社区治理中心(武装部)、新闻中心、文体活动中心、离退休职工管理中心、档案管理中心、驻外联络处(北京首府饭店)。7个服务机构委托事业发展公司管理,集团公司各相关部室负责业务指导。

改革成效:通过退出一批、划转一批、交流一批三个"一批",机关机构、总部人员、处级管理人员分别减少40%左右,总部机构由48个减少至29个(其中,职能部门由25个减少至15个),在岗管理人员由867人减少至538人,处级干部由189人减少至113人。

第四次是2015年,为适应将兖矿集团改建国有资本投资运营公司的需要,按照山东省委省政府《关于深化省属国有企业改革完善国有资产管理体制的意见》要求,改建的总体目标是:坚持顶层设计科学定位、市场导向价值引领、分级管控规范运作、分步实施有序推进的原则,对集团公司管理体制改革进行总体设计和实施调整,之后又进行几次微调。到目前,集团公司共设有10个专业公司、12个直属单位和1个二级公司(模拟),总部机关10部门和11个管理服务中心。

(1) 集团公司共有10个专业(能化、直属)公司:煤业公司、化工公司、兖矿国贸、东华集团、东华重工、东华建设、中垠地产、未来能源、贵州能化和新疆能化。

(2) 12个直属单位:蓝天公司、轻合金公司、拉美公司、兖矿科技、中科清能、水煤浆国家工程中心、安泰检验中心、上海能源科技、北斗天地、上海中期、金谷裕丰、融裕金谷。

(3) 1个参照二级公司管理单位:鄂尔多斯能化公司。

(4) 集团总部10个机关部室:董事会秘书处、综合办公室、党委组织部(人力资源部)、纪委(监察部)、党群工作部(工会)、投资发展部、运营管理部、财务管理部、审计风险部、生产环保部(安全监察局),总部机关定员数100人;

(5) 集团总部11个管理服务中心:决策咨询中心、工程监督中心、国际业务中心、审计中心、法务中心、技术质量中心、调度指挥中心、信息化中心、资金结算中心、物资供应中心、共享管理服务中心。

以上兖矿集团管理体制的构建,形成了国有资本投资运营公司至二级专业化公司和区域公司至三级公司(矿、厂)的管控层级和以战略管控为主、财务管控为辅的新型管控模式。

第二节 煤炭企业分层功能定位及当今重点任务

2020年是我国"十三五"的收官年,也是绘制"十四五"发展规划蓝图的重要年份，煤炭企业尤其是大型煤炭集团应如何更加科学地谋划编制未来发展战略及规划，并明晰当今应关注的工作重点任务呢？为此，现从有序实施新时代高质量发展战略的目标导向出发，对大型煤炭集团有限公司层级管理功能划分及当今重点关注的任务事项进行深入研究。

一、提出此问题的时代背景及发展要求

我国煤炭企业大规模重组起始于 21 世纪初期，经过近 20 年的发展与变革，中国煤炭大基地、大集团、大煤矿建设格局已基本形成。随着国家经济由高速扩张式发展转向中低速高质量发展新时代的来临，煤炭企业治理方式和发展模式也必将发生新的变化。为适应新时代高质量发展要求，有必要对当前中国煤炭集团公司管理体系现状及存在的问题作一诊析。

（一）煤炭集团公司管理体系的基本现状

目前，具有一定经济规模的煤炭集团公司在组织架构上均已形成多个层级的管理体系，如规模小一些（产量在千万吨左右，经济规模在 100 亿元左右）的煤炭集团公司一般为集团总部、煤矿两个层级管理体系；规模中型（产量在 5 000 万吨左右，经济规模在 800 亿元左右）的煤炭集团公司一般为集团总部、专业化公司（区域公司）、煤矿三个层级管理体系；规模大型、特大型（产量在 1 亿吨及以上，经济规模在 1 500 亿元以上）的煤炭集团公司一般为集团总部、专业化公司、区域公司、煤矿四个层级管理体系。

根据以上集团公司管理体系的层级结构情况，全国各煤炭集团公司管理体系中各层级的管理功能定位一般为决策中心、利润中心和成本中心（生产中心）。煤炭集团公司管理体系为两级公司的，其管理功能一般划分是，集团公司总部定位于决策中心和利润中心，煤矿（厂）是成本中心（生产中心）；煤炭集团公司管理体系为三级公司的，其管理功能一般划分是，集团公司总部定位于决策中心、专业公司是利润中心、煤矿（厂）是成本中心（生产中心）；煤炭集团公司管理体系为四级公司的，其管理功能一般划分是，集团公司总部定位于决策中心、专业公司和区域公司是利润中心、煤矿（厂）是成本中心（生产中心）。

（二）中国煤炭集团管控模式状态的分析

由于我国各煤炭集团公司组建的历史背景及基本条件的不同，经过多年的实践探索，现已基本形成两种类型三种样式。

第一种类型，在原单一矿务局基础上依靠自身滚动发展的管控样式。这类煤炭集团公司有兖矿集团、潞安矿业集团、淮南矿业集团、同煤集团等。这些集团公司的发展主轨迹是：依靠母公司的资金、人才、技术、品牌及社会资源扩张发展的，即便有地方政府划拨重组的部分企业，但这类集团公司主体还是比较紧密的，其向心力、凝

聚力和执行力是比较强的。集团公司对权属企业的管控是以集权式为主和专业化管理为主要特征的。

第二种类型，在原多个矿务局（相关企业）重组整合基础上发展的管控样式，即“先有儿子后生老子”归大堆式的煤炭集团公司。这类煤炭集团公司有山西焦煤集团、山东能源集团、河南能化集团、冀中能源集团、黑龙江龙煤集团、陕西煤化集团等，这类煤炭集团发展的前期规模扩张主要是依靠政府的力量进行划转重组整合的。现在这类煤炭集团公司的发展及管控样式大体分为两种。

一种是以陕西煤化集团为代表的，以大发展带动集团公司变革重组，由分散型向集中管控型和专业化管理方向转变，形成这类集团公司的管道样式必须有一个前提条件，即集团母公司有可提供给权属企业发展的丰富煤炭资源、正确战略引领和资金等要素配置，跟着母公司干权属企业感觉有光明的前途，有个人发展的大平台、新舞台，原有旧的利益格局、思维方式、行为习惯迅速被新事业、大平台、新舞台所转移，并在发展行进中所破坏和吸纳聚合，形成新的发展集合体、利益共同体和和谐大家庭。

另一种是以山西焦煤集团、山东能源集团、河南能化集团、冀中能源集团等为代表，坚持“统”与“分”权并举，在集团层面实行统一战略、统一销售、统一采购、统一资金平台、统一对外开发等，各子公司（原矿务局）相对独立运营。这类集团公司管理方式以战略管控为主，内部各板块（原矿务局）实际上是各自相对独立经营，权属企业对集团母公司或多或少抱有一定的轻视和抵制情绪，集团公司整体的向心力、凝聚力和执行力不强。

（三）煤炭集团公司现有治理体系存在的问题

仔细观察和分析煤炭集团公司现有管理体系运行情况不难看出，虽然绝大多数集团公司从组织形态上摆脱了原矿务局管理模式，但由于这些煤炭集团公司重组整合之后，运行实践经验不足，真正距离集团公司现代企业规范化运行的要求还是不够的。总的看，当前我国煤炭集团公司在企业治理方面还存在以下五个方面的突出问题。

一是传统管理方式犹存。绝大多数煤炭企业虽然改制为公司制或集团公司制，但矿务局式管理方式的影响仍然较大，习惯于“大统一”管理模式，不分层级功能实行“一竿子插到底”的管理，决策方式和管理模式比较陈旧，极大影响和制约了各层级经营管理的自主性、积极性和创造性。

二是整体战斗力不高。煤炭集团公司集而不团、团而不强的问题仍较突出，尤其是原来由几个矿务局企业“归大堆”合并而来的煤炭集团公司，虽经过多年磨合运行，但至今仍存在上下关系不顺、左右配合不紧、执行力弱及协调力不强的问题。

三是层级管理职能不明。集团公司总部、子公司、煤矿（厂）功能定位不清晰，权责边界模糊，管理职能交织，治理体系及运行机制不完善，集团公司或管得过宽越位，或管得不到位空档，内部要素资源配置不合理，责权不一致，能力不匹配，影响集团公司整体管理效能的充分发挥。

四是集团公司运营管理中风险漏洞较多。突出表现为战略（方向、产业、路径）管理、资金（投融资）管理、物资（采供）管理、市场（销售及回款）管理、成本（节点、结构）管理、人才（招聘、使用、培养、激励）管理、安全（技术装备及职责管控）管理和生产（组织及工艺）管理等体系不完善，定位不清晰，制度不健全，流程不顺畅，管控手段及管理工具较为落后，致使集团公司运营易陷风险危机。

五是集团公司内部凝聚力不够。下属企业对集团公司总部存有极强的抵触心理，尤其原来几家老煤炭企业合并而来的集团公司，其下属企业厌烦被集团总部管控，独立倾向强烈，本位主义、“诸侯”文化和“山头”主义表现突出。集团公司总部缺乏正确而及时的战略引领，缺乏支持权属企业发展的可予配置要素资源，缺乏对下属企业运营的有效监控和绩效考核，缺乏对子公司经理层的有效激励与约束，缺乏具有强大亲和力、包容力、融合力和凝聚力的企业文化。

二、集团公司总部基本管理功能及当今运营要点任务

遵循集团公司“三级管控、责权对等、扁平高效”的治理原则，创新及完善决策中心、利润中心和成本中心层级管理功能体系，构建决策科学、执行有力、运营高效的集团公司管控模式。

（一）集团公司总部基本管理功能定位

依据国家有关法律法规和煤炭集团公司层级管理工作实际需要，煤炭集团公司总部的基本管理功能定位概括为决策中心。主要负责全集团公司战略规划管理、重大投融资管理、重要人事管理、重要财务管控、重大风险管控、企业文化和品牌建设，资源共享及服务，追求集团整体价值最大化。据此，这个决策中心的定位包含决策、管控、协调和服务中心四项重大职能内容。

所谓决策，是指集团公司总部的第一项重要管理功能，行使国家有关法律法规及公司章程所规定授予集团公司总部的一切重大事项的决策权力。

所谓管控，是指依据集团公司总部决策功能的定位，行使管控权力。完善集团总部及权属公司现代企业制度，健全协调运转、有效制衡的法人治理结构。对权属企业、单位和部门相关重大事项进行有效管控和考核监督。

所谓协调，是指集团公司总部的另一项重要管理功能，依赖其企业最高层级的管理功能定位，以提高企业综合管理效能和运营质量及效益为目标，行使对集团公司权属各企业、各部门、各单位之间关系梳理与协调管理功能，担负对集团公司与政府、外

部机构、外部企业沟通协调管理功能。

所谓服务，是指按照领导就是服务的释义，集团公司总部对权属企业和单位提供政策指导及管理咨询、内外部关系协调帮助和依托集团公司各种平台提供要素资源配置服务等。

（二）集团公司总部当今运营的要点任务

进入新时代高质量发展阶段，根据我国煤炭集团总部的管理功能定位，科学分析时段性发展需要，明确当今运营管理的要点任务，应重点关注和突出抓好以下八个方面的重点工作任务。

一是突出战略管控。战略管控包括集团公司发展战略及规划研制、战略分解落地、战略实施考评、战略阶段性调整等。发展战略及规划研制与实施管控是煤炭集团公司总部的首要任务，2020年是启动“十四五”发展规划的编制之年，集团公司总部应高度重视，加强组织领导，采取内外部结合工作方式，科学研判未来国内外经济及能源发展新趋势，深入学习把握国家有关“十四五”能源尤其是煤炭产业发展的政策导向，结合本企业实际和本着想干什么及能干什么的要求，编制一个战略方向清晰、发展目标明确、主体产业定位精准和实施路径及举措可行的集团公司发展战略及“十四五”规划，为企业可持续健康发展提供行动路线图。

二是突出产业结构优化。产业优化升级包括产业结构优化、产业布局安排、产业链条延伸及产业跨界融合等。按照转型升级、深化清洁和融合增值的要求，依据集团公司发展战略及“十四五”规划，从三个方面着力对本企业产业结构及产业布局进行优化调整：努力把煤炭主业做精、做强、做大，包括生产环节实现安全高效，洗选环节实现清洁提效，市场环节实现适销增效；沿着煤炭产业链条延伸发展，包括选择发展煤电产业、煤制油、煤制气、煤制化工、煤制新材料等；综合开发企业存量资（产）源潜在价值，尤其是中老型煤炭企业应结合矿区资（产）源情况，以价值创造为导向，拓宽发展思路，寻找与国家政策导向和地方发展经济的契合点，对现存矿区土地、资源、厂房、技术、人才、品牌、市场及区域条件统筹规划，综合开发，实现存量变增量，无值变增值，使矿区迸发经济创效增值的新活力。

三是突出高质量发展。新时代我国经济已由高速增长阶段转向高质量发展阶段，要求必须坚持质量第一、效益优先，以供给侧结构性改革为主线，推动经济发展质量变革、效率变革、动力变革，提高全要素生产率。为此，煤炭企业应从理念创新、战略创新、产业优化、产品升级、动能转换、业态创新和模式创新等全要素进行变革，绘制高质量发展行动方案，清晰高质量发展内涵，动员和调动各方面力量汇聚于企业高质量发展。

四是突出公司现代治理。坚持透明、规范、高效的公司治理原则，完善权属公司法人治理。设计确定适合权属企业高效运营的管控模式。建立符合法人治理结构要求的决策管理机制，加强投资者关系管理，切实维护所有股东利益。建立控制有力、管理到位、协调有序、灵活高效的管理体制，以产权为纽带，明确责任、权利和义务，处理好本部与子公司多级法人之间集中管理与自主治理的关系，提高专业化管理水平和大集团治理效能。

五是突出重大改革事项。煤炭集团公司当今重大改革事项包括公司混合所有制产权改革，管理体制机制改革，人事制度及分配制度改革等。国务院国资委对2020年国企改革工作作出部署，提出了八项改革发展重要任务事项：开展提质增效专项行动，推进产业协同、品牌增值的并购重组；贯彻落实国企改革三年行动方案，把三项制度改革专项行动落地；增强企业技术创新能力，探索实施项目跟投机制；重新拟定主责主业，调结构优布局，加大在云计算、大数据、人工智能、物联网、移动应用、集成电路、区块链等领域的布局力度，加快现代信息技术同传统制造业深度融合，加速中央企业数字化转型；开展“对标一流管理提升行动”；大力推进开放合作，完善现代产业体系；完善以管资本为主的国有资产监管体制，加大对“两类公司”试点企业授权力度；防范化解重大风险。

六是建立创新驱动机制。贯彻新时代发展理念，改变过去企业发展主要靠人财物等要素投入的传统做法，着重依靠创新驱动和动能转换来推进煤炭企业发展，创新是全体系、全方位的，包括思维创新，即树立创新发展、市场导向、问题导向、价值导向、绿色发展和安全发展的新理念；管理创新，重点以信息化元素融合精益化成本管控，着力管理体制、管理方式和管理机制创新；技术创新，重点以提高安全生产防控力和市场核心竞争力为目标的技术创新；投融资运作机制，重点在明确企业投资方向、投资项目的选择决策及融资数额、融资平台、融资方式等方面筹划创新；业态创新，重点以推动生产业态创新，经营业态创新，市场营销业态创新，企业发展业态创新，人才资源业态创新等；商业模式创新，重点推进集团公司分层级商业模式选择创新，以及集团公司建立各层级互相支持保障发展机制；企业文化建设创新，重点是塑造企业发展愿景、价值目标取向、商标、专利、质量、生态、形象、品牌等无形资产和发展软实力。

七是创建企业公共资源共享与服务机制。当今煤炭集团公司总部一项重要职能是，充分挖掘和培育企业内外部可利用的要素资源，运用集团公司总部高平台优化调配使用可利用的要素资源，为集团公司下属企业高质量发展提供支持服务。集团公司公共资源主要有企业的商业资质、市场品牌、内部市场、重要客户、企业人才队伍、企业资金、企业信息（资讯、数据）、企业平台（教育机构、科研机构），以及社会关系融通、国家政策利用和内外干扰因素（矛盾）处理屏蔽。

八是突出企业重大风险管控。及时研判国内外能源发展和企业安全、经营风险，完善符合规范化运营的全面风险管理体系。遵守国家法律法规，建立战略评价调整机制,加强决策风险控制,运用信息化手段增强各类风险预警预控反应能力,特别要始终贯彻"安全第一、预防为主"的方针,从资金投入、科技研发、安全培训、技术装备升级和监测监控手段完善等方面,加强煤矿安全风险防治工作。要健全过程风险管控措施和危机处理预案,优化风险评估管理制度和工作流程,做好境内外部项目投资、财务、市场、法律风险的防范。严格落实各类风险管控责任,完善责任追究制度,最大程度降低各类风险的危害。

三、专业化公司(区域公司)管理功能定位及当今运营要点任务

专业化公司(区域公司)在集团公司管理体系中属于承上启下的中间层级,既要贯彻执行和实施集团公司战略决策及工作部署,又必须承担起本专业化公司(区域公司)的日常经营管理职能。为此,应明确专业化公司(区域公司)的管理功能定位,同时适应新时代高质量发展要求,突出抓好当今专业化公司(区域公司)需要关注和抓好的若干重大工作任务。

(一)专业化公司(区域公司)基本管理功能定位

依据集团公司各层级管理职能的分工,集团公司权属二级企业为专业化公司(区域公司),她们的总体功能定位是:利润中心。主要负责所辖业务板块的产业规划和运作发展,自主经营、自负盈亏,创造和培植利润增长点,追求持续盈利。按照要素资源配置要求,推动专业管理与区域管理的有机结合,完善专业化公司管理功能,健全区域公司管理体系。这个利润中心包含战略规划落地、经营决策、利润创造、市场营销、员工队伍建设和指导协调服务六项重大职能内容。

一是战略规划落地。负责全面贯彻落实集团公司的发展战略及规划,包括宣传解读战略及规划的内容,编制本公司的发展战略及规划,细分任务,落实战略及规划的工程项目,管理与考核实施战略规划项目的责任者。

二是经营决策。在集团公司经营方针指导下,负责本专业化公司(区域公司)的年度生产经营计划安排,任务分解下达,检查监督与考核奖惩工作。

三是利润创造。围绕降本提效开展管理工作,从安全创效、增产创效、节约提效、改革创效、技改创效、减人提效等多方面降低成本费用,提高工作效率和劳动效率,增加利润收入。

四是市场营销。做好市场营销工作是专业化公司(区域公司)的最重要职能之一,科学研判市场变化走势,制定市场营销战略和策略,细分战略客户、重要客户和一般客户群,根据客户价值需要,制定并实施产品结构调整、优化升级和定制化生产计划,实现订单化供销的良性发展。

五是员工队伍建设。负责本公司队伍建设,包括营造良好的人才发展环境,构建

结构优化、配置合理、素质过硬的人才体系，优化人力资源配置，建立人才发展梯队和开展职工系统化教育培训，构建员工持股、股权期权等中长期激励机制，以人才转型升级推动企业转型升级，形成凝心聚力发展的新格局。

六是指导协调服务。负责本公司所属各煤矿（厂）生产经营工作指导，依据市场需求，制定并推动实施公司产品结构调整升级和产品深加工工作方案，担当公司内外部关系协调工作，为下属单位经营与发展给予要素资源配置和支持服务。

（二）专业化公司（区域公司）当今的运营重点任务

根据集团公司当今运营管理的八项重点任务，结合专业化公司（区域公司）作为利润中心的基本管理功能定位，当今的运营要点任务是商业模式创新、经营业态创新、环境生态治理。

一是实施商业模式创新战略。遵循商业模式创新的宗旨，以追求客户价值最大化为导向，拓展产品"引消"服务增值途径。动态分析和研判市场客户现实需求及潜在需求的趋势，实现服务引领消费，开拓以增值服务为主题的产品价值增值空间。创新市场与现场无缝对接机制，按照清洁、增值和可行的原则，围绕产品设计、生产、销售、服务价值链，优化煤炭产品结构和升级煤炭产品档次，推动煤炭产品营销向"引消"服务转变，为客户提供定制化服务和综合解决方案。

二是推进经营业态创新策略。跟踪互联网、物联网、大数据、云计算和区块链等新变革，着力推进企业经营业态创新。全面诊断各类资源价值，拓展要素资源优化配置和高效运营增值途径，以集成要素资源为方向，培育增值创效生态圈；以消除浪费及破解低效问题环节为重点，营造价值创造生态链；以满足市场客户个性化需求为导向，拓宽利润来源多渠道生态点。

三是创新环境生态治理机制。坚持"生态优先、绿色发展"方针，贯彻中央关于"持续推进蓝天、碧水、净土三大保卫战"的重大部署，坚定不移地实施中国煤炭绿色发展战略。为此，要全面研制矿区环境生态治理规划，设立专项基金用于生态治理，同时列出环境生态科技专项，加大科技研发投入。在具体治理方向上，当今重点是规划实施井下开采和地面塌陷两个方面的环境生态治理工作，在井下开采生产过程中，重点以井下采-选-充智能绿色开发系统为基础，构建井下采、掘、机、运、通全面智能、物联系统，将井下采选、洗选的矸石直接充入采空区，井下水保护处理与循环利用，"三废"实现减量化、分类安全储存和适度综合利用；在地表生态保护治理中，重点科学规划实施矿区土地复垦、采煤沉陷区治理工作，有效遏制和治理矿区生态退化、环境污染、地面塌陷等突出问题。坚持生态环境治理与合理开发利用相结合，充分利用矿区存量资源和地理文化条件，"变废为宝"和"变存量为增量"，实现矿产资源合理开发和生态环境良性保护的协调发展。

四、煤矿(厂)管理功能定位及当今的运营要点任务

煤矿(厂),在集团公司层次结构中为三级单位,其管理功能定位于成本中心或生产中心。一般节煤矿(厂)不是独立法人经济实体,是煤炭企业内部核算单位。而投资多元化的法人煤矿(厂)为次级经营管理中心,履行成本管控和利润创造的双重职能。煤矿(厂)在管理内容范围边界划定及管理功能定位上,与集团公司和专业化公司(区域公司)有许多不同,她的基本管理功能主要包含:生产管理、安全管理、成本管理、队伍建设和环保管理五项重大职能内容。

(一)煤矿(厂)基本管理主体功能定位

根据煤矿(厂)"成本中心"或"生产中心"管理功能定位,其五项基本职能内容如下。

一是生产管理。生产是煤矿(厂)的第一职能,具体负责组织煤矿(厂)生产活动,包括:以提高生产效率为目标的劳动组织优化及精简安排,以"两化融合"为内容的智能化技术装备革新实施,以信息化为手段的生产智慧化管控模式创新应用等。

二是安全管理。安全是煤矿(厂)的第一要务,具体负责管控煤矿(厂)各类安全风险,包括"一通三防"、水害、顶板、提升、运输、机电等安全风险点,尤其对冲击地压、透水日趋严重,常规瓦斯突出问题。对这些安全风险点采用先进的监测监控技术手段和建立严密的人员安全责任制管理体系,制定事故应急救援预案,压实安全生产主体责任,尽早发现风险,及时预防预控风险,把各类人身及非人身事故风险消除在萌芽状态之中。

三是成本管理。成本是决定企业盈利水平高低的关键因素,也是煤矿(厂)经营管理中最基本、最常规、最重要的管理工作。具体负责煤矿(厂)各种费用管理使用,包括:做到对煤炭(厂)固定资产(厂房、井巷、设备等)合理购置及精细维护管理,对煤炭(厂)各类流动资产(人员、资金、能耗、材料等)合理安排、节约使用消耗,对煤炭(厂)有限工作时间、占用地理空间和获取信息(数据)资源价值最大化的开发使用,做到以较少的投入(消耗)获得较多的收益。

四是队伍建设。员工队伍建设是煤矿(厂)的一项基本任务,煤矿(厂)应把培养提高员工素质作为一项战略任务,将员工培训作为煤矿(厂)最有价值的投资。全面设计持续推进员工素质培养与提升工作,不断提高员工的工作(劳动)的技术及技能,增强队伍的凝聚力和战斗力,尤其要高度重视和加强煤矿(厂)的区队(车间)、班组"三基"建设。

五是环保管理。环境生态保护是新时代煤矿(厂)的使命任务,煤矿生产的作业场地在井下,而作业采场则是动态变化的,生产过程会不断扰动地质结构变化,造成

地下水系变化和地表塌陷等生态环境变化现象。煤矿发展必须认真贯彻党和国家绿色发展理念，采取重大技术创新和管理变革措施，加大环境治理的资金投入和人员配备，努力做到煤矿开采与生态环境保护统筹协调，最大限度降低对环境的破坏，实现清洁化生产、绿色化发展。

（二）煤矿（厂）当今的运营重点任务

根据集团公司及专业化公司（区域公司）当今运营管理的重点任务，结合煤矿（厂）作为成本中心的基本管理功能定位，当今煤矿（厂）运营管理的要点任务是：智慧云控矿井建设、精益成本管控和绿色矿山建设。

一是推进煤矿智慧云控建设。矿山技术发展大体经历了原始阶段、机械化阶段、数字化、信息化阶段，现正快速迈向智能化及智慧化时代。创建煤矿智慧云控模式是我国煤炭行业发展的升级方向，智慧化煤矿建设是一个体系化、系统化、技术与管理高度融汇一体的工程，也是煤矿机械化、自动化、智能化、智慧化的升级工程。要加大资金的投入，组织专项研发应用团队，推进信息化与煤矿深度融合，实现煤矿管理信息化和云控高效化。将物联网、云计算、大数据、人工智能、自动控制、移动互联网、机器人化装备等与现代矿山开发技术融合，形成矿山感知、互联、分析、自学习、预测、决策、控制的完整智能系统。打造移动互联网、云计算大数据、“物联网＋”的“云控矿山”，使煤矿管理进入全员全面、互联互通、远程移动、随时随地、即时直通、智慧云控管理的新时代，推进煤矿管理方式的转变与升级：将煤矿传统的少数人单一管理，提升为全员全面参与管理；将煤矿传统的传递滞后式管理，提升为直通即时式管理；将煤矿传统的现场直面管理，提升为随时随地犹如身临其境远程云控管理；将煤矿传统的人工管理，提升为智能管理；将煤矿传统分散的、各自独立的安全生产等管理系统，高度融合到一个管理平台上进行互融互通管理。

从而有效落实煤矿机械化换人、自动化减人科技强安方针，实现用人少、效率高、安全好、效益大的目标。

二是建立煤矿（厂）精益成本管控机制。成本管控是煤矿（厂）的重要职能，也是实施高质量发展的核心内容。精益化成本管控就是要求，企业以最少的人、财、物、能耗、时间、空间资源投入，创造出尽量多的经济价值。当今煤矿（厂）成本管控应体现时代的新要求和企业自身的新特点，着力从五个维度设计创建精益管控机制：从思想认识上，牢固树立价值创造及精益成本管理的新理念；从企业管理层级功能定位上，明确煤矿领导层、管理层和生产层分别在精益成本管控中的具体内容及职责边界；从精益成本管控着力点上，一方面推进煤炭（厂）产品结构、人员结构、资金结构等精益调整优化，另一方面推进人流、物流、资金流等流程优化；从精益成本管控要素范围上，实现产、供、销和人、财、物全覆盖；从精益成本管控手段上，做到既要传承以往成本管理的好方法，又要采用新技术改造应用、信息化融合降耗提效和管理方法创新手段等，实现煤矿成本费用的合理及节约。

三是实施煤矿绿色发展行动计划。遵循习近平总书记关于“绿水青山就是金山银”和“保护生态环境就是保护生产力”的发展理念，把绿色发展贯穿于煤炭开采、加工、利用、转化、综合循环等全产业链，坚持“能尽其用、物尽其用、环境达标、永续发展”的绿色矿山建设原则。剖析煤矿绿色发展存在的问题及面临的机遇，编制煤矿生态优先、绿化发展的行动计划，建立生态环境治理专项资金，成立治理团队，明确各级组织和部门的生态环境治理工作责任。并实施以下绿色发展举措：第一规范矿山生态环境保护标准，明确政府与企业生态环保的责任边界，完善矿区生态环境管理机制；第二对煤炭资源实施清洁、高效、低碳开采方针，改变煤炭开发利用方式，提高煤炭利用效率，推进高碳能源低碳发展；第三对煤炭消费实施由燃料向燃料、原料并重方式转变，由传统高排放利用向近零排放的清洁高效方式转变；第四对井下生产实施采、选、充一体化，运用采空区充填新工艺，降低对地质结构损坏程度，依靠科技创新，合理水资源保护与配置；第五采用先进适用性技术来推动资源节约，充分开发利用煤炭各类资源价值，包括废物、废水、废气和闲置（富裕）土地、厂房、设备、技术、人员等资源，对其进行综合开发利用，使之由低值变为高值、负值变为正值；第六分析了解煤炭开采与地表沉陷规律，采用先进的地表生态减损的开发技术，做好矿区塌陷地修复、治理和开发工作。

第三节　推进集团公司管控体系建设

中国集团公司管控体系建设已进行了若干年，并取得了不少的成功经验，但是不可否认也存在不容忽视的问题，特别在我国大力推动经济结构调整优化升级和供给侧结构性改革的大背景下，提高集团公司管理水平和管理效能显得尤为重要及迫切，而要达此目的就必须重视集团公司管控体系建设。

一、认清加强煤炭集团公司管控体系建设的必要性

组建或重组企业大集团是世界大趋势，各国为推动经济发展均注重推动企业集团的组建成重组，中国也不例外。自 1978 年改革开放以来，中国企业大集团的组建活动一直持续不断进行着，到目前已形成中央企业集团、省属和地市企业集团、民营企业集团及外资企业集团等不同层次、不同类型的企业集团。中国煤炭企业集团的组建及重组高潮是起步于 21 世纪初，煤炭大集团的组建及重组大多采取政府推动的方式。

在大力推进“去产能”新形势下，我国煤炭大集团重组又迎来了新高潮。最典型

的是，2017 年 8 月 28 日，国务院国资委官网公布，经报国务院批准，中国国电集团公司与神华集团有限责任公司合并重组为国家能源投资集团有限责任公司。重组后新集团将形成煤炭产销量 5.6 亿吨(神华 5 亿吨、国电 6 000 万吨)规模，火电装机容量形成 1.8 亿千瓦(神华 6 000 万千瓦、国电 1.2 亿千瓦)规模，风电形成 3 300 万千瓦(神华 800 万千瓦、国电 2 560 万千瓦)规模。重组后该集团的煤炭、火电、风电三个业务板块均成为世界第一，可以想象中国神电集团的竞争力和市场话语权将会大幅度提高。另外，据国家发改委副主任连维良透露，发改委正在研究推进煤企在上下游相关行业跨行业兼并重组的措施，支持打造跨行业、区域、所有制的企业平台。这预示着煤炭行业的兼并重组活动即将进入高潮。

新常态下我国大集团兼并重组活动已经拉开了大幕，由此以来，我国大集团的规模会越来越大。一个集团公司资产规模少则百几亿，多则几千亿、上万亿；产业结构少则两三个，多则四五个，甚至七八个；集团公司管理层级少则两级，多则三至五级，最多的六至八级，且多元投资，多级法人结构；业务布局近则省内多地、远则跨省或跨国多处；员工人数少则万人、几万人，多则几十万人、上百万人。这种庞大而繁多结构的集团公司如何有序高效运作呢？这是一个世界性课题，也是大集团公司必须首先关注和解决的重大问题。多少年来，从国外到国内对集团管控模式进行过多种探索，形成了财务(资本)型管控、战略型管控、运营型管控(操作型管控)等多种类型的管控模式，在具体实践中有的也采用投资管控型与战略管控型相结合模式，或以战略型管控为主、兼顾财务型管控或运营型指导型的模式等。

总之，管控体系建设是大集团优化资源配置和实现协同、有序、高效运营的重要基础，是所有集团公司得以健康发展的重要保障，非常重要，极为必要。

二、了解集团公司管控体系的内涵及结构

集团公司提出了“管控体系建设”的任务，我们应首先从概念上明白集团公司管控体系的内涵、结构及价值作用，以便指导下一步的实际操作。

(一) 集团公司管控体系的内涵

从理论定义节，集团管控就是集团总部及其授权的管理主体对集团所属成员企业进行必要的管理和控制。以使集团所实现的价值大于成员企业各自独立运营所创造的价值总和的行为过程(集团整体大于各部分价值之和，即“1＋1＞2”的效应)。集团管控是一个有机的系统，包括：明确管控目标、明确管控实施的主体和客体、以及辅助于管控信息化等措施。从而通过集团管控活动，在充分发挥成员企业主动性和创造性的同时，实现集团整体利益的最大化。

集团公司管控体系建设主要内涵：实行专业化管理、板块化经营、集团化管控，同

时,着眼防控风险、提高管理效能,在完善管控体系的基础上,建立制度化、流程化、信息化内部控制运行体系与机制。

(二)集团公司管控体系的结构

对管控体系结构要弄清五个基本要素概念。

一是弄清集团公司管控层级设置。集团公司为三个管理层级,即第一级为集团公司(总部);第二级为集团公司权属企业(子公司);第三级为权属企业(子公司)管辖的基层矿、厂、处、公司。

二是弄清集团公司层级管控职能的划分。依据集团公司三个层级的设置分别明确管控职能,即第一层级为集团公司总部,其管理功能定位是:决策中心。承担战略管理、资本运营、业绩考核、人力资源、协调服务的五大职能;第二层级为集团公司的权属企业(子公司),其管理功能定位是:利润中心。承担战略实施、运营管理、项目建设、技术创新等管理职能;第三层级为集团公司权属企业(子公司)管辖的基层矿(厂、处、公司),其管理功能定位是:成本中心。承担安全生产、成本管理、"三基建设"等管理职能。

三是完善集团公司管控基本制度(责任制度)。"没有规矩,不成方圆",企业管理制度是集团公司全体员工所共同遵守的办事程序和行动准则,完善并创新集团公司管理制度,应把握"三个类型、两条线",三个类型,即综合管理类制度、专业类管理制度和操作类管理制度;两条线,即每类管理制度内又分为主体性管理制度和配套性管理制度。

四是做好管控体系运行流程梳理优化。所谓流程,即做事情的顺序,有进入和流出,是一个优化增值的过程。集团公司管控体系运行流程就是,每项管理要素从调研、拟方案、决策、执行、考核、奖惩全过程的程序化控制表现。

五是引入信息化支撑。就是利用计算机技术、网络技术等一系列现代化技术,对集团公司管控制度、管控流程进行深度融合,促进生产、经营、管理、决策效率和水平的提高。

三、集团公司管控体系建设的问题导向及方式选择方法

(一)坚持问题导向的方法

通过总结分析当今我国煤集团公司管控情况可以看出,虽然自21世纪初至今中国煤炭大集团组建运营已经十六年了,但大多数煤炭集团公司的管控模式仍在不断探索变革调整之中,"集而不团"和"大而不强"的问题仍然很突出。实践证明,创建一个好的集团公司管控体系必须坚持问题导向。

问题一,集团公司发展战略宏大,高高挂起,难以全面有效落地。

问题二,集团公司多层次法人结构管控渠道不畅,协调难度大,内部资源配置效率低下。

问题三,在集团公司高速发展的形势下,因普遍存在跨区域、跨体制、多产业、多股权状况,集团公司往往顾此失彼、顾上丢下,管控乏力,风险增多。

问题四,集团公司缺乏一套科学规范和实操有效的管控制度、流程和信息化方法。

问题五,集团公司热衷于打造集权式的强势总部,缺乏明晰的管控价值基础,集团公司整体价值最大化的目标难以体现。

(二)集团公司管控模式的创新方式

集团公司管控类型划分流传最为广泛的是“集团管控三分法”理论。所谓“三分法”,即财务型管控、战略型管控、运营型管控(操作型管控)。

具体到某个集团公司管控模式的选择,一般来说,可能是财务管控型与战略管控型相结合;也可能是操作管控型为主,隐含战略管控型的影子等,有些集团公司在不同时期、不同业务上会采取不同的管控模式。这样做的主要原因,就是为了更好适应内外部形势变化要求,及时、适度地对原集团公司管控方式进行调整、改造和创新(包括机构调整和权责、职能的重新划分调整,运行流程的重新设计等),以构造更加适应企业战略发展的管理体制和运行机制。

四、了解集团公司内控体系(手册)的内涵、结构及价值作用

为了加强和规范企业内部控制,提高企业经营管理水平和风险防范能力.促进企业可持续发展.焦煤集团公司将参考国家《企业内部控制基本规范》等有关法律法规,编制实施焦煤集团公司内部管控体系(手册),其内涵、结构和价值意义如下。

(一)内控体系(手册)的内涵

内部控制是集团公司治理体系尤其是管控体系的重要内容,也是管控体系运行中最基础性的制度支撑,由集团公司高层、中层、基层及全体员工共同实施的、旨在保证实现企业基本发展、经营目标的一系列制度体系和控制活动。

内部控制的根本目的在于加强企业管理、合理分权,有序健康高效运营。广义地节,一个企业的内部控制是指企业内部管理控制系统,她是现代大型集团公司对经济活动进行科学管理而普遍采用的一种控制机制,贯穿于集团公司战略及经营活动的各个方面,只要存在企业发展及经营活动,就一定有内部控制制度与之相适应。

(二)内控体系(手册)的结构

一个完整的集团公司内控体系(手册)结构应当包括,横向、纵向两个体系和一个

信息化支撑的“三维结构”。

一是横向要素。从内控体系(手册)横向结构的情况看,她包括集团公司所有依法行使的管控要素项,例如,战略管理、资本运营、现代治理、人力资源、业绩考核、风险管控、协调服务等。

二是纵向管控。从内控体系(手册)纵向结构的情况看,围绕每项管控要素,分别系统建立决策、执行、考核、监督、奖惩的完善制度体系。

三是信息共享。内控还应包括组织、战略及规划、人力资源、社会责任、文化、资金、采购、资产、销售、研发、工程、担保、业务外包、生产管理、成本与费用、税务、筹资与投资、法律事务、行政办公、财务报告、全面预算、合同管理、审计、绩效考核等管控要素的信息系统建设,以及每项管控要素在决策、执行、考核、监督、奖惩等运行流程中的信息传递共享。

(三)内控体系(手册)的价值作用及意义

内部控制作为集团公司发展、生产经营活动自我调节和自我制约的内在机制,她处于企业管控的中枢神经系统的重要位置。随着集团公司经济规模不断扩大,产业“业态”结构就会越多,内部管控的重要性就会越凸显。可以说,内部控制的健全、实施与否,是企业经营成败的关键。因此,内部控制意义深远,价值作用重大。具体讲,良好而完善的集团公司内部控制体系其价值作用和意义有以下三点。

一是理顺集团公司上下左右关系。规范集团公司经营管理行为,防范发展及经营风险,提高管控效能。

二是明确各级职责及运行流程。提高集团公司的执行力、协同力和发展力。

三是融入信息化管理元素。增强集团公司管控的公开、公正的透明度,杜绝潜规则和违规行为,提高经营管理效能。

第四节　推进国有煤炭企业综合改革

2015 年 9 月 13 日,《中共中央、国务院关于深化国有企业改革的指导意见》发布,9 月 24 日,《国务院关于国有企业发展混合所有制经济的意见》(以下简称《意见》)发布,这两个意见的出台恰逢其时,也是国有企业期盼已久的文件。该意见进一步明确了国有企业的战略定位和历史使命,明确了国有企业改革的指导思想、坚持的原则、主要目标,明确了分类国有企业改革要求,明确了完善现代企业制度和国有资产管理体制的要求,明确了国有企业发展混合所有制经济的改革总体要求、原则及分类、分层改革政策,同时强调了强化监督防止国有资本流失、加强和改进党对国有企业的领导、为国有企业改革创造良好环境条件等内容。因此，这两个意见是指导当今国有企业改革的纲领性文件，其意义十分重大。我们一定要认真学习，全面深刻领会，结合企业实际创造性地贯彻落实。

通过对意见的初步学习与理解，围绕国有煤炭企业存在一些亟待运用改革举措破解的突出矛盾和问题，梳理出以下八项当前改革的着力点。

一、把握改革发展的大方向

中国经过几十年改革开放洗礼尤其是步入市场化改革进程，国有企业的行政化、计划性经营管理色彩已大为褪色，随之企业独立法人实体和市场竞争主体地位的意识及行为也大大增强了，这本是一件国有企业进步表现的好事，但事情总有其两面性，近几年部分国有企业逐渐忘记了自身的社会责任和国有企业的使命宗旨，在市场中随波逐流，不择手段追逐私利，甚至造假欺骗违法经营。同时，有的企业改革也变了味，改革成了某些人排斥异己和拉拢提拔亲信的手段，成了某些人捞取个人或小团体好处的借口等。

中央在“意见”中多处节到：“国有企业属于全民所有，是推进国家现代化、保障人民共同利益的重要力量，是我们党和国家事业发展的重要物质基础和政治基础”；“坚持和完善基本经济制度”、“毫不动摇巩固和发展公有制经济，毫不动摇鼓励、支持、引导非公有制经济发展。坚持公有制主体地位，发挥国有经济主导作用”；“社会主义市场经济条件下的国有企业，要成为自觉履行社会责任的表率”；“坚持党对国有企业的领导。这是深化国有企业改革必须坚守的政治方向、政治原则”；“坚持积极稳妥统筹推进。这是深化国有企业改革必须采用的科学方法”；“做强做优做大国有企业，不断增强国有经济活力、控制力、影响力、抗风险能力，主动适应和引领经济发展新常态，为促进经济社会持续健康发展、实现中华民族伟大复兴中国梦作出积极贡献”。

以上这些是党中央、国务院对国有企业战略定位、使命宗旨和改革大方向的明确界定，国有企业在所推进的任何改革和布局发展活动中都应当牢记这些，不能迷失了方向和使命宗旨，更不能忘记国有企业的社会责任。

二、做好改革的全面规划

中央明确提出了国有企业类型划分，具体“将国有企业分为商业类和公益类。通过界定功能、划分类别，实行分类改革、分类发展、分类监管、分类定责、分类考核”；对“商业类国有企业按照市场化要求实行商业化运作，以增强国有经济活力、放大国有资本功能、实现国有资产保值增值为主要目标，依法独立自主开展生产经营活动，实现优胜劣汰、有序进退”。同时，坚持严格规范操作流程和审批程序。

煤炭企业毫无疑问是属于商业类国有企业，基于这一商业类国有企业的功能定位，国有煤炭企业在规划设计其改革方案时要充分体现之。具体表现：

（1）国有资本可实现其股权多元化，国有资本既可绝对控股、相对控股，也可参股，并可推进整体上市。

（2）企业经营行为完全可采取市场规则行事，依法经营，自主公平的参与市场竞争，优胜劣汰。

（3）企业依据市场竞争的需要，在企业内部完全有权优化配置人力、资金、物资等各类生产经营要素资源，优化调整产业结构、产品结构和组织结构等。

三、有序推进混合所有制经济改革

国有煤炭企业产权混合所有制改革推行了多年，虽然进进退退（员工持股大撤退），但总体上还是有较大进展的，特别在新建煤矿、电厂和煤化工等项目中大多实现了股权多元化。

这次中央在“意见”中把“发展混合所有制经济”列为一大部分专门进行论述，明确国有企业在推行产权混合所有制改革时，应着重把握以下四个要点。

（1）在把握国有企业产权混合所有制改革目标上，要求“以促进国有企业转换经营机制，放大国有资本功能，提高国有资本配置和运行效率，实现各种所有制资本取长补短、相互促进、共同发展为目标”和“推动完善现代企业制度，健全企业法人治理结构”。

（2）在推进混合所有制改革策略上，要求稳妥有序，“坚持因地施策、因业施策、因企施策，宜独则独、宜控则控、宜参则参，不搞拉郎配，不搞全覆盖，不设时间表，成熟一个推进一个”和分类、分层推进国有企业混合所有制改革。

（3）在员工持股人员结构上，要求“优先支持人才资本和技术要素贡献占比较高的转制科研院所、高新技术企业、科技服务型企业开展员工持股试点，支持对企业经营业绩和持续发展有直接或较大影响的科研人员、经营管理人员和业务骨干等持股”。

（4）在员工持股企业资本范围上，要求主要在国有企业资本增量中进行，规定“员工持股主要采取增资扩股、出资新设等方式”。

四、健全公司法人治理结构

2015年，为切实解决一些企业董事会形同虚设、党政一揽子决策责任不分的问题，《中共中央、国务院关于深化国有企业改革的指导意见》强调要健全公司法人治理结构，重点是推进董事会建设，建立健全权责对等、运转协调、有效制衡的决策执行监督机制，规范董事长、总经理行权行为，充分发挥董事会的决策作用、监事会的监督作用、经理层的经营管理作用、党组织的政治核心作用。针对当前我国公司化煤炭企业尤其是大型煤炭集团法人治理结构建设情况，为达到出资者放心、经营者精心、员工用心的目标，应突出以下六个方面的建设。

(1) 在集团公司法人治理结构层面，要切实落实和维护董事会依法行使重大决策、选人用人、薪酬分配等权利，同时设立相应的专业委员会，为公司董事会科学决策提供支持。

(2) 保障经理层经营自主权，法无授权任何政府部门和机构不得干预。

(3) 进一步明晰职责，规范工作程序。股东会、董事会、监事会和经理层都要建立相应的会议制度、议事规则及工作责任制，保障企业各项重大事宜按程序决策。

(4) 进一步密切合作，相互制衡。董事会和经理层之间建立紧密的合作关系和良好的制衡机制。董事会和经理层要明确分工，互不干扰，既密切合作，又相互制约。

(5) 充分发挥国有企业党组织政治核心作用。把加强党的领导和完善公司治理统一起来，将党建工作总体要求纳入国有企业章程，明确国有企业党组织在公司法人治理结构中的法定地位，创新国有企业党组织发挥政治核心作用的途径和方式。

(6) 进一步规范对子(分)公司管理和监控。依据煤炭企业与各子(分)公司产权关系等因素的不同，对各子(分)公司实施不同方式的管理和监控：对全资子公司设立董事会或委派执行董事，日常经营活动实行总经理负责制，董事长或执行董事为全资子公司的法人代表；对控股子公司依法设立董事会，煤炭企业通过向控股子公司委派董事长、董事及推荐经理人员对控股子公司的经营活动进行控制管理；对参股公司按出资比例向其委派董事或推荐经理人员，对参股公司参与管理。

煤炭企业对子公司重大事项的管理和监控，先通过内部程序进行，由子公司将重大事项议案报煤炭企业，由煤炭企业审议通过后，再通过法定程序，由煤炭企业派往子公司的董事人员，在子公司董事会上表决通过贯彻实施。

五、科学设计企业管控体系

经过煤炭“黄金发展期”的大重组、大整合、大变革、大发展，我国分省区重组建立了煤炭大集团，多数煤炭大集团按照战略决策中心、利润中心、生产与成本中心三个层级功能建立起了管控体制，在该管控体制中普遍对人、资金、采购、销售及投融资、战略等实行高度集中统一，专业化运行，在煤炭市场形势好的情况下，这种靠战略驱动、采取集权管理的模式，实际效果是非常明显的。但在当今煤炭市场持续低迷、多数煤炭企业成本高于市场价格、亏损面不断扩大加重的新形势下，煤炭企业的管控模式也要相应变革调整。在新常态下企业管控体系变革设计应明确以下思路。

(一) 明确目标

要坚持以促进发展为主题，以效益为中心，以激发调动各层级创效与发展的积极性为目的。合理设计，积极推进企业管控模式的变革创新，提高企业整体管理效能。

（二）合理集分权

按照“放控适度”、重点在“度”的要求，全面审视评估企业现有管控体系的优点和不足，本着问题导向和扬长避短的原则，实事求是，对高度集中有利于创效与发展的仍要毫不动摇的实行集中统一管控，对放权经营有利于创效与发展的特别是有的地域距离远、经营困难的下属单位，应采取战略驱动与战术驱动并重，集权与分权并举，实行因企制宜、因事制宜、因地制宜、因时制宜，适度适时放权经营，实行分兵突围渡难关，找生路。这样可有利于变一层压力为多层压力，变一个方面的积极性为多方面的积极性，达到千斤压力众人扛，万众齐心合力克服困难。

六、改革企业用人机制

在“意见”中有关企业用人制度改革的部分有三点值得关注，应结合煤炭企业现有用人制度进一步完善、创新。

(1) 明确企业高层经营管理人员的选用机制。坚持党管干部原则与董事会依法选择经营管理者、经营管理者依法行使用人权三者的相结合。推行企业经理层成员任期制和契约化管理，明确责任、权利、义务，严格任期管理和目标考核。

(2) 推行职业经理人制度，实行内部培养和外部引进相结合，畅通现有经营管理者与职业经理人身份转换通道，董事会按市场化方式选聘和管理职业经理人，合理增加市场化选聘比例，加快建立退出机制。

(3) 建立健全企业各类管理人员公开招聘、竞争上岗等制度，对特殊管理人员可以通过委托人才中介机构推荐等方式，拓宽选人用人视野和渠道。建立健全以合同管理为核心、以岗位管理为基础的市场化用工制度，真正形成企业各类管理人员能上能下、员工能进能出的合理流动机制。

七、创新企业薪酬分配制度

中央“意见”对国有企业薪酬分配制度作出了明确规定，要求与社会主义市场经济相适应的企业薪酬分配制度，现结合国有煤炭企业的实际归理薪酬分配制度改革的总方向是，着力建立按劳分配、效率优先、兼顾公平和按要素分配的新机制，把分工资变成挣工资，尤其要逐步建立体现业绩特性及多样性结合的薪酬制度。

(1) 建立以业绩为导向、与选任方式相匹配、与企业功能性质相适应、与经营业绩相挂钩的差异化薪酬分配办法。严格规范履职待遇、业务支出，严禁将公款用于个人支出。

(2) 对党委、政府及其部门任命的国有企业领导人员，合理确定基本年薪、绩效年薪和任期激励收入。

(3) 对市场化选聘的职业经理人实行市场化薪酬分配机制，采取多种方式探索完善中长期激励机制。

(4) 对集团内部单位经营者以年薪制为主要分配形式。

(5) 对管理人员以岗效工资制为主要分配方式。

(6) 对科研技术人员以基薪加成果奖励为主要分配形式。

(7) 对生产人员以计件工资制为主要分配形式。

(8) 对营销人员以岗位工资加提成奖励为主要分配形式等。

(9) 对做出突出成绩的人才要给予高的经济报酬，真正使其劳有所得，劳有所值。

第五节　创建煤矿模块化管理新模式

为了适应和提高大型现代化煤矿生产经营效益的需要，应借鉴国内外先进经验，对新建大型现代化煤矿创新设计“15833”模块化管理模式。

一、模块化管理模式的主要亮点

(1) 推行“一矿两井、一井一面”的组织模式。压缩管理层级，实现资源共享，促进煤矿安全生产的集约化、规模化。

(2) 实施“矿井管理模块化。矿井管理模块化、模块关系契约化、模块运行标准化、运作方式专业化、经济核算市场化的“五化”管理模式，明确管理内容、管理边界、管理目标、功能定位和运行规则，推动公司内部市场化，落实全面责任制。

(3) 实行“专业化、流程化”生产运营模式。专注主体，剥离辅助，充分利用内外部专业队伍，通过各模块之间的互联互通和各业务流程的协同联动，实现从传统粗放管理向精细化、精益化管理的转变。

二、模块化管理模式的指导原则

(1) 创新性原则。借鉴煤炭企业运营管理最佳实践的基础上，结合新建煤矿运营管理实际，集成创新，对新建煤矿运营管理体系建设进行系统设计。

(2) 专业性原则。新建煤矿运营体系建设立足专业化管理，管理模式科学、组织架构合理、业务模块清晰、资源利用优化、运行规则明确。

(3) 全面性原则。新建煤矿运营体系应覆盖各管理层级、各业务模块、各业务管理流程和环节 各业务部门。

(4) 系统性原则。新建煤矿应把运营体系建设作为一项系统工程对待，注意各业务模块之间的协调、各业务流程的协同、各项制度的衔接。

(5) 有效性原则。新建煤矿运营体系建设应符合运营管理实际，确保有关模式、规则、流程、制度有效执行。

三、模块化管理模式的架构思路

结合新建煤矿的实际情况，集成创新，推进三个运营支撑，完善三项运营基础，对八大专业模块实施“五化”管理，最终实现一个总体目标，简称“1-5-8-3-3”。

(1) 一个总体目标：智慧高效、本质安全、管理科学、生态文明、人文和谐的新型现代化煤矿。

(2) “五化”管理模式：矿井管理模块化、模块关系契约化、模块运行标准化、运作方式专业化、经济核算市场化。

(3) 八大专业模块：生产主体、生产辅助、生产服务、安全保障、生活服务、供应、洗选、销售。

(4) 三项运营基础：治理体系、组织体系、流程体系。

(5) 三个运营支撑：专业化、标准化、信息化。

四、模块化管理模式的建设内容

新建煤矿建设，通过打造“模块化、契约化、标准化、专业化、市场化”的管理模式，将煤矿企业的生产系统、安全系统、保障系统集成为统一的管理与控制平台，实现煤矿企业全面感知、高效互联、科学决策的目标。

(1) “五化”管理模式：

一是明确矿井管理模块化的内涵。模块化管理的本质是强调专业分工与模块间的协调统一。把矿井管理的整体工作进行科学分工，形成多个模块化单元，明确每个模块的责任主体与业务内容，并通过模块间协调，将各模块的工作目标和努力方向统一到一起。

二是明确模块关系契约化的内涵。模块关系契约化强调模块间的互联互通，将契约的基本内容引入到煤矿各模块的管理中来，以契约形式明确各模块的职责和工作内容，打通模块间的壁垒与阻隔，促进模块间的协同，使得模块间关系具有市场交易的色彩。

三是明确模块运行标准化的内涵。模块运行标准化的实质是为了增强模块运行的有序化，防止其向无序化发展。通过明确模块运行管理权责，制定相关管理制度和操作规程，建立预警防范机制，规范模块运行，使各模块的运行符合相关规章制度和标准规范要求，使各模块始终处于良好的运行状态，并持续改进、不断提升。

四是明确运作方式专业化的内涵。运作方式专业化就是通过社会、集团和公司的专业分工与协作，实现运作效率和运营效果的最优化。以生产、经营和管理的各模块为单元，以契约式管理为手段，培养和引进专业化服务团队，推进专业化运营和管理，让专业的人做专业的事，充分吸纳企业内外部优质资源为企业发展服务，达到降低成本、节省费用、实现资源优化配置，追求规模经济效益，提高煤矿整体生命力和竞争力的目的，提高企业核心竞争力。

五是明确经济核算市场化的内涵。经济核算市场化就是把市场机制引入企业内部，形成以经济结算为主、行政命令为辅的管理。以经济结算关系代替企业内部的分工协作关系或行政管理关系，从而使每一个模块都转变成经济单元，落实内部经济责任制，充分调动各模块的工作积极性。

（2）八大专业模块：

一是生产主体模块。生产主体模块主要包括煤炭的开采和巷道的掘进两项主要工作。

二是生产辅助模块。生产辅助模块管理的对象主要是机电、运输和通风系统。

三是生产服务模块。煤矿“生产服务”模块包括搬家倒面、设备维修、救护和地质测量工作。

四是安全保障模块。煤矿安全管理主要是对人、设备和矿井自然环境的安全防护管理，其中对人的管理是核心，人的因素是主导、管理因素是关键、物的因素是基础、环境因素是条件。

五是生活服务模块。生活服务模块主要包括餐厅、浴室、物业、保洁、保安等公司与矿井的后勤服务领域。

六是供应模块。矿井物资供应种类相对宽泛，“供应”管理模块主要包括：物资计划管理、集中招标采购管理、供应商管理和应急物资管理等。

七是洗选模块。煤炭洗选是利用煤和杂质（矸石）的物理、化学性质的差异，通过物理、化学或微生物分选的方法使煤和杂质有效分离，并加工成质量均匀、用途不同的煤炭产品的加工过程。

八是销售模块。“销售”模块包括对所销售煤炭资源的组织管理、市场开发、合同签订、运销计划编制实施、铁路公路装车调度组织、煤台经营管理、产品质量检验、商务纠纷处理、市场价格分析、货款结算等工作。

（3）三项运营基础：治理体系、组织体系、流程体系。

（4）三个运营支撑：专业化、标准化、信息化。

第十章　用心培育和打造企业市场核心竞争力

第一节　企业核心竞争力的基本概念及其重要意义

美国著名管理学者普纳哈德和哈默尔在1990年《哈佛商界评论》刊登了他们共同撰写的《公司的核心能力》(*The Core Competence of the Corporation*)一文，首次提出了核心竞争力的概念，对企业界和经济界都产生了深远的影响，也确立了核心竞争力在管理理论与实践上的重要地位。从深层背景来看，核心竞争力理论是对几十年来欧美大企业战略，包括多元化战略的一个更高层次的发展，体现出全球范围内的产业结构调整已走向深入。如今，建立和发展自身的核心竞争力已成为西方企业普遍追求的战略目标。在我国，核心竞争力的问题也引起经济和管理研究各界的浓厚兴趣，成为企业乃至地区、行业发展普遍关注的一个焦点，由此也推动了相关研究与实践工作的深入。关于核心竞争力的概念说法不一，但普遍公认核心竞争力是企业长期形成的，蕴涵于企业内质的，企业独具的，支撑其过去、现在、未来竞争优势，在竞争环境中取得长时间主动的核心能力。核心竞争力是企业多方面技能和运行机制的有机融合，是企业在特定经营环境中的竞争能力和竞争优势的综合体现。

一、世界有关企业核心竞争力研究的典型理论

现在理论界对企业核心竞争力的理解，已经不再限于普拉哈拉德和哈默原来所阐述多元化公司的核心技术能力。不同研究者所理解的企业核心竞争力有很大差异，其中具有代表性的有知识观、资源观、技术观、组织系统观、文化观等。

(一)基于技术与技术创新观的企业核心竞争力

普拉哈拉德和哈默是从技术和产品创新观研究核心竞争力的代表。他们的一个重要的思想是，企业核心竞争力是存在于企业的产品(技术)平台——核心产品上的，企业核心竞争力的积累过程就伴随在企业核心产品(核心技术)的发展过程，因而，企

业核心竞争力是企业以往的投资和学习行为所积累的具有企业特定性的专长。梅约(Meyer)和厄特贝克(Utterback)也是基于技术观和技术创新过程分析企业核心竞争力的典型代表,他们认为企业核心竞争力是指企业的研究开发能力、生产制造能力和市场营销能力,它可以分解为产品技术能力、产品满足顾客需要的程度、对创新产品投入生产的能力和产品市场化能力等四个维度。作为技术观核心竞争力研究的延伸,道西(Dosi)等人提出的"技术竞争力"概念,为核心技术能力的研究奠定了基础;巴特尔(Pavitt)在 1994 年首次提出了"核心技术竞争力"的概念,并就核心技术竞争力对企业战略管理的影响做了研究;伽窿(Gallon)等人 1995 年进一步完整的提出"核心技术竞争力"的概念和结构。

(二) 基于资源观的企业核心竞争力

资源观强调资源和能力对企业获得高额回报和持续竞争优势的作用。资源学派最著名的代表人物之一杰伊·巴尼认为,企业资源只有具备价值性、稀缺性和不完全可替代性的特征,才能创造持续的竞争优势。这些资源包括企业的资产、知识、信息、能力、特点和组织程序等要素,而且这些要素又可以方便地分成财务、实物、人事和组织资源等几个种类。如果许多竞争者具备了相同和相似的资源,那么没有哪家企业将拥有竞争优势。大多实物容易模仿,竞争对手可以建立相似的工厂或者对过程技术予以复制,而基于团队工作、文化和组织程序的能力则难以模仿,这些资源通常是在企业长期的发展过程和难以计数的小决策中逐步形成的,是形成企业特有能力最重要的资源。克里斯汀·奥利佛提出,企业获得配置资源能力的"异质性"决定了其获得较高经济回报率的可能;这些长期的、能获得高于正常利润回报的特性是企业在"有缺陷的"和"不完全的"要素市场中,获取并开发战略性资源的能力所决定的。因此,不同企业之间为获取这些战略性资源,在决策和获取过程上的"异质性"构成了企业核心竞争力 。从资源类型看,该学派认为,构成核心竞争力的资源具有稀缺性、独一无二性、持续性、专用性、不可模仿性、非交易性、无形性、非替代性等特征,而企业核心竞争力是指企业在获取并拥有这些特殊资源的独特能力。

(三) 基于知识观的企业核心竞争力

知识观流派认为,企业核心竞争力是指具有特性的、不易外泄的企业专有知识和信息;核心竞争力的基础是知识,学习是核心竞争力提高的重要途径,而学习能力是核心竞争力的核心。巴顿(Dorothy Leonard Barton)是该流派的代表,他认为,企业核心竞争力是使企业独具特色并为企业带来竞争优势的知识体系,包括技巧和知识基础、技术系统、管理系统、价值观系统等四个维度。同时,他还把企业能力归结为核心竞争力、辅助能力与操作能力等三种形式,指出核心竞争力构成企业的竞争优势,它随时间积累不易为其他企业所模仿。1997 年麦肯锡咨询公司的凯文·科因等人基于核心竞争力在企业经营活动中的应用分析，提出核心竞争力是某一组织内部一系列互补的技能和知识的组合，它具有使一项或多项关键业务达到业界一流水平的能力。这一提法，强调了企业核心竞争力以知识的形式存在于企业的各个方面能力之中。

（四）基于组织与系统观的企业核心竞争力

组织与系统观流派认为，企业核心竞争力是为企业在特定经营中，提供竞争能力和竞争优势的多方面技能、互补性资产和运行机制的有机融合。具体地说，核心竞争力是企业不同的集散地系统、管理系统、社会心理系统、目标和价值系统、结构系统等的有机结合，而体现在这种组织中的核心内涵是企业所专有的知识体系。从企业核心竞争力的开发与提高来看，作为核心竞争力载体的人才是企业最宝贵的资源，因此，企业核心竞争力必须有沟通、参与和跨越组织边界的共同视野和认同。库姆斯(Coombs)于1993年提出了企业核心竞争力包括企业技术能力以及将技术能力予以有效结合的组织能力。该流派主要观点是，企业核心竞争力既具有技术特性，又具有组织特性，它包括企业的技术专长（含产品和工艺在内）和有效配置这些专长的组织能力。

（五）基于文化观的企业核心竞争力

从文化观角度研究企业核心竞争力的代表是拉法（Raffa）和佐罗（Zollo），他们认为，企业核心竞争力不仅存在于企业的操作子系统中，而且存在于企业的文化子系统中；在知识密集的现代企业中，核心竞争力根植于复杂的人与人、人与环境的关系之中。严格地说，企业真正的核心竞争力是不可分割的，它是技术核心能力、组织核心能力和文化核心能力的有机结合，不可能在企业里分散开来加以定位。因此，企业核心竞争力的积累蕴藏在企业的文化中，渗透在整个组织中，而恰恰是组织共识为一个综合的、不可模仿的核心竞争力提供了基础。

二、我国关于企业核心竞争力理论的研究

我国的理论界、企业界对核心竞争力的研究和探讨表现出了极大的热情，几乎所有的行业和大企业都对其进行了相关分析和探讨。理论界大多是从学术的角度和宏观层面去系统研究核心竞争力问题，而企业界主要是结合自己的企业，从微观的层面去探讨如何培育核心竞争力的问题。

（一）理论界的主要观点

国务院原发展研究中心副主任陈清泰认为，核心竞争力是指一个企业不断地创造新产品和提供新服务，为适应市场的能力不断创新管理能力和不断创新营销手段

的能力的系统过程。

中国发展战略学会研究会副理事长管益忻认为，核心能力，归根结底就是获得客户、获得客户忠诚度的能力。核心竞争力的本质是消费者剩余。

北京大学管理学院教授张维迎认为企业的存亡取决于是否具有核心竞争能力，即是否具有独特的资源和能力，这种独特性具体表现为你所拥有的资源是偷不去、买不来、拆不开、带不走、溜不掉的。偷不去，是指别人模仿你很困难，如你拥有的自主知识产权、品牌和文化；买不来，是指这些资源不能从市场上获得。拆不开，是指企业的资源、能力有互补性，分开就不值钱，合起来才值钱。带不走，是指资源的组织性。整合企业所有资源形成的竞争力，才是企业的核心竞争力。溜不掉，是指提高企业的持久竞争力。

国务院研究室工交研究司原司长陈全生说，企业核心竞争力有“三性”，即差异性，与众不同，有明显差异，有明显优势；独立性，独自拥有，他人无有；发展性，有一定的持续性。

(二) 企业界的认识和探讨

曾任海尔集团董事局主席的张瑞敏指出，海尔的成功源于海尔人自创业开始以来的观念创新和持续的创新活动，创新是海尔文化的价值观，也是其真正的核心竞争力。

笔者多年来潜心研究企业核心竞争力，尤其结合中国企业特点对其进行了系统性的研究，历经数年的实践性研究和比较性分析，提出了企业核心竞争力系统研究的方法——核心竞争力体系构建与培育的方法，受到企业管理各界的广泛关注。就此问题于 2005 年开始连续三年赴清华大学讲课，引起广大学员的热烈反响和共鸣。

三、有关企业核心竞争力的几个基本概念

(一) 竞争

按字意，竞争可以理解成为了自己的利益而跟别人争胜。美国经济学者斯蒂格勒对竞争的定义是：竞争是个人（或集团或国家）间的角逐，凡两方或多方力图取得并非各方所能获得的基础东西时，就会有竞争。

(二) 市场竞争

市场竞争是指经济主体（主要是企业）之间，在市场上为实现自身的经济利益和既定目标而不断进行的角逐过程。

(三) 企业竞争优势

企业由于能提供给顾客（客户、消费者）或被顾客认为具有相对价值优势的产品或服务，即获得顾客认同，进而实现企业价值的最大化，相比竞争对手在市场上处于

有利的地位差距。

(四) 企业竞争力

企业竞争力是企业面向市场在与竞争对手的角逐中,合理地运用企业内外部的经济资源,提供给市场和顾客所需要的产品和服务,而建立起来的具有竞争优势的能力。获得这种能力的关键因素就是核心竞争力。

(五) 企业竞争优势与核心竞争力的区别与关系

企业竞争优势与企业核心竞争力是同一问题的两个方面。一方面,竞争优势是核心竞争力在市场中的外在表现;另一方面,核心竞争力则是竞争优势在企业中的内在支持。两者的关系是,竞争优势好与差取决于核心竞争力的强与弱,而核心竞争力作用于竞争优势,两者互为支撑。所以,企业竞争优势与核心竞争力存在不可分割的内在联系。企业的核心竞争力是竞争优势产生的根本,企业具有核心竞争力,就一定会有竞争优势。反之则不成立。

四、当前我国企业在构建核心竞争力实践中的误区

由于我国进入社会主义市场经济发展阶段,企业摆脱政府附属物地位,转为“四自”经济实体的时间并不长,存有许多局限性,有的企业虽然从感性上认识到了核心竞争力对企业生存发展的重要性,但往往在认知上和行动上存在一些偏差和误区,主要表面在以下五个方面。

(1) 倾向单项优势。认为企业有了某一方面或某一环节上优势就具备了核心竞争力,例如,有了一定资金或有了一种新产品就有了核心竞争力,等等。

(2) 倾向短时优势。认为企业年度盈利或一时占有了市场就具备了核心竞争力。偏重短期效应,忽视长期持续的竞争优势。

(3) 倾向机会优势。有的企业靠一时某项政策优惠的机会,或供不应求一时市场的机会得到快速发展,就认为企业具备了核心竞争力。

(4) 倾向做大优势。在一段时间内相当部分企业认为,做大就是优势,就是有核心竞争力,就有气派。一个时期全国曾出现几百家规划进入世界五百强的企业,这些企业发展的唯一目标就是做大。

(5) 倾向借外优势。有些企业感到靠自己的力量发展太慢,急于求快和做大,就立足于眼睛向外,拼命扩张并购,借外力发展,结果是事与愿违。

五、企业核心竞争力的意义和作用

在经济全球化和国内外市场加速接轨的今天,企业之间的竞争主要取决于企业

核心竞争力的较量。所以，加快培育企业的核心竞争力，打造企业的持续发展优势，是企业应对国内外日趋激烈竞争挑战的迫切需要。企业作为独立法人经济实体和市场竞争主体的地位已被广为认知，发展在自己，生存靠市场，市场竞争成败取决于核心竞争力。

一是核心竞争力是企业做强的重要标志。当今流行的一种时尚是把企业做大做强，尤其是做强比做大更重要。那么，什么是做强呢？所谓企业的强，主要衡量尺度是她比对手更强的核心竞争力。所以，企业有了比对手更强的核心竞争力，就占有了市场上的竞争优势，核心竞争力是企业做强的根本标志。

二是核心竞争力是赢得市场的重要武器。市场是由许多客户组成的需求群体，企业要满足客户需求，赢得用户信赖，就应当具有先于、优于，快于和多于同类企业向用户所提供的产品及服务，而这些则集中体现在企业综合竞争优势方面，也就是核心竞争力上面。

三是核心竞争力是获得理想收益的重要保障。企业拥有强于对手的核心竞争力，也就意味着有较高的市场占领率，有较多的收益回报。所以，打造培育企业强大的核心竞争力是取得竞争优势，进而获得较高收益的重要保障。

四是核心竞争力是实现持续发展的重要基础。一个成功的企业要在市场竞争的惊涛骇浪中保持主动、保持优势，背靠必须有核心竞争力，只有保持与市场同进并不断创新发展企业的核心竞争力，企业才能实现持续发展。所以，核心竞争力是企业持续发展的主要源泉和重要基础。

第二节　企业核心竞争力体系结构及其关系

企业本身是个复杂的系统，由多个层次、多种元素有机组成，而企业核心竞争力是企业内生的各种知识、技能、优势资源的集合体，即企业经过组织、调动各种管理力，对已获得的各种资源、技能进行整合，使之协调统一、有效运转，形成系统合力，为企业争得市场的优势地位，进而实现企业的价值目标值。所以企业核心竞争力不是简单的个体，是一个系统，具有整体性和综合性。作为系统，它是由若干个部分或子系统有机地结合在一起，具有综合的功能性。企业核心竞争力体系主要包括两个方面的功能：一是企业获得各种资源或技能并将其转化成运营技能或产品的能力；二是企业组织调动各种要素进行生产经营，使各个环节处于协调统一高效运转的能力。

一、企业核心竞争力体系结构

所谓企业的核心竞争力体系结构，是指企业核心竞争力体系架构和其内部组成元素及其相互关系。从系统学观点，可将其划分为相互关联的若干部分，具体勾画为两个部分、五个层次、若干个要素的体系框架(图 10-1)。

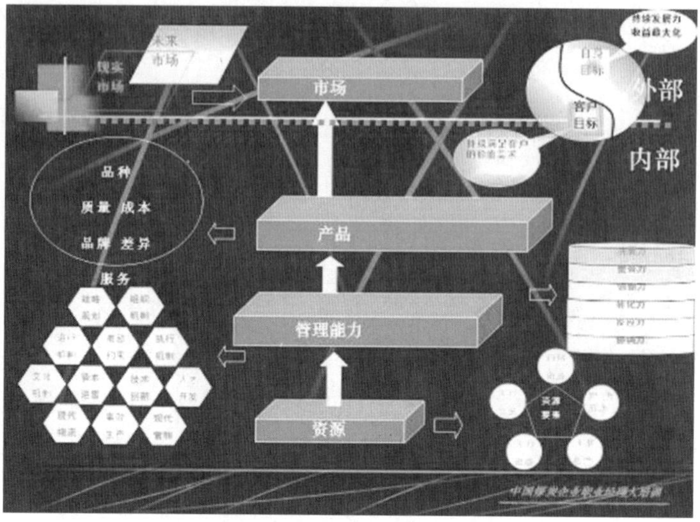

图 10-1　核心竞争力体系框架

两个部分：企业内部、企业外部。

五个层次：第一层次是资源，第二层次是机制，第三层次是能力，第四层次是产品(含服务。这里的服务是指作为一种产品出售给顾客的商品，而不仅仅是实体产品的售后服务，下同)，第五层次是市场；

若干要素：蕴藏于五个层次中的各种主要因素。例如，第一层次资源包括自然资源、生产经营资源、财务资源、人力资源、无形资产等；第二层次机制包括战略规划、组织、运行、人才开发、资本运营、技术创新、高效生产、现代物流、现代营销、执行、文化、激励约束等十二种机制；第三层次能力包括决策能力、整合能力、创新能力、转化能力、反应能力、协调能力等六种管理能力；第四层次产品包括数量、质量、品种、价格、服务等；第五层次市场效力表现包括：市场占有率和顾客满意率、市场预测力和市场开拓力等。

二、企业核心竞争力体系结构及其关系

在整个体系中，各层次之间由资源到市场从低向上形成依托支撑，同时将市场优势和效益能力由外部终端反馈作用到资源基础，进而形成闭合循环效应，使企业的内部资源、机制、能力、产品与外部市场效应整合一体，并应不同的企业特点和环境要求，差异化地配置各类要素和要素关系，最终形成独具企业特点的核心竞争力。

企业为不断实现自身目标(持续发展力和收益最大化)，必然要为企业的经营结果寻求市场价值，即追求企业的客户目标(持续满足客户的价值需求)。客户价值的

实现是企业达到自身目标的利益源泉，但恰恰是企业为追求自身目标而驱动自身全力满足客户的价值需求，因此自身目标和客户目标二者从来是生存与共、相辅相成、共赢发展的。企业的核心竞争力的体系理念就是建立在这样一个系统思想的基础上，创新研究的结果。

（一）内外循环关系

企业内外两个部分是相互依存、相互关联、相互作用、相互支撑的循环关系。一方面，内部是核心竞争力生成的基础和主体，外部是核心竞争力的表现地、检验地和扩张地，外部引导内部，内部表现于外部；另一方面，企业市场竞争优势是自身核心竞争力的外在表现，而企业自身核心竞争力是市场竞争优势的内在支持和源泉。

（二）层级纵向关系

核心竞争力体系构成的五个层次之间的关系可以简单概括为正逆两个方向：一是正向关系。资源支撑机制，机制产生能力，能力成就产品和服务，产品和服务拓展和效应市场。二是逆向关系。市场表现引导和制约产品与服务，产品与服务的生产条件和内在要求优化和约束企业的能力结构和效果，能力的组织和发挥又直接影响和变革企业的运营机制，企业的运营机制的调整将直接决定资源的价值和组合配置。

第三节　企业核心竞争力体系四层关系的内涵

一、第一层次——资源条件的要素及其内涵

第一层次资源包括自然资源、人力资源、生产经营资源、非物态资本资源、无形资产等。资源是企业战略发展和组织运营的基本需要和必备条件，是企业自身环境的主要内容。

（一）自然资源

企业的自然资源包括：矿产、土地；自然界存在的空气、水、能源（除矿产外的阳光、风能、水能、地热等）；生物资源；旅游资源；地理位置；等等。自然资源是各类资源形成的物质基础或终极来源。没有自然资源，没有自然界最基本的物质及能量供给，人类就不能生存。而对以自然资源为主要依托的企业，例如矿产开采业、能源业来说，自然资源就是企业赖以生存和发展的先决条件。正因为如此，占据着某些自然资源垄断地位的企业，自然就为其培育和提升核心竞争力提供了先天优势。这就是近几十年来，世界上几乎所有的矿产开采生产企业都不遗余力地争夺矿产资源的根本

原因。

（二）人力资源

企业的竞争归根到底是人才的竞争，人才是企业发展的根本性资源，是企业最宝贵的财富。因此，怎样去发现、组织更多的人才为企业工作，已经成为企业生存与发展的决定性因素，而企业人才素质的高低直接左右着企业的成败。一个企业所有者在将企业货币资本委托授权给经营者之后，企业的生死荣衰，在很大程度上就取决于人力资本了。任何企业要想在竞争中取胜，必须要有一大批精英人才和专业人才，其中包括技术人才、管理人才、金融人才、公关人才、策划人才、营销人才等。企业有了人并不等于就拥有了人才，有了人才并不等于就获得了有效的人力资源。人才只有在适宜的环境中才能充分发挥效用，成为企业的资源。这就是为什么一些企业拥有大量博士、硕士和其他高级人才，却不能取得较好的效益或甚至走向衰亡的深层次原因。因此，企业人力资源是否合理、是否丰富，不要看它拥有多少高级职称人才和高学历人士（即通常所说的“人才密度”），而是看它现在的人才结构是否合理，人才是否处于适宜的环境中且充分发挥效用。人力资源与企业运行机制的相互作用是企业生存与发展的根本问题，一旦两者发生错位或断裂，企业便会陷入困境。因此，企业一定要统筹策划和培育自身的人才竞争力，来支撑和完善企业的核心竞争力体系，确保企业的持续竞争优势。

（三）生产经营资源

企业的生产经营资源，一方面，指厂房、库房、矿井、办公用房、营销用房等建筑物；生产运输设备、设施、工器具；水、电、暖、气输配等基础设施；直接为生产服务的其他辅助设施。这是企业生产必不可少的物资手段，其配套齐全、状态完好和安全运行是企业得以正常生产运营的基础保障。但是，要使之成为企业的一种竞争优势资源，仅满足生产基本要求还远远不够。企业生产系统的装备应达到现代技术水平，它的流程控制应达到集中化和自动化，它的生产效能应达到高产、优质、低耗、安全。还有最重要的一点，就是在这个生产系统中，应保有企业独有的某一种或几种核心技术，这才是企业赖以培育和提升核心竞争力的关键所在。另一方面，则是指企业长期经营所赢得和积累的客户群、供应商及相关信息网络等资源。这种资源作用发挥得好，企业就能实现自己的市场价值目标——收益最大化和持续发展力。

（四）非物态资本资源

企业除了房屋建筑、设备、设施、原材料和产品等物态资本资源外，还有开发潜力比前者大得多的非物态资本资源。例如银行存款、债权、股权以及融资能力、扩张能力等。企业通过对这些资本资源的出色运作，可以在短时间内，聚集、控制大量的金融资本、实物资本、人力资本和知识产权资本等。

（五）无形资产

无形资产是企业独特、外在和意识性的资源，主要包括专利、信息、品牌、服务、企业形象、企业文化与外界关系等等。

二、第二层次——运营机制的要素及其内涵

运营机制既是企业有效运营的组织支撑和规范保障，又是企业市场竞争和持续发展的统筹系统和控制导向，具体包括以下十二个方面。

（一）战略规划机制

企业的战略规划，是企业在某一定时间内，根据自身现有条件和能力，为适宜外部环境和可能的变化，选择企业所前进的方向和所要达到的目标，并制定实现这些方向目标所采取的措施。科学的战略规划对于企业发展有着巨大的引导作用和聚合作用。

（二）组织机制

企业组织机制包含企业法人治理结构和组织体制，涉及产权结构、职能划分和管理关系。有力的组织机制，既是企业稳定有序、高效运转的组织保障和系统支撑，也是企业创新力、决策力和整合力等综合管理力的作用载体。通过体制创新和组织创新，企业可有效整合各方资源，进而培育和提升自身的核心竞争力。

（三）运行机制

企业运行机制，是指企业的各个组成部分之间，各种生产经营要素之间，在一定的条件下，相互作用、自动调节与激励控制的功能和方式。主要包括组织机制、决策机制、控制机制和激励机制等。有效的机制建设表现在三个方面，即合理的体制、适用的制度和有序的流程。组织机制应为企业培育和提升核心竞争力提供组织、人力、物力、财力保障；决策机制主要是明确决策者、决策程序、决策权限、决策内容（如实施方案、投入资源等）；控制机制应解决对核心竞争力培育、提升过程中的进程控制、投入控制、风险控制等；激励机制旨在为动员企业全体员工甚至社会公众在培育、提升企业核心竞争力的工作中，自觉贡献聪明才智而采取的奖励措施，包括物资及精神的奖励和工作上的信任。

（四）人才开发机制

现代企业管理已完全冲破传统人事管理的静态模式，把人才作为企业最宝贵的资源加以开发和利用，其关键是挖掘人才的潜质能力和集成人才的个体效力，把人才的竞争力作为企业最重要的竞争力要素加以开发和培育。企业必须通过学习创新和整合优化，不断净化和改善内部环境，以吸引人才、培育人才、留住人才和高效地利用

人才，如此，企业才能有效培育和提升自身的核心竞争力。

（五）资本运营机制

企业资本运营机制是指以资本盘活和增殖为目的的经营活动，资本运营的目标不仅仅是单纯地追求利润最大化，而且要追求资本的增殖活动和资本价值的最大化，通过资本的直接运作及资产重组，取得对企业竞争力的资源放大效应、市场放大效应和效益放大效应。企业可以通过有效的资本运营筹集企业发展所需资金和资本，并购或控股有竞争潜力的企业，获得核心技术、先进设备、高素质员工、市场份额等要素，来有效地提升企业核心竞争力。

（六）技术创新机制

企业技术创新是培育和提升核心竞争力的重要源泉之一，主要包括产品创新和工艺创新。产品创新是指企业在生产经营过程中开发并生产产品的活动，是现代企业成长的基础，尤其在高技术产品领域中，产品领先的时间不断缩短，没有持续的产品创新，企业就难以保持自己的竞争优势地位。所谓工艺创新又称为过程创新，是指通过研究和采用新的或有改进的生产方法，提高产品生产效率或改进现有产品生产的活动，从而提升企业的竞争效力。

（七）高效生产机制

高效生产是指，企业在生产过程中，通过采用先进工艺装备、先进技术和有序组织等，推进生产系统的精细化和现代化，进而实现生产的高效率。

（八）现代物流机制

企业现代物流机制指企业生产经营所需物资快速有效地流动和配送，具体表现为以下三点：一是树立大物流和第三利润源的新理念；二是运用并开发国内外两个市场、两种资源；三是构建“四化”物流体系，即源头采购集中化，中间配送扁平化，终端销售超市化，过程控制信息化。以此服务于企业的生产经营活动。

（九）现代营销机制

是指企业通过有效进行组织网络、队伍、市场管控“三位一体”的建设，形成现代高效的营销体系。即坚持以目标市场为导向，以机制建设为重点，着力建设内外呼应、精简高效的营销组织网络，培养素质高、市场开拓能力强的营销队伍，建立信息灵敏、策划科学的市场管理体制。

（十）执行机制

企业的执行力是指，企业所属各组织及人员贯彻落实企业发展规划及生产经营计划的能力、效率和质量。企业在执行的过程中必须解决好“木桶”效应和“指头”理论的问题，即不仅要补短更主要的是取长，并通过文化和管理艺术调动人员的积极性，使措施到位和延续，进而实现企业核心竞争力的持续提升。

（十一）文化机制

文化是企业的无形资产资源，更是企业机制的核心基础，企业的任何行为、规范和输出结果均内含和表象企业的文化理念，企业文化无时无刻以其独特的功能效应导向和激励、约束企业和员工的意识和行为；凝聚、融合企业和员工的思想和价值理念；优化、协调企业的各类机制和人力体系；激励、整合内外资源力量；辐射、塑造人力核心价值和综合竞争力。所以做企业必须先做文化。

（十二）激励约束机制

任何战略、体制、管理、文化都同时内含激励和约束这两项职能，二者相辅相成、动态共存、对立统一。没有有效激励的企业定然是没有生机和竞争力的企业，没有健全约束的企业是必然是秩序混乱、资源高耗、潜伏危机的企业。所以激励是企业核心竞争力的催化剂，约束则是企业核心竞争力的特效良药。

三、第三层次——管理能力的要素及其内涵

这一层次是企业通过相关运营机制，整合资源、运用资源所体现出的管理能力，是经营管理水平的直接表现，主要表现在以下六个方面。

（一）决策力

就是方案的选择能力。企业决策的实质，就是寻求培育和提升自己核心竞争力的方向、途径和方法。企业的成败在很大程度上取决于企业决策的好坏，而决策的良莠则取决于企业决策力的强弱，即决策管理是最大的管理。企业的决策力由企业的决策机制、决策者的判断力和决策水平、企业的信息系统效能和决策职能部门支持力为主体的有机构成。企业决策机制包括决策的组织体系、程序要求和权责界定等。作为企业主要决策者的高层管理团队，其决策水平和质量如何不仅关系着企业的发展，也关系企业的生存，担负着重大的决策责任，这要求他们必须具有现代企业家的品质和能力。同时企业良好的信息系统和高素质职能部门的工作，也将为决策者决策提供及时、充分和清晰的价值信息，以有效支持其准确判断和科学选择。

（二）整合力

整合是根据市场需求及设定目标的要求，通过机制运作来调整各相关资源要素并加以重新组合，使之达到协调融合。整合力则是将组成某事物的各要素进行调整和优化组合，使之达到集合优势、叠加优势和整合优势的能力。在企业核心竞争力研究中，整合力是指将企业内外部资源的配置，调整到能够最大限度地增强整体核心竞争力的最佳状态的能力。企业通过改善运行机制、资本运营、技术创新、高效物流等

作用方式，对企业资源进行整合，实现培育和提升核心竞争力。整合力的作用对象是企业的各种资源。资源整合对不同的企业来讲，具有不同的内容。各家企业只有根据自身内外部资源和市场状况的现实情况进行整合，才能使企业的资源配置达到最优。企业资源整合包括内部资源整合、外部资源整合和内外部资源统筹整合。

（三）转化力

转化力就是使事物按照人的意愿发生转变并产生理想效果的能力。就企业管理而言，如果它的转化力强，则知识和创新成果可形成新的劳动生产能力；企业的决策可以变成职工的自觉行动；技术优势可以变成产品优势和市场优势；人的智能可以变成企业财富；市场竞争中的对手可以转变为合作双赢；职工中的消极因素可以转变为积极因素等。总之，企业转化力的强弱直接决定了企业挖掘各种潜能的效率和效果。

（四）反应力

反应力是指企业在发展过程中，对与之有关的重要事件、机会和外部威胁及时作出有意识的感觉及应策，以获得或保持企业的市场竞争优势的能力。按照系统论和生态论的观点，企业与其外部环境共同形成一个大系统，且分别是这一大系统中的两个子系统，两者必须相互配合、相互协调，才能产生系统效应。但从企业角度来讲，外部环境这一系统是企业所不能控制的客观存在，且时刻处于复杂的变动之中。企业为了自身的生存和发展，对于外部环境的变化，特别是事关企业生存、发展的大变化，必须及时察觉并快速做出反应，进行调整，以适应外部环境的变化，这就是生态学中“适者存，不适者亡”的原则。

（五）学习创新力

学习创新力可以理解为通过学习知识达到改造世界的能力，这里具体是指，企业通过吸收有关知识改进和提高企业管理的能力。学习与创新有着互为因果的关系：学习的目的是为了创新，学习不能无的放矢，盲目进行；不学习，就无法创新；若想创新，就必须学习，只有通过学习知识（包括在实践中学习），才能创造新的且有价值事物。从这个意义上讲，企业要生存和发展，企业员工特别是各级管理人员就必须学习探究企业兴衰成败的经验和规律，学习把企业做强的方法。要想把企业产品推销出去，把利润拿回来，就必须学习市场竞争规律，学习培育和提升企业核心竞争力的途径和方法。

（六）协调运作力

协调能力是企业运营效率的动力，它使企业能够根据市场机会和经营形势变化，迅速以低成本地完成企业资源配置结构的调整（如优势资源组合、以丰补歉、调剂余缺等），使企业资源与环境相适应，使资源的配置结构与企业的核心竞争力相一致。

优势企业成功的关键因素之一，就是能敏锐捕捉到稍纵即逝的市场变化，并及时通过协调运作，调整企业核心竞争力各要素的权重配置，趋利避害，以保持自己市场竞争的优势地位。

四、第四层次——产品的要素及其内涵

（一）产品的概念及层次内涵

在一般经济理论中，将人们为了生存的需要，通过有目的的生产劳动所创造的物质资料成果定义为产品。简言之，产品＝实物＋服务。广义的产品概念也称为整体产品概念，即由核心产品、形式产品、扩增产品三个层次所组成的整体。

核心产品，即向购买者提供的基本功能和价值。客户购买某项产品，是为了获得能满足某种需要的效用，这是产品的核心内容。形式产品，即核心产品借以实现的形式，就是向市场提供的事物和劳务的形象。形式产品在市场上通常表现为质量水平、特征形态、牌号名称和包装等等。产品的基本效用必须通过某些形式才能实现；扩增产品，即顾客购买形式产品基本利益之外的附加利益，如运送、安装、维修或使用指导等。

（二）产品的简要分类

产品分类的方法很多，各有其分类的准则。从市场营销的观点来看，应该以顾客的要求、采购方式以及产品用途等作为分类的准则。

按产品的耐久性和有形性分类，产品总体可分为三种类型：耐久性产品、非耐久性产品、服务产品。

按产品的用途分类，产品可划分为消费品和产业用品两大类。两者不仅购买者的目的有区别，而且购买的数量、购买的方式亦有很大不同，市场营销策略有明显的差别。产业用品是用于制造其他产品或者业务活动的货品和服务，产业用品的市场营销活动比消费品需要更多的技术知识和专业知识。产业用品购买者的业务性质和使用产业用品的方式大不相同。根据产业用品进入生产过程的程度以及相对成本，分为原材料与零件、资本项目、物料及服务三类。其中原料可分为两大类，即天然产品和农产品。天然产品中，例如煤、原油、铁矿石、原木等，这类原料储量有限，不能替代，通常由少数规模巨大的生产者向市场提供。天然产品的营销方式有如下特点。首先，运输问题具有决定意义。因为这类产品单价低，使用量极大，生产者与使用者之间距离遥远，因而经营的好坏基本上取决于运输条件。适宜采取最短的销售路线，从生产者直接到使用者，以节省流通费用。其次，由于使用者对原料的依赖性，一般均签订长期购销合同。严格按照合同如期交货是最基本的经营手段，广告和其他促销活动意义不大。最后，价格是主要的选购因素，应按质量标准分级定价，以便购买

者根据使用要求加以选择。

（三）产品在营销中的主要表现要素

产品的水平是企业水平的客观反映，也是企业核心竞争力强弱的直接表现。具体反映在产品的品牌、质量、服务、价格等要素上。

1. 品牌

品牌是一个名称、名词、符号、象征、设计或其组合，用以识别一个或一群出售者之产品或劳务，使之与其他竞争者相区别。品牌经注册登记成为注册商标，通过法律保护企业的正当权益，另外品牌起着监督企业产品和促进销售的作用。

2. 质量

产品质量是一个综合性的测度以反映产品的耐久性、可靠性、精确性、易于操作、便于修理等有价值的属性。从市场营销学的观点来看，质量应该以购买者的感受来测度。

3. 服务

服务是指向市场提供的、能够满足顾客某种需要的活动或利益。相对于实物产品来说，服务具有无形性、非标准化和不可存储等特点。由于目前物质产品生产的批量化、标准化，产品本身具有多功能、高技术等特点，有形产品之间的质量差异日益缩小，企业的竞争和产品的差异性越来越多地表现在服务方面。

4. 价格

价格具有数量化的特征，便于度量和比较，因此价格作为经济利益的调节者，对买卖双方都是最具理智性的行为指标。但在市场营销活动中，价格始终是最重要的营销自变量，定价策略是否适应市场环境及供求情况的变化，在很大程度上决定了营销的实践效果。但商品和服务的价格是由企业内外因素综合作用的结果，生产成本是营销价格的最低界限，消费者愿意接受的价格是营销价格最高界限，企业必须适宜环境运用各类营销策略综合制定价格体系，达到用户如愿接受同时企业自身能满意承受的合理标准。

五、第五层次——市场表现的要素及其内涵

市场是产品（也是竞争力）检验地，目标最终实现之地。企业通过产品在市场中的销售，将实现两个目标值：一是客户目标值，即持续满足客户的价值需求；二是企业自身目标值，即实现收益最大化和持续发展力。而企业最终的自身目标和客户目标两者是共生共赢的关系，因为只有持续满足客户价值的需求，才能实现企业收益最大化和持续发展力，企业市场的表现是其实现两个目标的基础。企业的核心竞争力在

市场中具体体现为两个方面：一方面在企业对现实市场的运作，另一方面企业对未来市场的运筹和开拓。

（一）现实市场的表现

主要体现在企业的市场占有率和顾客满意率者这两个方面，拥有核心竞争力企业的主导产品在市场上应有较强的竞争优势，不仅占据和控制一定范围的市场区域和销售份额，而且能够较好地吻合当前顾客需求，在无形价值与有形功能和服务上给顾客以较高的价值让渡，使顾客的忠诚度和市场拓展幅度实现稳步提高。

（二）未来市场的表现

主要体现在企业的市场预测力和开拓力这两个方面。首先，企业通过良好的网络，及时收集、捕捉市场各种有用信息，加以筛选分析，正确作出对市场未来需求的预测和判断，为企业产业发展、产品开发确定方向和目标。其次，根据市场需求及企业市场定位、产业定向和产品选项制定开拓未来市场的方略，系统规划、科学运作，以有效获取市场机遇，持续满足当前和潜在客户需求，保持竞争优势，不断实现企业的未来发展规划和自身目标。

第四节 企业核心竞争力特点及其培育方式

一、核心竞争力体系的特点

总结核心竞争力体系的内外关系、上下层次和诸项要素的内涵，其中不仅选择继承了现代管理学的经典方法，尤其是国内外专家对核心竞争力的分析研究成果，同时也以系统和创新思维综合企业运营的各类要素和分支系统的运行规律，提出了以价值目标为导向且集成、关联一体的分析方法，大致可概括为以下六大特点。

1. 价值性

企业核心竞争力在市场表现所追求的最终目标值，是持续满足客户的价值需求，包括价值和使用价值。如能提供给客户较其他供应商更低的价格，更优的质量，更美的样式的产品，更高品位的品牌价值，以及更好的人格化服务等。这种竞争力越是能为客户带来实惠和实际的使用价值，那么该竞争力就越能为企业创造长期性的竞争优势及良好收益。

2. 整合性

企业核心竞争力是整合出来的，拥有相当的资源条件，加之运用管理能力进行有效地整合，就能打造出企业新的强大竞争力。如果有资源条件而不去联接、不去整合、不去提升，那么资源优势就永远不会转化为竞争优势。

3. 系统性

作为企业核心竞争力体系，既有她自身总体结构的有机系统性，又有单个要素发展的系统性，培育企业核心竞争力必须用系统观点，对资源要素进行系统创造，系统组合；对管理能力要素进行系统培育，组合运用；进而对企业核心竞争力体系进行系统构建。

4. 独特性

在科学地预测市场客户价值需求，分析竞争对手的优势和劣势，明确企业发展战略在市场的定向、定位、定值的基础上，运用各种管理方法、手段去系统整合，有机融合，高效聚焦有限资源条件，精心设计、运作和打造有别竞争对手并不被竞争对手所模仿的独特竞争优势。

5. 主辅组合性

所谓主辅性，就是主体要素与辅助要素的组合，每个企业的层次、要素结构基本上是大同小异的，但所铸造出的竞争力都又相差很大，原因就是每个企业所选择的整合时机、整合方式及整合要素对象是不一样的，按照市场导向和量力而行的要求，选择恰当时机采取有效方式，整合关键要素及辅助要素资源，主辅资源有机搭配组合，从而形成企业自身特有的竞争力。

6. 动态性

随着企业资源条件的变化，新业务领域的拓展和时间的推移，企业核心竞争力会在价值链活动的不同环节产生、转移和消亡。过去曾是企业核心竞争力的构成关键要素，而现在可能转化为辅助要素或不成为要素了。因此，企业一旦拥有竞争力不会是永远不变的，要用发展的观点，要因需、因时、因力而动态调整，重新整合，形成新的竞争优势。

二、培育提升企业核心竞争力的思路

坚持持续提高企业综合竞争优势的基本宗旨，参照本体系，以市场客户需求为导向，以实现收益最大化和持续发展力为目的，以资源为依托，以机制与管理为手段，以打造有竞争力的产品为载体，结合实际，制定总体发展战略，创新思维，系统优化，聚焦关键，有机整合，持续培育和提升企业的核心竞争力。

三、培育提升企业核心竞争力的原则

实施核心竞争力体系运作法的必须坚持以下五大基本原则，但其中轻重点要根据企业的内外实际动态情况着实把握和运用。

1. 系统优化原则

由于核心竞争力是一个系统，因此要从整体上考虑各个层次和环节间的协调匹配性，使系统优化效率更高、效益更好。

2. 有机整合原则

瞄准客户需要，充分发挥管理者的主观能动性，按照有机组合要求，合理配置和调动各类资源，体现出集合优势、叠加优势和整合优势。

3. 突出关键原则

首先寻找企业的薄弱环节和优势点，这是影响企业核心竞争力的关键所在，针对这些关键部位，采取弥补和强化的措施，突出重点，发展和强化优点，培植独具企业特色的核心竞争力。

4. 培育差异原则

各个企业的自身状况不同，依据的资源和发展环境不同，培育提升竞争力的途径和方法也必须因企制宜，要研究探索符合企业自身实际，并在市场竞争中形成独树一帜的竞争优势。

5. 动态持续原则

企业要根据环境、对手和技术进步的发展变化，及时调整原有核心竞争力体系结构中的相关要素，实现核心竞争力的动态优化和持续提升。

四、培育提升核心竞争力的途径及方式

根据竞争力体系结构原理，为培育提升企业核心竞争力，应通过以下途径和方式。

1. 途径

依据核心竞争力体系中的层次结构应从五个方面着力。一是获取资源。在考虑成本条件下，最大限度获取和控制企业战略性优质资源，尤其是资源型企业更是如此。二是优化机制，围绕企业战略和环境需求，坚持不断规范完善管理组织体制和优化再造运行机制，使企业的内在系统强劲高效。三是提升能力。包括企业战略决策能力、反应能力、协调能力和整合能力等，提升能力的核心是人，开发人力资源尤为重要。四是塑造产品。通过资源与能力的有机结合和转化，优质塑造核心竞争力的载体——产品，充分体现目标客户所需求的最大价值量。五是开拓市场。包括巩固挖潜现实市场和预测开拓未来市场，力争取得市场竞争中的主导地位。

2. 方式

在培育提升企业核心竞争力的具体方式上,主要有自我生成,吸收借力和不对称谋略。所谓自我生成,就是依靠企业自身力量整合内部资源生成竞争力;所谓吸收借力,就是通过并购、重组,虚拟手段及借用社会、政府等各种外部资源,为"我"所用,以融合、培植企业的核心竞争力;所谓不对称谋略,就是针对众多竞争对手,选择市场定位或竞争对手弱点,制定差异性经营方略,快速打造企业自己的独特核心竞争力和市场竞争的比较优势。

案 例

宝钢的做法——以管理体制创新培育核心竞争力

上海宝钢集团公司(以下简称宝钢)是以宝山钢铁(集团)公司为主体,联合重组上海冶金控股(集团)公司和上海梅山(集团)公司,于1998年11月17日成立的特大型钢铁联合企业。目前,宝钢已成为中国最具竞争力的钢铁企业,年产钢能力2 000万吨左右,盈利水平居世界领先地位,产品畅销国内外市场。2019年,营业收入2 916亿元,实现利润124亿元,成为中国竞争性行业和制造业中首批跻身世界500强的企业。这一结果是宝钢通过不断进行管理体制创新,来增强企业核心竞争力的结果。

宝钢的核心竞争力是在不断创新中形成的,主要通过引进创新,全面学习和采用国际先进的技术、工艺、装备和管理体制,以引进—消化—跟踪—创新为指针,从高起点定位,到高起点引进,再到高起点创新。他们注重管理体制创新,根据国情、企情及市场竞争的要求,分四个阶段进行管理体制改革和机制创新。

第一阶段:1978—1993年,1991年宝钢一、二期工程全部建成投产,成为全国现代化程度最高的钢铁联合企业,即上海宝山钢铁总厂,实行集中一贯管理体制。

第二阶段:1993—1998年,开始发展多元化产业,从钢铁扩展到金融、贸易等产业,并于1993年更名为宝山钢铁(集团)公司。以宝山钢铁(集团)公司为母公司、核心企业的宝钢集团,是法人联合体。宝山钢铁(集团)公司及其子公司是各自对立的市场竞争主体。

第三阶段:1998—2003年5月,1998年11月,以原宝山钢铁(集团)公司为主,吸收上海冶金控股(集团)公司、上海梅山(集团)有限公司参加,组建上海宝钢集团公司。2000年2月,上海宝钢集团公司独家发起创立宝山钢铁股份有限公司后,上海宝钢集团不再是市场竞争主体,子公司及其所属企业是各自的市场竞争主体。

第四阶段:2003年6月起,宝钢实施全面的管理体制和机制创新。这一阶段管理体制创新的要点是实行全面一体化运作,母公司作为一个主体。企业实行七个统一,即统一战略及战略管理体系；统一人力资源管理体系及政策；统一财务管理、监控体系；统一调度资金、运作资金、集中投融资；统一信息系统；统一基础管理标准；统一企业文化及品牌。

第十一章　提升煤炭企业管理人员的创新素质

第一节　创新企业管理人员科学思维

管理学界有个共识，做正确的事比正确更重要。一些管理者之所以在“做正确的事”方面出现偏差，很大程度上是没有掌握科学的思维方法，因为这是研究与判断问题、制定应策和实施有效管理的重要前提。在现实管理活动中，有人往往以偏概全看问题，有人以表盖里看问题，还有人以次代主看问题……不难想象，这样看问题所得出的结论终将是片面的、表象的和不完整的，由此提出的解决问题方案与对策是没有实践操作性的。要科学地思考问题和解决问题，就要坚持宏观看待和把握问题（事物）、微观（深入内核）剖析问题（事物）、系统思考（路线）主体方案、关联配套（设计）应策的思维方法。

一、科学思维方法的基本内涵

第一句话：宏观看待和把握问题（事物）。主要指人们在观察问题或事物时，首先要定好观察的角度，要选定最高点来观察问题或事物，清楚测定此问题或事物所处的方位、形态、规模和程度等整体表象，得出对问题或事物的一个完整概念的把握。而不要斜看——只看到一个角面、平看——只看到一个平面，以免以偏概全。

第二句话：微观（深入内核）剖析问题（事物）。主要指人们对某问题或事物得出一个表象完整概念之后，应深入其中分析此问题或事物的内在结构，以及运行规律，指出她的优势项和薄弱环节点，进一步分析造成此薄弱环节点的原因和条件。只要把薄弱环节点找准了，并且透彻地了解产生薄弱环节点的成因以及内在相互的关系，就为下一步制定整改对策打下了可靠的基础。

第三句话：系统思考（路线）主体方案。主要指在有了对某些问题或事物完整概念和内核运行规律性认识及把握的基础上，应按照系统论的观点，来系统研究、系统设计(改进)的主体方案,使之体现承前启后、层次递进和逐步提升,把握主体方案的系统性、递进性和独特创新性。

第四句话:关联配套(设计)应策。主要指任何一个主体方案都会或多或少地涉及相关利益方,在系统设计主体方案的同时,必须考虑解决好相关利益方的有关问题,按照互利共赢和适当关照的原则,配套设计,合理妥善处理相关利益方的要求,将相关利益方变成主体方案顺利实施的助力源,而不要造成矛盾与对立,成为主体方案实施的阻力源。

这以上四句话的科学思维方法,前两句话是侧重观察问题(事物)和分析问题(事物)的方面,后两句话是侧重设计解决问题(对象)的方面,即前面是找出问题,后面是解决问题的。

二、科学思维方法的运用要点

第一,会学习,吸"营养"。这套方法来源于学习借鉴前人的经验,要带着目标去学习哲学、学习系统论、学习运筹法、学习战略学等,用前人积淀的知识丰富自己,提高自己。当然这种学习要有针对性、目的性,用比较的方法从中找精华,认真学习,深刻理解,融会贯通,化为己有。

第二,冷思考,找规律。在广泛学习的基础上,要冷静思考,按照企业存在的问题及形成结构和运行规律去领悟、寻找分析的好方法,解决问题的好办法,做到既要跳出企业看企业,又要深入企业看企业。要以"我"为主,相信自我,深于思考,勇于创新,善于对接和组合,敢于从思想上对某些问题或事物进行破解、重组和整合,要以大气魄和坚定的心志去驾驭把握问题的处理。

第三,重实践,看表现。在通过学习和理性思考之后,要重视实践,积极参与实践,在具体实践中运用,从实践中体现,并不断观察周围人的反应,作为镜子对照,再实践运用、改进和提高。

第四,反复练,成自然。坚持学习、思考、实践——再学习、再思考、再实践……这样循环往复的不断练习,就会发现思维方式、方法会越来越灵活自如,越来越有创意,久而久之成自然、成习惯,成为自己的优势。

三、此思维方法的实践验证

科学思维方法在实践中运用的效果如何,应以"六性"地要求来评判。

一则战略性。看其是否具有战略性、全局性、全面性,有无高度和全局性质,能否兼顾各方面的全面性。

二则深刻性。评价其"方案"或对策是否触及内核性问题,有无深刻性、针对性,力争避免大而化之，表象描述，或用了一大堆华丽的辞藻，听着顺耳，没能触及实质的问题。

三则重点性。看其有无抓住了重点问题，有无破解了主要矛盾，在全面分析和设计的基础上，必须突出重点，着力解决好主要矛盾。

四则前瞻性。看其有无前瞻性、长远性，不能为解决一时的困难，一时的矛盾，而为后来长远留了隐患，必须兼顾当前和长远。

五则实践性。看其有无实践性，有无操作性，特别是提出的解决方案和对策必须能被实施主体对象所接受，并在实践中可行。要避免理论上可行，实践中难操作的问题。

六则效应性。看其有无推进问题解决，有无实践效果，一个没有效果与效应的方案或对策是毫无意义的。要以实践效果来验证方案或对策的正确与否。

第二节　企业管理人员创新思想观念的方法

大脑，是一座采不尽的金矿。何为观念？观念就是思想意识，是一个人对世界、社会乃至对一个事物、一个问题的看法和见解，也是一种思维倾向及方法。何为创新？创新就是抛开旧的，创造新的。观念创新就是抛开和破除旧的观念，创造和树立新的观念。作为煤炭企业中、高层管理者的观念创新，应从其自身所负企业管理的职能出发，坚持以下“一、二、三”。

一、明确一个深刻意义

观念是行动的先导，观念决定一切。思想的革命是一切变革的基础，观念创新是企业一切创新的前提和源动力。企业的管理变革也是如此。每一次管理变革都是由新的管理思想所引起。因为企业旧的管理思想指导下的管理方式、方法不再能激发员工更高的效率，有时甚至成了阻碍企业前进脚步的桎梏。唯有打破它，冲破思想的牢笼，实现管理思想的创新和变革，才能真正实现管理体制、管理方式和经营机制的变革，使企业获得新的生命力。

二、牢记两大观念创新基本点

所谓两个基本点，就是企业管理者在推进自己的观念创新时，应牢牢把握和始终遵循务实与创新这两个基本点。

（一）务实

企业是一个经济实体和市场竞争主体。对外，每年、每月、每天、每时都要面对市场客户的选择或抛弃的考验，面对竞争对手的竞争挤压，丝毫马虎不得、松懈不得。企业做任何事情都应立足于市场需求，满足用户价值需要，并与竞争对手在为客户服务方面进行比较优势，因此，必须务实地考虑问题和做事情；对内要务实做事，从战略导向、文化价值理念塑造、工资收入提高、工作生活环境改善等方面，处处为员工着想，让每个员工都切身感受到企业的发展与自己息息相关，企兴我富，企衰我穷，极大地增强企业向心力，凝聚团队力量。因此，务实是企业管理者思考和决定每项事情的基点，只有牢牢务实、求实，路才能走得稳，企业才能办得好。

（二）创新

当今时代、当今世界、当今企业正处在一个信息爆炸、经济全球化和急剧变化之中，尤其是当今中国煤炭企业正处于大重组、大整合、大变革、大发展的新时期，审时度势，与时俱进，以创新应对变化，企业才能获得生存和发展。因为企业内部、外部都在变化，不变不行，不创新就要落后，要瞄准满足市场的需求创新，瞄准增强企业竞争优势创新，瞄准增强企业内在机制活力创新。同时，要将务实与创新二者有机统一起来，在务实基础上创新，在创新中务实。

三、突出三个观念创新

煤炭企业需要创新的观念有很多，但是作为管理者应当分析选择、优先关注和突出创新观念的关键点，选择关键创新点的依据或评价标准——事关企业生存大计、体现管理者职能定位方面的观念。具体讲，就是创新和树立市场观念、人力资本观念和发展趋势观念。

（一）树立市场新观念

市场是企业生存的出发点和归宿，企业的生或死完全取决于市场。市场的本质就是残酷无情的优胜劣汰、适者生存的规律，谁适应了这一规律，谁就能生存下去。市场的运作主体是卖者与买者，或许中间加一个中介环节，企业既是卖者又是买者，买原料卖产品，市场经济运行中一个时期出现卖难和买难现象是正常的。现在由过去供不应求的卖方市场转变为供大于求的买方市场，买者（顾客）对商品要挑剔，顾客要求产品价格低、质量优、样式美、服务好，买不买产品的主动权完全掌握在买者手中。买方的客体是由诸多消费客户组成的群体，从卖方角度上讲，市场就是消费客户群，研究消费客户群就是研究市场。为此，应确立三种意识，一要树立市场第一位的思想；二要树立一切服从市场的思想；三要树立把效益最大化建立在市场价格承受负荷限度与内部成本承受负荷限度剪差上，而且市场价格承受负荷限度是刚性的。因此，市场——消费客户群是企业的衣食父母，企业只有真正树立了以市场为中心，以消费客户为上帝，千方百计为市场着想，为消费客户服务的思想，市场才会给企业以丰厚的回报。

（二）树立人力资本新观念

人力资本新观念，就是将人力资源转为人力资本，资源是共有的，是可以转移的，资本是特有或独有的，一般是不可转移的，而且资本是可保值增值的。人力资源是表现在劳动者身上的，以劳动者的数量和质量表示的资源。它是最活跃、最积极、最主动的生产要素，是积累和创造物质资本，开发和利用自然资源，推动和促进企业发展的主要力量。在人和物这两个因素的力量对比中，人力资源重新占据优势成为主导力量。人力资源支配物质已经成为新时代企业的主要特征。近年企业发展的事实证明：只有重视人力资源作用并做到合理的开发和使用，才能使企业持续地向前发展。随着全球经济一体化进程的不断加快，企业管理者意识到企业竞争将集中表现为人才的竞争，20%的关键人才将创造80%的企业效益。因此，人力资源尤其是20%的关键人才资源将成为企业运转的关键因素和第一资源。将人力资源作为企业最重要的资本，这也是企业管理变革中出现的新理念。

怎样将人力资源转为人力资本呢？实践中主要包括以下五种途径。

一是建平台，企业管理者高度重视人才，因人因才使用、放手使用和发挥其作用。

二是给待遇，包括政治地位、经济报酬、工作生活环境、精神鼓励等。

三是造机制，按照公开、公平、公正原则，建立竞争机制、发展机制。

四是塑文化，从企业战略、文化建设等方面，共聚价值观，统一目标值。

五是搞联接，通过入股、奖股、配股等方式，使关键人才成为企业股东，建立以股权为纽带的利益共同体。

（三）树立发展趋势新观念

掌握信息不如掌握趋势，要掌握事关企业发展的最大趋势。趋势就是未来，未来的信息才是趋势。现在了解的信息多数是正在应用的信息，当企业捕捉到以后就已经落后了。市场变化很快，企业会得到许多没有价值的信息。因此，趋势是超前的信息，是有用信息的创造地和发明地。企业在市场的位置犹如斜坡上的球体，不进则退，不存在维持，维持就注定消亡，发展才能生存，只有具有忧患意识，才能带领企业渡过难关，攀上企业的高峰。为什么有的企业成功了，而有的企业无法获得成功？实际是许多企业没有看到趋势。先进地企业成功后，其他企业马上跟风，可跟风者往往失败。因为趋势比信息更重要。要善于站在高度上用比较方法去看信息，用去伪存真方法去分析信息，从信息中敏锐地捕捉趋势，掌握趋势。作为管理者应善于透过信息分析形势，把握大趋势，密切关注与本企业相关联的发展趋势，并未雨绸缪，及早作出应策安排。

第三节　企业主要领导应善于抓大事

一个企业在市场竞争环境中能否得以生存发展，取决于多种条件及因素，但有一条是不容置疑的，那就是企业主要管理者的特殊作用。主要管理者是掌管企业前进航向的舵手，在企业中舵手作用是任何人都无法替代和不能够代替的。其不可替代性主要表现在其所居的领导地位性。一个好的企业主管人员，不是事必躬亲，而是根据自己的职能定位，去抓、去管事关企业生存发展的“大事”。

走进煤炭企业，如果和主要管理者接触，会发现大多数人的工作状态可以用一个字概括：忙！笔者感动其精神，但并不认可这种工作状态。主要管理者抓“大”抓“总”，这是管理学所倡导的基本原则。

一、把握好企业发展中的“前点”问题

所谓前点，就是企业的发展战略问题。战略是对企业未来发展方向和目标的谋划，企业有了战略就有了前进的方向，有了“航标”。战略即方向问题，是事关企业生死存亡的重大问题。作为企业主要管理者，必须用极大的精力去关注、去把握发展战略，正确地为企业的发展选准向、定好位。不管遇到什么困难和干扰，都要坚定不移地带领企业这艘航母沿着正确的方向前进，这是企业主要管理者首要的工作职责和重大任务。

如何正确地把握好“前点”呢？具体要坚持做好“两部”“两主”“三保障”。

“两部”：全面了解判断企业外部形势，主要是市场形势和竞争对手发展动态等。俗话说掌握信息不如掌握趋势，把准发展趋势，是制定企业战略方向的重要前提；全面分析把握企业内部情况，清楚地知道企业本身所具有的长项和短项，也就是说煤炭企业自身（软硬条件）的支持力和控制力状况，能与不能。

“两主”：明确企业主体产业的发展方向和主导产品的市场定位。

“三保障”：为实现主体产业和产品的发展，要具有充足的生产经营资源保障，要有充足的产品生产能力保障，要有充足的市场开拓营销能力保障。

二、把握好企业发展中的“拐点”问题

所谓拐点，就是企业的重大调整问题。这种调整是带有全局性、战略性的调整。

当企业遇到外部市场形势和国家产业政策发生重大变化的时候，当企业自身结构和各类关键要素发生重大变化的时候，而且这种外、内部变化情势对企业生存发展影响巨大，必须做出"质"的重大调整。这时企业主要管理者要以战略家的宏大气魄，与时俱进，审时度势，当机立断，做出适时、适当的重大调整，保证其不被时代所抛弃，不被竞争对手所打倒。保证企业顺利变革调整，得以持续健康发展。因此，把握"拐点"是企业主要管理者另一项重要工作职责和任务。

"拐点"有两点显著的特征，一是改变了方向；二是改变了内质，即从量变转到质变。

如何正确地把握好"拐点"呢？从某种意义上讲，把握"拐点"要比把握"前点"更需要大的魄力和勇气，更需要敏捷和智慧。当企业处在正常运行状态下，人们往往将精力更多地倾注于日常生产经营活动中，全身心地盘算着企业即期间的运营绩效，忙于事务，而对现实或潜在将要对企业可能造成重大影响的内、外部情势和信息，极容易忽视和漠视，这是极其危险的。为此，作为企业主要管理者，应该牢牢记住自己的"领航"职责和使命，努力做到三个"能够"。

一是能够经常跳出企业看企业，跳出事务看战略。要通过各种途径不间断地收集分析相关信息，并运用科学的思维方法，对信息去伪存真加工梳理，找出趋势。

二是能够勇于和善于做出正确的决策。在全面了解形势、明白趋势的基础上，综合平衡，系统思考，科学设计提出改革发展的重大调整方案，及时作出决策，形成决议。

三是能够组织各种资源推动实施拐点决策方案。在企业内部，统一认识，制定计划步骤，分工负责，全力推进；在企业外部，通过各方面沟通求得理解和支持，从而达到内外结合，运作各种资源服务于推进企业的拐点调整方略。

三、把握好企业发展中的"重点"问题

所谓重点，就是在一个阶段各项工作当中的具有巨大影响和起着决定性作用的重点问题。企业每年、每季、每月甚至每天都面临着各项繁重的工作，每项工作都不能丢，但作为企业主要管理者，由于所处的位置不同、职责不同，不可能件件工作都事必躬亲，什么事都要亲自去抓。那样是抓不过来的，久而久之，本人虽很辛苦忙碌，但却事倍功半，错过了发展机会，严重的甚至会给企业造成重大损失。在现实生活中，这样的企业管理者还很多。企业在这类管理者的带领之下，会造成管理上下不顺、忙乱无章和错位、越位、缺位的现象，最终导致效率低下，企业前景堪忧。

要想把握好"重点"，作为企业主要管理者，应在实际工作中按照系统方法和统筹方法，排查出重点和非重点工作。为此，要着力做好三件事情。

第一，在依据各项工作重要性的排位上，要按照其对全局工作影响程度和对企业

发展所产生的作用情况等因素，分出重点性工作和一般性工作，对重点性工作重点去抓，一般性工作协调去抓，做到以重点带动一般，以重点促进一般的发展目的。

第二，在时间安排上，要依据各项工作任务的急缓程度和量力而行的要求，分出先抓和后抓的工作，对确定先抓的工作要组织调动各方面的力量抓紧抓好，抓出成效，并总结经验，找出差距，调整部署和着力抓好后续的工作，实现一步一步地有序、有成效地推进。

第三，在工作任务分解分工方面要注意两点，一是在企业管理层成员的分工上，对列为的重点工作，主要管理者要亲自去抓，其他工作任务分工其他成员去抓；二是分清“上抓”和“下抓”的工作，实行分层分工负责制，上层管理者要集中力量抓好属于上层该抓的工作，并检查督导下层抓好属于下层该抓的工作，各负其责，上下协调推进。

总之，前点、拐点、重点是关乎企业战略性、存亡性和成效性的核心工作，应提高认识，摆到位上，予以充分重视。特别是企业主要管理者更应用自己的最大精力去关注、研究、布置和落实这些前点、拐点、重点工作，这样，才算真正抓到了企业发展的要点，才能称得上是一个合格的企业主要管理者。

第四节　强化企业健康发展的“两力”法

国内外许多大企业扩张发展中失败的案例一再表明，大企业发展中采用扩张兼并、扩建新项目和对原企业改革重组是常用的运作方法，但如果在实践中解决不好控制力和支持力（两力）的问题，扩张了不等于增加企业的竞争实力，新建项目了不等于增加企业的回报收益，分离改制了不等于卸轻了企业的负担。

目前，我国煤炭大企业正处在一个重组、扩张、改革和发展的重要时期，如何做到既不失时机，抢抓机遇，实现快速扩张发展，又能有效控制，规避风险，实现稳健高效发展呢？这是摆在每一个煤炭企业高层管理者面前所必须深入思考和严肃对待的课题。为此，笔者就煤炭企业在扩张、改革、发展中应予关注的强化控制力和支持力的方法问题谈点看法。

一、明确控制力和支持力的内涵

控制力就是煤炭企业按照产权结构比重、企业法定权力和企业战略价值目标设定的要求，对独资、控股的兼并企业、新建项目和分离改制单位所行使的管理权能。该管理权能行使的到位与否直接决定和影响着企业发展战略及价值目标的实现。

支持力就是煤炭企业运用所占有和可调动的有形、无形资源，适时地给予独资、控股的兼并企业、新建项目和分离改制单位有力地扶持、帮助及支援，从而形成煤炭企业的整体合力和比较优势，壮大和提升企业在市场中的竞争实力，实现规模经济、规模效益和又好又快发展。

实践中，如何运用好控制力和支持力呢？这在兼并企业、新建项目和分离改制单位中所体现的内涵要求是不一样的。“两力”前者为主，后者为辅，主辅结合，相辅相成，方能见效。

二、对独资、控股兼并企业“两力”运作方法

第一，在兼并前。运作控制力主要是：对兼并目标企业的基本状况（优劣势）及发展潜能的信息收集掌握；对企业自身条件及资源实力客观评价，运用实践整合能力的把握和发展规划的科学设想；对未来市场空间机遇与风险的分析判断等。运作支持力主要是：对影响、保障兼并企业成功的相关条件和因素进行分析，对其具备的调用能力及可行性做出充分估计。

第二，在兼并中。运作控制力主要是：对被兼并企业资产的真实合理评估；对合同、协议内容的合法性、合理性、完整性的设计；对被兼并企业债务、人员等历史遗留问题妥善处理的安排；对国家及地方相关政策的梳理及争取等。运作支持力主要是：兼并企业各方的诚意塑造，兼并工作程序的合理安排，兼并工作组内不同业务素质人员的优化组合等。

第三，在兼并后。运作控制力主要是：企业组织管理体制及基本制度的合理安排，企业经营管理班子尤其是董事长和总经理的配备与选择，经营责任目标的科学设定，财务及资金管理运作机制设计，营销体系及物供体系的合理安排，企业产业结构、产品结构优化调整及发展战略的科学规划选定等。运作支持力主要是：企业内部管理程序的理顺，兼并企业文化的有机整合，企业品牌的统一使用，市场、信息的共享，人才、技术、管理经验的交融与支持等。

三、对新建项目“两力”运作方法

第一，在项目上马前。运作控制力主要是：对所选项目所涉及的国家政策、市场前景、经济效益、人才支撑、技术工艺、环保容量、原料供应、资金来源等进行全面调查、系统分析、科学预测和准确把握，严格按规定程序科学决策立项。运作支持力主要是：对调研人员及素质的选定，该项目所涉及的相关条件及因素分析估计，组织运用好专家论证，组织和开好项目立项的决策会议等。

第二，在项目建设中。运作控制力主要是：选好项目经理，建立项目建设法人责任制或目标责任制；优化建设方案，抓好质量、工期、预算三大控制；建立风险抵押、合

同办事、工程监理、管理流程和激励约束等管理措施。运作支持力主要是：及时提供人力资源配备支持、资金筹措支持、信息沟通支持、技术服务支持、地方关系协调支持等。

第三，在项目建成后。运作控制力主要是：组建现代企业制度，包括组建优秀的经营管理班子、合理的管理机构、科学的管理制度；组织好试产、达产及正规生产工作；建立经营目标责任制；制定生产经营发展规划及管理政策措施等。运作支持力主要是：运用企业所拥有的有形和无形资源对新建项目在文化建设、品牌建设、技术研发、市场开拓及基础管理等方面给予支持和帮助。

四、对分离改制单位“两力”运作方法

第一，在分离改制前。运作控制力主要是：做到一个掌握、三个明确，即学习掌握国家有关分离改制政策；切实做好产业界定，明确主业与辅业；做好产权界定，明确资产、负债及所有者权益；做好人员界定，明确各类人员结构及所需补偿金数额。运作支持力主要是：合理编制分离改制方案，并广泛征求意见；做好政策宣传和思想引导工作等。

第二，在分离改制中。运作控制力主要是：做到一个牢记、解决四个问题，即在分离改制中要牢牢记住主业与辅业双赢、企业与员工双赢的目标；着力解决主业做强做大、辅业做精做专实现生存发展的问题，解决人员稳妥分流与安置的问题，解决分离人员经济补偿金、社保关系移接问题，解决辅业公司治理结构建设及股权结构设置问题。运作支持力主要是：加强分离改制工作的组织领导；掌握工作的方式、方法，做好政策宣传和相关问题的解释工作等。

第三，在分离改制后。运作控制力主要是：编制并实施主业发展规划，指导辅业单位编制新的发展规划；深化和规范主业现代企业制度建设；指导辅业单位建立现代企业制度，转变经营机制，实现自主发展。运作支持力主要是：按照“扶上马送一程”的思想，主业在项目、人才、技术、品牌、信息及内部市场保护等方面给予辅业单位一定的关照和支持。

第五节　提升企业管理效能的“三力”法

企业管理是一门科学，有其运行的内在规律性，细心观察管理实践活动，可以看出，从管理活动的平面上，实践中会呈现运用多学科交叉网络的状态，即有时为有效解决一个问题，可同时运用一个或几个学科知识和方法；从管理活动的纵向上，实践中会呈现多层级管理的状态，即高、中、低层级，且各层级之间相互影响。

近日和一位技术干部出身的矿级主要管理者交谈，他说他比较习惯和推崇制度管理，上任后制定了一些规章制度，而且实践中每遇到一个问题就马上制定制度。但现在让他感到迷茫的是，有些制度似乎仅仅为了解决一个具体问题而定，久而久之，由此造成了企业管理制度种类繁杂，名目众多，且"铁路警察各管一段"，彼此之间形不成合力，制度的作用并不好。据了解，这也是实践中许多基层企业管理者的苦恼。对此，笔者建议，从层级管理角度分析入手，跳出企业看企业，深入企业找规律，围绕逐级提升企业战斗力、管理力和文化力，加强企业管理，实际效果可能会更好。

一、认识"三力"的内涵

（一）企业战斗力的内涵

战斗力主要来源于企业的"三基"方面，即企业基层——煤矿区队、班组健全，基础——职工定岗、定额、定员、定标合理，基本功——职工现场作业的技能熟练。提高"战斗力"，就要着力加强"三基"建设。

（二）企业管理力的内涵

管理力主要来源于企业制度和流程的"三化"方面，即企业管理的制度化——规章制度完备，有章可循；规范化——减少随意性，按程序规范办事；科学化——组织设置、工作分工、运行机制科学合理，方法有效。提高管理力，就要着力构筑"三化"运行机制。

（三）企业文化力的内涵

文化力主要来源于企业员工的思想和意愿的"三性"方面，即员工工作的自觉性——每个职工自觉去工作，带着责任感去做事；主动性——在自觉工作的前提下，更加主动工作，既做好分内工作，也主动关心分外工作；创造性——在自觉主动的前提下，以主人翁意识关心企业整体利益和长远发展。提高文化力，就要着力培育塑造员工"三性"的思想和意愿。

二、明确"三力"之间的关系

从"三力"关系结构上分高、中、低三个层级：最高愿景管理状态——文化力；最常规性管理状态——管理力；最基础性管理状态——战斗力。

"三力"是互为一体融合于企业管理形态之中的，她们之间互相影响，互相融合，互相支撑，高、中、低三个层级互为渗透和作用。从高至低是一级导向于一级的，从低至高是一级体现于一级的，在实践中极难将"三力"截断分开。但是，各层级之"力"又是确有其独特内涵和运作表现空间的。了解"三力"层级结构及其作用力，有利于我们以清楚的思路去诊断自我企业，找出问题症结所在，对症下药，制定改进对策，提升管理水平和管理效能。

（一）指导思想

坚持以人为本和系统辩证的思想，立足企业实际，对照“三力”层级结构，科学诊断寻找企业各层级中管理弱力项，从个项和整体两个方面查出原因，坚持系统思考和有机整合，大力夯实基础、加强管理和培育文化，持续改进，动态优化，全面提升企业战斗力、管理力和文化力。

（二）遵循原则

一要坚持以人为本管理原则。企业管理是以人为主体对象的管理活动，要分析本企业各层级人员职能定位及应有的素质要求，有的放矢分层分类实施教育与管理。

二要坚持层级提升原则。按照各层级结构及其互为作用的情况，着力夯实基础，提升战斗力；规范管理流程，提高管理力；塑造企业共同价值观，提升文化力。

三要坚持系统优化融合原则。按照继承创新、系统设计、系统优化和集成的思路，全面培育和提升企业“三力”。

四要坚持重实效、持续改善的原则。管理的要诀在于“适宜”，要以管理者与被管理者双方认同、达成共识同行为出发点，持续改善和提升“三力”。

（三）实施途径

一要思路理清，认识到位。作为企业管理人员尤其是主要管理者，应从整体、全局的观点看问题，以发展的眼光看问题，以科学的思维剖析企业管理的规律性，有针对性地加强管理，持续打造和提升其战斗力、管理力和文化力。

二要扎扎实实地加强“三基”建设。基础不牢，地动山摇。加强基层组织建设、加强基础建设和加强基本功训练是一项长期而扎实做好的工作，必须高度关注，下大力气抓好，持之以恒夯实基础，始终保持来之能战、战则能胜的战斗力。

三要以优化流程、科学管理为主线，大力推进制度化、规范化和科学化管理。企业管理的强与弱，不在于制度多少，而是制度“真正管用”，简单明了，易于遵守执行。同时，要真正把“管理”做好。管道（制度）要建牢，建到位，主管道与支管道要配套衔接无间，立向管道与平向管道要互联，使事事有规矩，岗岗有标准，运行有程序；切实以“管”为基准，以“理”为手段，调理顺达，要动态理顺，科学理顺，发现梗塞及时理顺。不仅要理顺事务，理顺各种关系，更要理顺“人心”，使之事事顺，人心顺，上下顺，互相顺，一顺百顺，保持企业政令畅通，人心畅通，民主互通，极大增强企业的管理力。

四要务实地加强企业文化建设。企业文化是企业的精神财富，是决定企业兴衰的重大影响力量，不能忽视。要通过深入细致、入神入脑的思想政治工作，通过贴近生活形式多样、寓教于乐的文化、文艺、娱乐和体育活动，通过管理者的表率示范影响，尤其是通过持续灌输企业精神、价值理念和发展战略等，导向意识，凝聚人心，激发广大员工的“三性”，发酵企业文化力的重大能量。从而塑造志气、士气和人气，即每个职工有志气，有理想抱负，个人愿景要与企业愿景保持一致；整个队伍有士气，斗志高昂，士气高涨；企业团队有人心，人气十足，人气旺盛，有一股朝气蓬勃、奋发向上、同心同德干事业的浓厚氛围，呈现自发自动和无为而治的管理情景。

第六节　明晰企业管理人员思路创新路线图

人们常讲，思路决定出路、思路出生路。从企业管理者的视角和定位去看待事物，企业管理者在实践中应怎么去做呢？经过多年的实践和思考，笔者提出了企业管理人员思路创新路线图（图 11-1），从共性思路创新角色来说明如何做的问题。本节主要论述企业管理者的“正确思路”是从哪里来，它的内涵有哪些，如何评价这个“正确思路”的实践价值等，这个命题对企业管理者尤为重要。为此，笔者经过较长时间的思索，力图解答正确思路的要素结构、形成顺序路线图，探寻思路发生、发展的规律性。

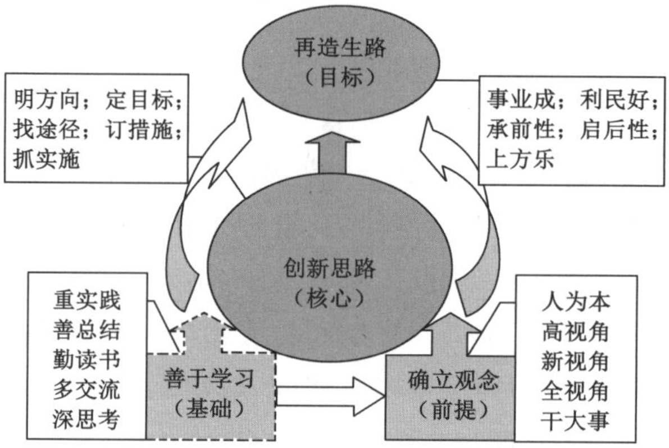

图 11-1　企业管理人员思路创新路线图

这个企业管理人员思路创新路线图，就是说明“怎么去做”的问题，其核心点是思路决定生路，如何实现思路决定生路呢？这就是思路创新路线图所包含的内容。笔者所研究提出的思路创新路线图中有四个层级结构或称四个环节点，即善于学习—确立观念—创新思路—再造生路。我们常讲思路决定生路或者思路决定出路，追根溯源一个有效的好思路是怎么形成的？它不是天生凭空而来的，也不是书本可借来的，更不是别人能教给的，它实际上是这条思路创新路线图所生成的。善于学习，确立观念，创新思路，再造生路，这四句话代表了四个层次的内涵。

一、第一层次(或第一个环节点)是基础条件

总称为善于学习，是思路创新结构顺序发展线的基础，其内涵包括五点：

一是重实践。敢于实践，大胆实践，实践出真知，力戒形式主义，力戒空谈治企。

二是善总结。事前周密布置，细心安排；事中、事后要认真总结工作的经验和教训，并以此去指导今后的工作。

三是勤读书。书中有丰富的知识，有前人的经验总结，读书可以使人聪明起来。

四是多交流。三人之行必有我师，要多与教授专家交流、与领导交流、与同事交流、与属下交流，通过与上下左右不同人们交流了解新的知识和信息，随时了解和掌握各类有用信息。

五是深思考。有了经验、有了知识、有了信息之后，重要的是要用大脑去思考问题，按照科学的思维方式“四句话”，去从中加工提炼出有价值的东西，从中找出规律来、找出办法来。

二、第二层次(或第二个环节点)是前提条件

总称为确立观念，是思路创新结构顺序发展线的前提，其内涵包括五点：

一是人为本。真正地将职工当作自己的亲兄弟，关心他、爱护他，处身设地为他们的前途着想，为他们合法地谋福祉；

二是干大事。有干大事的强烈事业心和责任心，不甘落后，有宏大理想抱负和干事的激情、热情；

三是新视角。不固守传统，不因循守旧，坚持与时俱进，用时代眼光看问题，用新理念看问题，用哲学观点看问题；

四是高视角。善于俯视观察问题，站得高才能看得远，从宏观上看形势，了解发展大趋势，力求掌握规律；

五是全视角。全面看问题，系统看问题，辩证看问题，多角度观察问题，防止以偏概全，以点带面，以表掩里。

三、第三层次(或第三个环节点)是思路内涵

总称为创新思路，是思路创新结构顺序发展线的核心内涵，其内涵包括五点：

一是明方向。一个有价值的好思路必须有明确的发展方向，正确的发展方向，而这个方向要与企业的发展战略相一致，与职工的根本利益相一致，并顺应时代发展潮流，顺应同行业发展趋势，符合国家大的方针政策；

二是定目标。思路要有可实现的具体目标，这个目标应分为近期目标、中期目标

和远期目标，还应有总体目标和分项目标，还应分为主体目标和辅助目标，并且这些目标是可行的，可考量的；

三是找途径。有了方向和目标，就必须设计出实施这个思路的具体途径，通过什么途径或方式去实践这个思路应有明白的答案，这个途径包括思路实践的载体和行动计划等；

四是订措施。有了方向、目标、途径之后，还必须有保证思路实践的措施，这个措施包括组织、人员、资金、物资等保障措施；

五是抓实施。思路具备前四点之后，重要的是抓落实，真正见诸实践行动，排除各种困难，坚定不移地实施，力求实际效应。

四、第四层次(或第四个环节点)是思路目标

总称为再造生路，是思路创新结构顺序发展线的目的，其内涵包括五点：

一是事业成。实现目标的最大值，把思路确定的事情办成功。

二是利民生。使企业职工实现发展生涯的最大值，真正达到职工工作如意、收入好、有前途。

三是承前性。不肆意否认历史，不贬低前辈，尊重历史、尊敬前人，保持对历史传承、对前辈有交代，前人好的东西学习发扬光大，不足的弥补，错的不去做。

四是启后性。不是短期行为，不是错误行为，实践的结果不仅当代人是受益的，而且对后人有交代、是负责任的，并可以增强企业可持续发展力的。

五是上方乐。思路实践的结果达到上级、股东、社会都能够满意。

综上所述，企业管理人员思路创新路线图中的四句话，前一句是基础，第二句是前提，第三句是核心内涵，最后一句是目的或衡量评价值。从头说起，如果没有多方面积累的基础，也不会聚合成新思路和好思路的前提，没有基础和前提这两个条件，管用的新思路和好思路也可能产生出来，更不可能有再生光明的出路，思路实践之后的结果是什么样子？用什么目标值来评价？这里给出了答案。因此，这四句话构成了一条有机链条体系，缺一不可，这也可以说是管理者思路创新生成、发展及结果的一条规律性发展线。

第七节　企业家成功应具备的三大素养

中国煤炭企业能否在高质量、绿色、开放、创新发展的新时代争得一席之地，获得理想发展效果，这当中企业家将起到决定性的推动作用。在当今具有长远眼光、宽宏思路、勇于担当胆略和高尚品格价值取向的企业家在领导企业方面应体现哪些主要

特质呢？笔者认为，应具有“战略、民生、创新”三大特质。

一、具备“谋战略”的特质

所谓“谋战略”是指煤炭企业家在一定时期内，对企业全局的、长远的发展方向、目标、任务和政策，以及资源调配作出的决策和管理。谋战略是一个动态管理过程，是为保证远期目标的正确落实和实现进度谋划，并依靠煤炭企业内部要素资源能力将这种谋划和决策付诸实施，以及在实施过程中对不确定性因素做出的一系列判断和控制的过程。企业家是谋战略整个过程的指引者、推动者、实施者和控制者。

煤炭企业家的谋战略具有三种特征。一是趋势性，企业家对于所在行业、市场等内外部条件的变化始终保持着异常的敏感和深邃的洞察力，善于把握企业发展趋势，并能高瞻远瞩理清未来发展的基本思路；二是方向性，企业家根据趋势变化做出有效的方向性决策，依据与市场对接进行产业定位、市场定位，由此明确企业发展方向，确定企业将往何处去；三是科学性，企业家立足企业实际，从科学准确的角度提出战略，借助科学先进的方法实施战略，采用科学客观公正的态度评估战略。

煤炭企业家的谋略决定着企业的战略。谋战略可提高企业的预见性、主动性，克服企业的短期行为，掌握企业发展的主动权；谋战略绘制出一张看得见、摸得着、可实施的宏观蓝图，能使职工明确企业未来的发展战略，激励他们的雄心壮志，聚集和激发企业的内生动力。

企业家的思路决定着企业的出路，企业家的谋略决定着企业的战略，企业家的胆识决定着企业的发展速度。当今煤炭企业家要研究国家煤炭相关政策，把握产业发展方向，捕捉各种发展机遇，在五个“立足”上下功夫。一是立足企业做强做大，二是立足产业适度多元，三是立足绿色发展，四是立足创新发展，五是立足稳健外拓发展。

二、具备“惠民生”的特质

所谓“惠民生”，是指煤炭企业家心中牢记以人为本，切实关注职工的生存、生活、发展等关系全体职工切身利益的问题，并采取一系列惠民举措，真正做到关注民生、重视民生、保障民生、改善民生，从根本上保证企业发展的后劲，实现矿区的和谐稳定。煤炭企业家的“惠民生”具有三种特征。第一人本性，以人为本不仅是科学发展观的核心，更是煤炭企业家的行动指南。由于煤炭行业属于高危行业，安全为天、职工生命至上铭刻企业家心间，员工在煤炭企业艰苦环境下，高负荷、高风险工作，需要更多的关爱和尊重；第二共享性，主要指煤炭企业发展成果共享，实现包容发展。企业利益与职工利益休戚相关，企业效益要与职工收入保持同步增长、同步提高，企业发展为个人全面发展提供更多机会；第三社会性，企业发展离不开社会。对客户来说，是煤炭企业家的诚信意识；对生活环境来说，是煤炭企业家的环境保护意识；对社会责任来说，煤炭企业家心系国家的意识都与社会性密切相关。

企业家的责任意识决定着企业对国家、社会、员工的责任；企业家的诚信意识决定着企业对客户、合作伙伴、政府、员工的诚信；企业家的团队意识决定着企业的凝聚力、向心力、发展力。

一是注重企业发展与职工生涯合谋共进。一方面，企业的持续发展靠的是全体员工的不断努力，员工是企业发展的基础和希望；同样，企业是员工安身立命幸福生活的基础和希望，激发员工的工作激情，可以提高企业的生产效率，这是一个互动和双赢的过程。毫不动摇地打造企业与员工的利益共同体、事业共同体和命运共同体，实现员工与企业共同发展、共同成长。另一方面，煤炭企业家不仅应把员工当作企业发展的主力军，还应把员工当作企业发展的主人翁。大力倡导尊重劳动、尊重知识、尊重人才、尊重创造的人本理念，为员工成才和全面发展创造良好环境。为了适应发展战略目标，企业组织开展培训工作，提高职工的业务素质。为激发员工创新工作，完善了用人、晋升、提薪等人事管理机制，大大提高职工工作效率，提升企业经济效益。

二是注重企业绩效与职工福祉同创共享。一方面，煤炭企业家从战略层面谋划提高员工群众的生活质量和幸福指数，实施高品位、全覆盖、可持续的幸福工程，把企业绩效惠及每一位员工，让员工物质更富裕、身心更健康、精神更愉悦、更有尊严、更有品位。另一方面，改革收入分配机制，让员工得实惠。

三是注重企业安全与职工生命互保共安。煤炭企业家牢记安全是自己的最大责任。要让员工安全劳动、简单劳动、快乐劳动，让员工生活得更健康，实现安全有保障，健康有保障。把安全投入作为企业第一投资序列，把强化安全管理作为第一要务，全面夯实安全基础。自始至终将安全生产作为头等大事来抓，落实安全责任、加大安全投入、强化安全基础。高度重视员工的职业健康。致力于职业卫生条件的改善，持续推进职业健康管理体系建设，加强职业危害防治与管理，完善作业场所职业危害控制设施。

四是注重企业贡献与社会责任勇承共担。煤炭企业家在企业进步发展的同时心系国家，倾情回报社会，勇于承担社会责任。奉行诚信经营，为社会提供优质服务。要坚守合约，诚信经营，用质量控制、质量提升夯实企业发展基础。同时，坚持企地合作共赢，惠泽地方经济民生，热心公益事业、关注地方经济发展，认真履行社会责任，努力实现企业与社会和谐发展。

三、具备“善创新”的特质

所谓“善创新”是指煤炭企业家善于不断挑战自己，战胜自我，追求卓越，在明确目标的前提下，不断打破现有平衡，再建立一个新的更高层次的平衡；或者在新的不平衡的基础上，再建一个新的更具活力的平衡。具体体现为思维创新、科技创新、制度创新、管理创新等。煤炭企业家的善创新具有三种特征。第一是时代性，煤炭企业每一次的大变革、大洗牌，都有其特定的时代背景，是时代浪潮的推动；第二是引领性，历数每个集团成功的变革创新，在全煤炭行业乃至全国都具有榜样示范作用，都具有导向性；第三是持续性，煤炭企业的创新是永无止境的过程，是不断攀升、不断前进的，创新的作用持续不断，创新的动力永不停止。

创新是企业的灵魂，是企业的核心能力。善创新就是抓住了企业灵魂，不断提升核心能力，提高综合素质和竞争能力。煤炭企业家的善创新意义重大。当今时代，煤炭企业家的战略创新意识决定着企业的大方向；煤炭企业家的技术创新意识决定着企业的综合竞争力；煤炭企业家的机制创新意识决定着企业的发展活力。

一是瞄准大方向，着力在战略上创新。着力解决企业发展的增长方式、发展动力、发展模式问题，实现由外延增长向内涵与外延并重转变，由要素驱动向创新驱动转变，由单纯增长向全面进步转变，企业核心竞争力得到显著增强。

二是瞄准竞争力，着力在技术上创新。煤炭企业的竞争力表现形式多种多样，主要表现为产品竞争、人才竞争、创新力竞争等，归根结底是技术上的竞争。煤炭企业领袖在技术创新上下功夫，不断提升企业的核心竞争力。

三是瞄准聚活力，着力在机制上创新。要打破国企与民企体制机制限制，采取并购、参股等方式合作重组，吸收和借鉴民企机制灵活、反应敏捷、决策高效等优点，并发挥国企品牌过硬、管理规范、资金雄厚的优势，实现两种体制取长补短。同时，研究企业内外部形势变化，及时、适度地对企业管理机制进行调整、改造、改革和创新，激发企业活力，使现行体制机制更加适应企业发展。

参考文献

[1] 蔡余杰,黄禄金.共享经济:引爆新一轮颠覆性商业革命[M].北京:企业管理出版社,2015.
[2] 李江涛.大时代的商业模式[M].北京:东方出版社,2014.
[3] 李江涛.新经济形势下的战略管理[M].北京:人民日报出版社,2015.
[4] 马化腾.互联网+ 国家战略行动路线图[M].北京:中信出版集团,2015.
[5] 煤炭工业技术委员会.煤炭企业"十三五"发展规划精选[M].北京:煤炭工业出版社,2018.
[6] 牛克洪,崔涛.现代煤炭企业管理50法 箴言 方法 案例[M].北京:煤炭工业出版社,2007.
[7] 牛克洪,马金泉,宋瑞梅.适应能源革命 实施转型战略:2014年《鲁煤研究与参考》汇编[M].徐州:中国矿业大学出版社,2015.
[8] 牛克洪,孙喜民.新时代中国煤炭企业管理面对面[M].北京:煤炭工业出版社,2019.
[9] 牛克洪.新常态 新方略 中国煤炭企业转型发展实策[M].北京:煤炭工业出版社,2015.
[10] 牛克洪.研判趋势 创新战略:2013年《鲁煤研究与参考》汇编[M].徐州:中国矿业大学出版社,2014.
[11] 牛克洪.中国煤炭大集团战略变革[M].北京:煤炭工业出版社,2013.
[12] 邱晓华,管清友.新常态经济 中国经济新变局[M].北京:中信出版集团,2015.
[13] 汪有刚.互联网+精益管理理论研究与实践[M].徐州:中国矿业大学出版社,2017.
[14] 习近平谈治国理政[M].北京:外文出版社,2015.
[15] 赵建泽.新时代煤矿全面市场化理论与实务:山煤集团霍尔辛赫煤业管理模式创新探索[M].北京:煤炭工业出版社,2018.
[16] 郑贵斌,李广杰.山东融入"一带一路"建设战略研究[M].北京:人民出版社,2015.